Beck'sche Schwarze Reihe
Band 169

RANUCCIO
BIANCHI BANDINELLI

Klassische Archäologie

Eine kritische Einführung

VERLAG C. H. BECK MÜNCHEN

Aus dem Italienischen übertragen und für die deutsche Ausgabe·
eingerichtet von Christoph Schwingenstein
Die Originalausgabe erschien unter dem Titel
,Introduzione all'archeologia'
1976 im Verlag Laterza in Rom

Mit 20 Abbildungen auf 16 Kunstdrucktafeln

CIP-Kurztitelaufnahme der Deutschen Bibliothek

Bianchi Bandinelli, Ranuccio
Klassische Archäologie: e. krit. Einf. –
1. Aufl. – München: Beck, 1978.
   (Beck'sche Schwarze Reihe; Bd. 169)
   Einheitssacht.: Introduzione all'archeologia
   ⟨dt.⟩
ISBN 3 406 06769 7

ISBN 3 406 06769 7

Einbandentwurf von Rudolf Huber-Wilkoff, München
Umschlagbild: Reiter Payne-Rampin, Paris und Athen
© C. H. Beck'sche Verlagsbuchhandlung (Oscar Beck) München 1978
Satz: Georg Appl, Wemding – Druck: aprinta, Wemding
Printed in Germany

Inhalt

Einführung

Einführung in die klassische Archäologie als Geschichte der antiken Kunst

Verzeichnisse

Vorwort der italienischen Herausgeberin

Als der Autor am 17. Januar 1975 verstarb, war der Text dieser kleinen Publikation bereits endgültig redigiert. Es mußten nur noch diejenigen Anmerkungen überprüft und auf den neuesten Stand gebracht werden, die bereits in den zugrunde liegenden Vorlesungstexten vorhanden waren. In den meisten Fällen fehlten auch die Anmerkungen zu den nachträglichen Zusätzen und Veränderungen.

Diese nachzutragen war mein äußerst bescheidener Beitrag. Er ist jeweils durch Kursivschrift gekennzeichnet. Darauf kann der Autor leider nun nicht mehr selbst in einer Vorbemerkung hinweisen, wie das öfters in den langen Jahren ständiger Zusammenarbeit geschehen ist. Mit diesem Beitrag möge nicht nur das dankbare Gedenken an einen großen Lehrer zum Ausdruck kommen, sondern vor allem das Gefühl tiefer Zuneigung für den verehrten Freund.

Luisa Franchi Dell'Orto

Vorwort zur deutschen Ausgabe

Ranuccio Bianchi Bandinelli, geboren 1900 in Siena, gestorben 1975 in Rom, war eine der führenden Persönlichkeiten im geistigen Leben Italiens. Seine Wirkung reichte weit über den Kreis der archäologisch-kunsthistorisch Interessierten hinaus. In seinen Schriften ist stets die Frage nach dem aktuellen Bezug der antiken Kunst und deren Konfrontation mit der modernen Kultur präsent. Für Bianchi Bandinelli war die Antike zugleich der Ausgangspunkt eines Humanismus, an dem sich die moderne Zivilisation messen läßt. Anders, als hierzulande zu vermuten, konkretisierte sich der Humanismus Bianchi Bandinellis in einer politisch dezidiert progressiven Haltung, die ihm nicht zuletzt auch in der Kommunistischen Partei Italiens als Mitglied des Zentralkomitees einen bedeutenden Rang gab.

Das weite Feld seiner Tätigkeit erstreckte sich von der Edition der ‚Enciclopedia dell'arte antica ed orientale‘ bis zur Gründung der politisch-literarischen Zeitschrift ‚Società‘.

Daß sein Denken stark von der deutschen Gelehrtentradition geprägt ist, erweist sich besonders deutlich in der vorliegenden Publikation, die aus Vorlesungen für italienische Studenten hervorgegangen ist und in erster Linie eine Auseinandersetzung mit der deutschen archäologisch-kunsthistorischen Tradition darstellt.

Für die deutsche Ausgabe war der Herausgeber bemüht, die Fußnoten den Bedürfnissen des deutschsprachigen Lesers anzugleichen. Deutsche Titel, die im Italienischen in Übersetzungen zitiert wurden, sind hier mit ihrem originalen Titel genannt; Verweise auf schwer zugängliche italienische Schriften, die keine wesentlichen Informationen bieten, wurden nicht übernommen; soweit deutsche Literatur und auch sonst vom Autor Übergangenes greifbar ist, wurden neue Anmerkungen eingefügt; außerdem sind weniger bekannte Namen und Begriffe erläutert. Diese Zusätze und Änderungen wurden wie die Anmerkungen der italienischen Herausgeberin durch Kursivschrift gekennzeichnet. Der Bildteil ist für die deutsche Ausgabe neu gestaltet.

Für Hilfe und Rat bei der Übertragung und Einrichtung des Textes bin ich Hans Ries, Gilching, besonders zu Dank verpflichtet.

Christoph Schwingenstein

Vorwort des Autors

Im Grunde ist das Thema dieses Buches völlig veraltet, denn für die Geschichte der Kunst interessieren sich die Gelehrten der jüngeren Generation, an die sich dieser Text ursprünglich richtete, in der Regel kaum mehr.

Vor mehr als zwanzig Jahren wurden diese Gedanken allerdings von den Studenten, die meine Kurse an der Universität besuchten, sehr positiv aufgenommen. Es ist mir bekannt, daß heutzutage die jungen Leute in manchen Teilen Europas ausdrücklich fordern, jeglichen historisch-künstlerischen Unterricht abzuschaffen. Diese Forderung wird im Namen der Soziologie und einer Forschung, die sich nur mit Technik und Klassifizierung der Objekte beschäftigt, erhoben.

Der Grund für das Erscheinen dieses Buches im jetzigen Augenblick muß deshalb erläutert werden. In den letzten fünfundzwanzig Jahren sind in und außerhalb Italiens verschiedene Bücher erschienen, die eine Einführung in das Studium der Archäologie bieten. Dennoch hat der in Italien um die Kunst sehr verdiente Verlag Laterza darum gebeten, meine Einführung, die seit 1950 als Vorlesungstext zirkulierte, in die Reihe der Biblioteca Universale aufnehmen zu dürfen. Obgleich ich viele Jahre nicht frei von gewissen wirtschaftlichen Schwierigkeiten war, weigerte ich mich immer, solche Skripten selbst herauszugeben, da ich sie für ein schlechtes didaktisches Mittel halte und sie auch oft sehr zum Nachteil der Studenten eine entwürdigende Art der Repression und der Ausbeutung darstellen, was durch ein veraltetes und autoritäres Universitätsreglement ermöglicht wurde, dem ich mich, sobald ich konnte (1964), entzog. Ich ließ es andererseits aber zu, daß ein Assistent oder Student in einfacher Form seine Niederschriften der Vorlesungen oder Tonbandaufzeichnungen dazu veröffentlichte. Auf diese Weise hatten die Studenten ohne großen Aufwand einen Leitfaden für ihr Studium, den sie dann mit eigener Lektüre erweitern und vervollständigen konnten. Daß dann einige dieser Notizhefte von anderen Gelehrten in Bibliographien als meine eigenen Publikationen genannt wurden, ist zu bedauern, denn angesichts der Umstände ihrer Entstehung kann ich mich für sie nicht als Autor verantwortlich fühlen.

Eines dieser Hefte mit dem Titel ‚Grundbegriffe der Geschichte der Archäologie und der Geschichtsschreibung der antiken Kunst‘ wurde im ersten Jahr meiner zweiten Lehrtätigkeit in Florenz verfaßt. Damals hatten mich die Florentiner Kollegen mit ungewöhnlichem Wohlwollen aus Cagliari auf den Lehrstuhl zurückgeholt, den ich bereits vor meiner zeitweiligen Tätigkeit bei der Generaldirektion der staatlichen Kunst- und Altertümerverwaltung innegehabt hatte. Diese Aufzeichnungen wurden von mir nur an wenigen Stellen insofern verbessert, als ich in einem Exemplar eines solchen Heftes im Laufe der Zeit Zusätze einfügte und ich mich dadurch mit diesen einführenden Betrachtungen wieder beschäftigte. Als der Verleger mir die Publikation vorschlug, bat er mich, die äußere Form des Textes zu revidieren. Während ich mich an die Überarbeitung machte, in der grundsätzlich die didaktische Form beibehalten werden sollte, wurde mir klar, daß ich mich nicht auf formale Änderungen beschränken konnte, sondern daß der Gegenstand selbst oft neu betrachtet werden mußte, da die Archäologie in den letzten fünfzehn Jahren grundlegende Veränderungen erfahren hatte. Viele Dinge in diesen Vorlesungsskripten waren spontan im Präsens ausgesprochen; dies mußte jetzt oft berichtigt und in der Vergangenheitsform ausgedrückt werden. Auch der Titel wurde eingrenzend verändert, um klarzumachen, daß der Leser mit dieser Schrift nicht in jene Archäologie eingeführt wird, wie man sie heute mit ihren modernen Untersuchungsmethoden und Ausgrabungstechniken kennt, und vor allem nicht in das neuerdings stärker betonte Gebiet naturwissenschaftlicher Untersuchungsmethoden. Vielmehr wird hier lediglich eine historische Erklärung zu demjenigen Teil der Forschung geboten, der in einigen Ländern als ‚Winckelmannsche Archäologie‘ bezeichnet wird, verstanden als Geschichte der griechischen und römischen Kunst. Die kunsthistorischen Fragestellungen, die man vor vierzig Jahren aus der Philologie herauszulösen und in ihren Methoden besser zu verstehen suchte, erscheinen uns heute nur noch als eines von vielen Themen in der Archäologie, wogegen diese früher einmal als das wichtigste galten und gleichsam als ihr Ziel. Die Aufgabe der Archäologie ist heute präziser gefaßt und zu der Intention erweitert, die Geschichte einer Epoche oder eines Ortes insgesamt mit Hilfe der materiellen Fakten zu rekonstruieren, die gegebenenfalls mit der schriftlichen Überlieferung konfrontiert werden, sonst aber gemäß ihrer eigenen Aussagen ausgewertet werden sollen. Das Gebiet der Archäologie, das einst auf die griechisch-römische Kultur beschränkt war und sich dann auf die vorgriechischen Kulturen ausdehnte, ist heute insbesondere auch auf Anatolien ausgedehnt, wo neue Entdeckungen die Vorgeschichte des Mittelmeerraums um einige Jahrtausende erweitert haben. Hierauf und auf Mesopotamien richtet sich heute vor allem das Interesse der Wissenschaft.

Die klassische Archäologie war ursprünglich ein Zweig der ‚Altertumswissenschaft‘, die sich im 19. Jahrhundert an den deutschen Universitäten herausgebildet hatte und zu ihrer Zeit beträchtliches kulturelles und politisches Gewicht besaß. Dies beruhte auf der Schaffung einer einzigen Wissenschaft als Synthese all dessen, was mit klassischer Antike zu tun hatte; politisch war sie gekennzeichnet durch Konservativismus und offene Reaktion, oft ohne sich dessen bewußt zu sein. Es war ein eingeengter Humanismus, der nicht die progressiven Positionen vom Anfang des 15. Jahrhunderts rezipierte, sondern eher die konformistischen der späteren italienischen und europäischen Humanisten. Heute überlebt die Altertumswissenschaft mancherorts noch als sterile Spielerei mit philologischen Problemen. Die unvermeidliche Spezialisierung hat jedoch die alte Einheit zerbrochen, die vielleicht einmal ihr einziger Wert gewesen war. Gegenwärtig erstreckt sich die archäologische Forschung in Verbindung mit der Ethnologie auf alle Epochen und Länder. Darunter ist die klassische Antike nur eines von vielen Themen, das heute ausschließlich historisch gesehen wird. Manche sprechen hier von der Entstehung eines neuen universalen Humanismus. Ich bin nicht sicher, ob das zutrifft, doch ist es zweifellos nötig, sich wieder der Werte einer historischen Bildung bewußt zu werden angesichts der Gefahren, die eine Vorherrschaft der technologischen Wissenschaften tatsächlich darstellt. Nicht zuletzt deswegen wurde diese kleine Schrift verfaßt.

Ich kann mich nicht der Ansicht fügen, daß die Kultur-Epoche, in der das historische Denken das höchste Kriterium für bewußtes menschliches Verhalten war, abgeschlossen und überwunden ist, denn in der Vorherrschaft einer Welt, die sich die Technik zum Vorbild nimmt, sehe ich eine große Gefahr für die Unabhängigkeit des menschlichen Denkens und Handelns. Eine Gesellschaft, die auf einer vorwiegend technischen Zivilisation basiert und sich nicht auf die historischen Dimensionen besinnt, wird in Wirklichkeit von jenen politischen Kräften regiert, die die Technik beherrschen. In einer solchen Welt gewinnen in verschiedenen Ausprägungen, die soziologischer, psychoanalytischer oder strukturalistischer Natur sein können, metaphysische Anschauungen Raum. Doch gerade das historisch bewußte Denken hat die Metaphysik mit viel Mühe verdrängen können. Nur historisches Bewußtsein hat sich in der Vergangenheit dem totalen Machtanspruch der Politiker widersetzt und wird dies auch in Zukunft tun können. Die Tatsache, daß die Proteste der Jugend in aller Welt von den philosophischen und historischen Studienfächern ausgegangen sind, vermittelt uns davon in etwa einen Begriff. Dies sollte man sich vor Augen halten.

Hieraus wird auch ersichtlich, daß die Kunstgeschichte eine historische Wissenschaft ist, obwohl sie sich von ihrer Bestimmung her mit etwas beschäftigt, das sich wissenschaftlich nicht genau definieren läßt, nämlich mit Kunst.

Die Historiker der antiken Kunst stellen heutzutage ohne Zweifel eine aussterbende Gattung dar, obgleich sich fast alle klassischen Archäologen mit Kunstgegenständen befassen. Wenn sich aber jemand mit solchen Dingen beschäftigt, um daraus vor allem chronologische und historische Angaben zu gewinnen, so ist das nicht als kunstgeschichtliche Betätigung zu bezeichnen. Einen solchen Umstand kann ich nur beklagen, denn in Wirklichkeit hat man gerade erst begonnen, zu einem kritischen und eigentlich historischen Verständnis der griechischen und römischen Kunst zu gelangen, und die eigentlichen Fragen müßten erst noch gestellt und behandelt werden. Bei den Kulturen des Alten Orients ist in der Archäologie noch nicht einmal die Phase der Einordnung und Datierung der Objekte abgeschlossen.

Ich bin mir nicht sicher, ob diese Einführung als Prolog zu dienen vermag zu einem in Zukunft wiederauflebenden Interesse an den kunstgeschichtlichen Problemen als eigenständigen Fragen zum Wesen der Kunst, oder ob sie nicht eher ein Nachruf auf eine bereits beendete Phase der Beschäftigung mit der klassischen Antike ist. Dies werden jene beurteilen können, die dieses kleine Buch benützen. Die Historiker der mittelalterlichen, der neueren und der zeitgenössischen Kunst sowie die Kritiker, die ja oft scharfsinnige Gelehrte und Experten mit hervorragender Argumentationsfähigkeit und großer Genauigkeit sind, möchte ich, wenn sie zufällig ihr Augenmerk auf mein Buch richten sollten, daran erinnern, daß diese Ausführungen vor allem für Archäologen bestimmt sind.

Rom, 4. Mai 1970   Ranuccio Bianchi Bandinelli

Einführung

Die Archäologie als historische Wissenschaft[1]

Der Begriff ‚Archäologie‘ kann bei dem, der ihn hört, verschiedene Reaktionen hervorrufen. Sie mögen negativ sein, sieht man auf das Sich-Abmühen an verstaubten Dingen um abwegiger und unnützer Fragen willen, die mit der dramatischen Spannung unserer heutigen Zeit nichts zu tun haben. Andererseits mögen die Reaktionen auch positiv sein, erfüllt von romantischer Begeisterung für eine verklärte und zugleich immer etwas rätselhafte Vergangenheit, der man sich durch abenteuerliche Erkundungen nähert. In Wirklichkeit beruhen beide Haltungen auf einem oberflächlichen Mißverständnis; beide sind verfehlt.

Wir müssen uns vielmehr bewußt machen, daß die Archäologie im letzten halben Jahrhundert und ganz besonders in den vergangenen fünfundzwanzig Jahren in ihren Methoden und Zielen tiefgreifende Veränderungen erfahren hat. Es lohnt sich vielleicht, die Entwicklungsphasen und Wandlungen dieser Disziplin zu verfolgen, um ihre Möglichkeiten in unserer modernen Welt besser zu verstehen. Sicher ist es nicht mehr so, wie noch Ulrich von Wilamowitz-Moellendorf, der große Gelehrte, über die klassische Philologie sagte: „... das reine beglückende Anschauen des in seiner Wahrheit und Schönheit Verstandenen ist das Ziel.“[2] Wir selbst teilen heute diese elitäre und hedonistische Sicht gewiß nicht mehr; aber man muß sie sich vergegenwärtigen, um einige Aspekte dieses Faches zu begreifen, die im modernen Kulturleben oft ein konservatives Element darstellten, verbunden mit einer Weltanschauung, die sich als humanistisch ausgab, in Wirklichkeit aber vom wahren Humanismus nur die abwegigen Gedanken und sicher nicht seine im Ursprung freiheitlichen Impulse enthielt.

Bekanntlich finden wir den Begriff ἀρχαιολογία bei den antiken Autoren in seiner wörtlichen Bedeutung als Lehre von den vergangenen, den alten Dingen, und das heißt folglich von sämtlichen Erscheinungsformen früherer Epochen.

In der Einleitung zu dem Geschichtswerk des großen Historikers Thukydides, das ἀρχαιολογία betitelt ist, finden wir ein typisches Beispiel historischer Schlußfolgerung aus einem archäologischen Tatbestand. Thukydides behauptet, die Phönizier und Karer seien ein Piratenvolk gewesen, das vor langer Zeit den größten Teil der Ägäischen Inseln bewohnte, und er sagt weiter: „und das ist der Beweis dafür: als die Athener während des Krieges Delos reinigten und alle Gräber von der Insel entfernten, zeigte sich, daß mehr als die Hälfte der Toten Karer waren, was man aus der beigegebenen Bewaffnung und den noch heute üblichen Bestattungssitten ersehen kann." Er zieht folglich Geräte und Bestattungssitten als eindeutig archäologische Fakten zur Unterstützung einer historischen These heran.

Doch diese Geschlossenheit der historischen Forschung zerbrach, als der Begriff ‚Archäologie' nur noch auf das Studium von Altertümern angewandt wurde, die aus ihrem ursprünglichen historischen Zusammenhang gerissen und zu reinen Kuriositäten degradiert wurden, seien es nun Kunstwerke oder Gebrauchsgegenstände wie etwa Öllampen, Grabsteine oder Münzen. Außerdem wurde der Begriff auf die griechisch-römische Welt begrenzt, das heißt auf die ‚klassische Antike'.

Diese kleinliche und ihrer Methodik beraubte Forschung degenerierte in vereinzelten Disputen an den zahllosen Akademien, die im Europa der Reformation und des Barock vor allem in Italien entstanden waren. Gerade dies ist schuld an dem langweiligen Beigeschmack, der heute manchmal dem Urteil über die Archäologen anhaftet. Leider haben sich nur wenige von ihnen mit methodischen Fragen beschäftigt, so daß man, abgesehen von den trotz mangelhafter Form immer noch wertvollen Berichten über Ausgrabungen, vielleicht behaupten kann, ein Großteil dessen, was geschrieben wird, bringe unserer heutigen Zeit keinen Nutzen mehr. Es sind eher akademische Stilübungen, Arbeiten lediglich um des persönlichen Ansehens willen oder einfach intellektuelle Gesellschaftsspiele, vergleichbar dem Rätselraten, bei dem ja auch die Lust am Entdecken eine Rolle spielt, die oft die Schalheit und eine gewisse geistige Verarmung intellektueller Bedürfnisse kompensiert.

Tatsächlich existieren heute noch die Nachfahren jener antiquarischen Archäologie des 18. Jahrhunderts, über die Winckelmann in einem Brief an Genzmer vom 20. November 1757 schrieb,[3] er beabsichtige unter anderem mit seinem Werk folgendes: „Eine Nebenabsicht ist, das Studium der elenden Antiquariorum in Rom über den Haufen zu werfen ..."

Dieses Werk Winckelmanns, die ‚Geschichte der Kunst des Alterthums' aus dem Jahre 1764,[4] sollte die Geburt der modernen Archäologie bedeuten. Von nun an hatte die Archäologie das Studium der klassischen Kunst zum eigentlichen Thema. Doch wurden die Gedanken Winckelmanns in dem, was ihre Lebendigkeit ausmachte, falsch verstanden, und es wurde nur das aufgenommen, was eher zeitgebunden und vergänglich war. Der große qualitative Sprung, der durch ihn im Bereich der Altertumsforschung gelang, bestand in der Befreiung von der Gelehrsamkeit als Selbstzweck im Dienste des rein persönlichen Ehrgeizes und von rein akademischer und literarischer Neugierde. Er brachte eine erste Untersuchung und chronologische Einteilung einzelner Phasen der Kunst der antiken Welt und warf die Frage nach den Gesetzmäßigkeiten auf, nach denen absolute Schönheit in der Kunst erreichbar sei.

Die Antike wurde damit nicht mehr als homogene Einheit gesehen, die sich ohne Differenzierungen von der Gegenwart unterschied, sondern es tauchten bei diesen Forschungen jetzt zwei Maximen auf, die historische und die ästhetische. Leider behauptete letztere länger als ein Jahrhundert den Vorrang, wodurch das Studium der antiken Kunst in eine Bahn geriet, die von ihrem akademischen Standpunkt aus kein Verständnis für all das zuließ, was nicht dem Kanon jenes Klassizismus entsprach, den schon die italienischen Vorläufer Winckelmanns, wie etwa Bellori,[5] aus den Überresten antiker Bildhauerei ableiten zu können geglaubt hatten. Die Autorität dieser Normen war auch dann noch nicht erschüttert, als man erkannt hatte, daß die antiken Skulpturen, die die Grundlage für diese Normen abgegeben hatten, gar keine griechischen Originale waren, wie man zunächst glaubte, sondern mehr oder weniger getreue Kopien jener Werke, die in späthellenistischer Zeit, als man sich sehnsüchtig der Vergangenheit zuwandte, als vorbildhaft und der Reproduktion für würdig erachtet wurden. So kam es, daß man weiterhin die griechische Kunst an Hand von Kopien studierte, die von einer kommerziell ausgerichteten Kunstindustrie für den passionierten, doch nicht immer kundigen römischen Sammler hergestellt worden waren. Diese Richtung behielt man selbst dann noch bei, als Archäologen aus England, Deutschland und Frankreich mit der Erforschung der antiken Kulturzentren in Kleinasien und Griechenland begonnen hatten und auch originale griechische Kunstwerke ans Licht brachten. Noch um die Mitte des vergangenen Jahrhunderts bedurfte es eines freien Geistes wie Stendhal, der, wenn auch unter Entschuldigungen, zugab, daß er die Skulpturen des Parthenon dem Apoll vom Belvedere vorzog.[6]

Die Archäologie wurde in erster Linie als Geschichte der griechischen Kunst, beruhend auf den literarischen Quellen, verstanden. Sie erschien somit als ein Abkömmling der Philologie, die die Untersuchungsmethoden für diese Quellen bereitstellte. Es war ein mühseliger Weg bis zur Befreiung der antiken Kunstgeschichte vom Blickwinkel der Quellen her, wobei die archäologischen Ausgrabungen in erster Linie noch als Mittel zur Entdeckung von Sammelobjekten angesehen wurden. So wurde zum Beispiel neuerdings durch die Publikation von Dokumenten bekannt, daß Bismarck die finanzielle Unterstützung der Ausgrabungen in Olympia einstellte, weil sie seiner Meinung nach keine Statuen erbrachten, die genügend ins Auge springen.[7]

Diese Archäologie, die die Ideen Winckelmanns verfälscht tradierte, geriet schließlich in eine Krise und wurde, auch wenn von ihr heute noch Reste zu erkennen sind, durch zwei entscheidende Faktoren überwunden: zum einen durch den Historismus, der sich in seinen verschiedenen Ausprägungen in den beiden letzten Jahrzehnten des 19. Jahrhunderts in Europa durchgesetzt hatte, und zum anderen durch die zunehmende Bedeutung der Untersuchungen zur Prähistorie im Bereich der archäologischen Feldforschung, das heißt der Ausgrabungen.

Der Historismus trat auch auf diesem Gebiet in Erscheinung, allerdings nicht in deutlicher Form, sondern in seinen idealistischen Aspekten, wie zum Beispiel mit den Schriften Alois Riegls, des bedeutendsten Vertreters der sogenannten Wiener Schule, die einen Wendepunkt in der Geschichtsschreibung der antiken Kunst markierten.[8] In seiner Schrift über die ‚Spätrömische Kunstindustrie‘ von 1901 stellt er sich gegen die allgemein verbreitete Meinung der Gelehrten, die die Kunst nach der Zeit der antoninischen Kaiser, das heißt nach den achtziger Jahren des 2. Jahrhunderts n. Chr., als Erscheinungsform unweigerlichen Verfalls ansahen. Er zeigte dagegen, daß diese Kunst vielmehr als Ausdruck eines veränderten Geschmacks, eines anderen ‚Kunstwollens‘ angesehen und damit als eigenständig bewertet werden müsse, und nicht der sieben- bis achthundert Jahre früheren griechischen Kunst gegenübergestellt werden könne, was man bis dahin, geprägt durch die Vorurteile der Winckelmannschen Ästhetik, getan hatte. Die Wiener Schule gelangte zu diesen Ansichten weniger durch neue methodische Ansätze als vielmehr durch den Einfluß der Veränderungen, die die impressionistischen Maler in der zeitgenössischen Kunst bewirkt hatten. Riegls kritischer Ansatz war für die Archäologen Winckelmannscher Prägung derart ungewohnt, daß zum Beispiel ihr bedeutendster Vertreter, Adolf Furtwängler, seinem Biographen gestand, er habe das Buch Riegls dreimal gelesen, ohne etwas zu verstehen.[9]

Es dauerte etliche Jahre, ja sogar eine ganze Generation, bis die Anregungen der Wiener Schule aufgenommen wurden und zu wirken begannen. Und es dauerte noch eine weitere Generation, bis man verstand, was uns heute selbstverständlich erscheint, daß nämlich der idealistische Ansatz bei Riegl nicht ausreichte, um den Bruch in der künstlerischen Tradition des Hellenismus zu erklären, ein Bruch, auf den eine neue formale Tradition folgte, die vom 3. Jahrhundert n. Chr. bis ins 14. Jahrhundert reichte. Es handelte sich dabei nicht einfach um eine Frage des Geschmacks, sondern man mußte, um diese Veränderungen zu verstehen, eine dramatische Übergangsepoche insgesamt eingehender untersuchen.

Seither haben neue Richtungen des Historismus, die sich gegen die Deutung des historischen Prozesses als Verwirklichung eines unendlichen geistigen Prinzips stellten, die Geschichte auf ihre Bedingtheit durch den Menschen zurückgeführt. Eine dieser Richtungen sah im Gefolge von Max Weber[10] die Geschichte als Werk des Menschen und bemühte sich daher, ihre Geschichtsforschung von der Abstraktheit universaler Prinzipien auf das hinzulenken, was als konkretes Geschehen und als Verknüpfung von Tatsachen angesehen werden konnte. Auf dieser Linie sind in neuerer Zeit mit Erfolg auch Forschungen unternommen worden, die in ihrem methodischen Ansatz auf dem historischen Materialismus beruhen, diesen allerdings nicht rein schematisch anwenden. So wird heute die Krise der antiken Kunst als Teil der allgemeinen sozialen, ökonomischen und politischen Krise gesehen, die von der antiken Welt zur mittelalterlichen Gesellschaft führte und das Aktionszentrum vom Mittelmeerraum nach Europa verlagerte.

In dieser Richtung ist die kunsthistorische Erforschung der Antike in den letzten fünfundzwanzig Jahren bedeutend erweitert worden. Befreit von der klassizistischen Hypothek, erscheint jetzt die griechische Kunst nicht mehr als statisches Vorbild, sondern ist in eine historische Dimension gerückt und wird in einem weit größeren Rahmen gesehen, was zu einem folgerichtigeren und rationaleren Verständnis geführt hat. Zugleich hat man begonnen, sich auf einer neuen Grundlage mit dem Problem der römischen Kunst zu beschäftigen, deren richtiges Erfassen nach den Vorurteilen des Klassizismus vor allem von den plumpen nationalistischen Verherrlichungen verstellt war. Und so hat man erst in den letzten Jahrzehnten zunehmend begonnen, sich, wenngleich auch noch höchst unvollkommen, eingehender und von verschiedenen Seiten her mit der Kultur des vorrömischen Italien zu beschäftigen, und hat die römische Kunst als Vermittlerin einer mittelmeerischen Kultur erkannt, aus der die europäische erwachsen sollte

– eine Erkenntnis, zu der man nur durch die engen Verbindungen von kunsthistorischer und historischer Forschung gelangen konnte.[11] Gleichzeitig hat die stärkere Bindung der Kunstgeschichte an die Geschichte den Weg für das Verständnis der nichtklassischen Kulturen freigemacht, der Kunst Mesopotamiens und Ägyptens, Persiens und der Steppenvölker. Man erkannte nicht nur deren eigenständigen Wert, sondern begriff sie auch als konstituierende Elemente der europäischen Kunsttradition. Denn als sich der römische Staatsorganismus auflöste, erhoben sich diese vormals unterdrückten Völker, die damalige Dritte Welt neben Griechenland und Rom, zur Selbständigkeit und zu eigenen kulturellen Ausdrucksformen, die zweifellos wesentlich ungeschliffener waren als diejenigen der mondänen hellenistischen Welt, die aber von einem ganz neuen, umfassenden menschlichen Wert belebt waren.[12]

Durch dieses geistige Abenteuer auf dem Gebiet der Antike hat gerade die Kunstgeschichte neben allem anderen auch die Anregung dazu gegeben, die ganze spätantike Epoche, der ja heute das besondere Interesse der Historiker gilt, neu zu überdenken.[13] Das zeigt auch, daß kunsthistorische Forschung, wenn sie wirklich als Deutung sozialer Fakten betrieben wird, für historische Untersuchungen von großem Wert sein kann. So sehen wir etwa, daß die bildende Kunst bei der ständigen Veränderung ihrer Ausdrucksweisen doch nie unerwartete Sprünge macht, so eigenwillig auch die einzelnen Künstlerpersönlichkeiten sein mögen. Es gibt immer einen festen Untergrund, der auch den gewagtesten Versuchen Halt gibt und sie untereinander verbindet. Wenn wir daher ein künstlerisches Phänomen richtig verstehen und deuten können, so wird dies einen ganz besonderen Wert als soziales und historisches Dokument haben, gerade wegen des ihm innewohnenden Anteils an Irrationalem und Spontanem. Wenn einmal die Vorurteile der idealistischen Kunstkritik, die die Vorstellung von der absoluten Autonomie der Kunst unterstützt haben, überwunden sind, dann wird auch die Kunstgeschichte wieder ihren Platz unter den historischen Wissenschaften einnehmen und die Kunst nicht mehr als eine Sache angesehen werden, die von der realen

Welt losgelöst dasteht, sondern die mit ihr in steter Wechselwirkung verbunden ist.

Heute betreibt die Archäologie nicht mehr nur Kunstgeschichte, wie sie es in der Nachfolge Winckelmanns tat. Die Geschichte der Kunst ist für sie vielmehr ein untergeordneter Zweig, dessen besonderer Aspekt sich nach und nach in das umfassendere Bild der Geschichte einfügt.

Hier kommt nun die zweite wesentliche Aufgabe der Archäologie hinzu, das Bereitstellen von Dokumenten mit Hilfe der wissenschaftlichen Ausgrabungen. Wie bereits erwähnt, verdankt es die Archäologie den Erforschern der Vor- und Frühgeschichte, daß in diesem Bereich die Methoden und Ziele erneuert und vertieft wurden. Einst spotteten die klassischen Archäologen in ihrem Stolz auf die Verbindung zur Philologie über die Arbeit der Prähistoriker, indem sie von der Wissenschaft der ‚Analphabeten' sprachen, da dieser die Schriftquellen fehlten. Nun aber haben gerade jene ‚Analphabeten' die archäologische Forschung erneuert, was fast zu einer symbolischen Deutung verleiten könnte.

Unter dem Zwang, alles auf der Basis objektiver Daten zu rekonstruieren und Untersuchungen anzustellen, die nur auf Indizien beruhen, haben die Prähistoriker äußerst sorgfältige Ausgrabungsmethoden entwickelt, wohl wissend, daß jede archäologische Grabung ein Dokument zerstört, das im Laufe von Jahrtausenden entstanden ist. Deswegen muß man derlei Zeugnisse, wenn sie ans Licht geholt und abgetragen werden, mit der größten Genauigkeit aufzeichnen, so daß selbst bei den kleinsten Fundstücken die ursprüngliche Lage zu jedem Zeitpunkt auch von anderen Forschern, selbst noch nach Jahren und unter ganz anderen Gesichtspunkten, rekonstruiert und untersucht werden kann. Darum ist, nebenbei bemerkt, jede illegale Ausgrabung, jede Grabung ohne wissenschaftliche Aufnahme zu beklagen, nicht so sehr, weil dadurch der Allgemeinheit mehr oder weniger wertvolle Gegenstände vorenthalten werden, sondern vor allem weil dabei historische Beweisstücke zerstört werden. Das ist ebenso gravierend wie etwa der Brand in einem Archiv, dessen Bestände zuvor nicht ausgewertet wurden. Die prähistorische Archäologie hat uns einerseits gelehrt, daß es keine wertlosen Duplikate gibt, aber sie hat uns auch gelehrt, daß es keine reinen Unikate gibt. Die Dinge, die der Mensch herstellt, weisen über Jahrhunderte und sogar Jahrtausende hinweg eine Kontinuität wie bestimmte Variationen auf, die nur von sehr heftigen äußeren Anlässen wie etwa dem Eindringen fremder Völker, großen Wanderungen oder Naturkatastrophen unterbrochen werden können.

So hat man mit der Zeit die stratigraphische Ausgrabungsmethode, das heißt die präzise Beobachtung der verschiedenen Schichten in ihrer Abfolge und die Untersuchung der Keramikfunde, auch wenn diese keinerlei Ornament tragen, mehr und mehr vervollkommnet. Tatsächlich kann man durch die Untersuchung der Formen einer großen Menge von Tongefäßen des täglichen Gebrauchs, indem man diese zeichnerisch darstellt, die Entwicklung eines ganzen Produktionszweiges aufzeigen; man kann die Verbreitung durch den Handel feststellen und von daher Schlüsse auf sozio-ökonomische Verhältnisse ziehen, die zuvor nicht erkannt worden waren. Zu dieser sorgfältigen Grabungstechnik kommen jetzt auch naturwissenschaftliche Untersuchungsmethoden, wie etwa die Feststellung des Alters eines organischen Stoffes durch die Messung seines Radiocarbongehaltes, die sogenannte C-14-Methode; hinzu kommt auch die Untersuchung von Blütenstaubablagerungen am Boden von Süßwasserseen.[14] Ebenso nützlich sind Sondagen mit Hilfe optisch-elektrischer Geräte sowie die verschiedenen Methoden magnetischer Prospektion.[15] Sehr wichtig ist auch die Erkundung von Fundstätten durch Luftbildaufnahmen, die die Verfärbung der Vegetation über im Erdboden verborgenen Mauern sichtbar machen.

Durch die Anwendung dieser modernen Methoden sind etwa bei der Erforschung Anatoliens Ergebnisse von großer historischer Bedeutung erzielt worden. Diese sind in erster Linie den Expeditionen englischer und amerikanischer Universitäten nach dem Zweiten Weltkrieg zu verdanken. Die Geschichte der menschlichen Kultur wurde dadurch um einige Jahrtausende erweitert.

Das früheste historische Datum, das wir durch epigraphische

und historische Zeugnisse kennen, ist der Beginn der 1. Dynastie in Ägypten um 3100 v. Chr. Die sumerischen Königslisten reichen mit dem König Ensha-Kushana nur bis um 2400 v. Chr. zurück. Heute können wir allerdings bis auf die Anfänge menschlicher Gemeinschaften in festen Siedlungen zurückblicken und diese mit Hilfe der C-14–Methode zwischen 8000 und 7000 v. Chr. datieren. Spuren solcher Siedlungen sind in Jericho im Jordantal zutage getreten, ebenso in Jarmo im Irak, in Ras-Shamra an der Nordküste Syriens, in Khirokitia auf Zypern und auch in Argissa in Thessalien. Doch der weitaus bedeutendste Platz ist Çatal-Hüyük in Anatolien,[16] in der Ebene von Konya; er war Zentrum kultureller Ausstrahlungen durch weitläufige Handelskontakte; seine Besiedlung ließ sich durch dreizehn Fundschichten über einen Zeitraum von 1300 Jahren von etwa 7000 bis 5700 v. Chr. verfolgen. Hier kam eine richtige Stadt mit einer Ausdehnung von zwölf Hektar ans Licht, deren feste Häuser aus ungebrannten Ziegeln und hölzernem Fachwerk über rechteckigem Grundriß erbaut waren. In diese Häuser gelangte man vom Dach her über bewegliche Holzleitern. Man fand hier Geräte aus Feuerstein und Obsidian sowie Gefäße für den Hausgebrauch aus Marmor und Lavagestein, ebenso Reste von Geweben aus Wolle, aus Lindenfasern und aus Leinen. Dann gibt es aber auch erstaunliche Malereien an den Innenwänden von Wohnhäusern und Heiligtümern; und aus den jüngeren Schichten, die allerdings auch noch ins VI. Jahrtausend v. Chr. zu datieren sind, stammen Tonfiguren einer Muttergottheit in menschlicher Gestalt, die von einer männlichen Figur, ihrem Mann oder Sohn, begleitet ist, deren Gestalt zum Teil aus einem Stier oder Widder besteht. In den Kulträumen aus den Schichten V bis III gibt es Malereien von kämpfenden Tieren, von Jagden auf Stiere, Hirsche, Wildschweine und Wildesel, Szenen mit Wettläufen und Tänzen und eine beeindruckende Totenszene, in der Geier menschliche Kadaver verzehren, denen die Köpfe fehlen. Für die jüngsten Schichten ist bezeichnend, daß hier die Zeugnisse für die Ausübung der Jagd aufhören; ebenso fehlen Bilder von Tieren.

So konnte die Existenz einer komplexen und differenzierten

Kultur festgestellt werden, und so fand sich durch Zusammenfassung der Fundnachrichten, die hier nicht alle im einzelnen aufgeführt werden können, die Bestätigung dafür, daß die sogenannte ,neolithische Revolution' sicher im Nahen Osten stattgefunden hat. Dieser Begriff ist als Parallele zu dem Terminus ,industrielle Revolution' entstanden, mit dem man den Beginn der modernen mechanischen Produktionsweisen am Ende des 18. Jahrhunderts bezeichnet. In der Tat handelte es sich auch im Falle der ,neolithischen Revolution' um eine tiefgreifende Veränderung in den Strukturen der primitiven Gesellschaft auf Grund der Erfindung neuer Herstellungsmethoden. Vom Nahrungssammler wurde der Mensch zum Nahrungsproduzenten, was ihn schließlich auch dazu brachte, feste Siedlungen anzulegen.

Diese ,Revolution' vollzog sich in der Region zwischen der anatolischen Hochebene und den Wüstengebieten Zentralasiens, zwischen dem Kaukasus und dem Hochland Palästinas, denn nur in dieser Zone des Mittleren Ostens waren die notwendigen Voraussetzungen vorhanden. Es gab die domestizierbaren Tiere wie Schaf, Ziege, Rind und Schwein und ebenso die wilden Vorläufer von Weizen, Gerste, Wicke, Erbse und Linse.

Auf Grund dieser Tatsachen sind jetzt die Ansichten überholt, denen zufolge Mesopotamien und Ägypten die Wiege unserer Kultur waren, da man dort angefangen hatte, im großen Stil Bewässerungskulturen entlang den Ufern der großen Flüsse anzulegen. Wir wissen heute, daß dies in einer späteren, um einige Jahrtausende jüngeren Phase geschah, in der bereits eine streng differenzierte Gesellschaft zu erkennen ist. Die ganze Periode vom Mesolithikum des X. Jahrtausends bis zum Beginn der Bronzezeit am Ende des IV. Jahrtausends stellt sich in Anatolien, in Al-Ubaid und in Uruk in Mesopotamien in zahlreichen Abschnitten dar, die über das präkeramische Neolithikum und das keramische Neolithikum zum Chalkolithikum reichen und die in ihren lokalen Varianten nunmehr hinreichend aufgeklärt sind. Von diesen Epochen besitzen wir heute eine ziemlich klare Vorstellung, reich an Einzelheiten, die auch die Voraussetzungen für die folgenden Ereignisse besser erhellen, sei es nun die weit jüngere Frühgeschichte Europas, oder seien es die Ereignisse in historischer Zeit in ihren sozialen und wirtschaftlichen, in den kulturellen, religiösen und künstlerischen Strukturen.

Auf anderen Forschungsgebieten, die schon ganz in historischer Zeit liegen, ist die Archäologie dem Leben des Alltagsmenschen nähergekommen, als man es mit den Dokumenten der politisch führenden Gesellschaftsschichten konnte. Sie hat provinzielle und periphere Kulturschichten aufgedeckt, die von den historischen Quellen übergangen werden, und hat ihnen einen eigenständigen Wert verliehen, so daß sie nicht mehr nur im Vergleich zu den fortgeschrittenen Kulturen gesehen werden.

Die Archäologie ist jetzt zu einer historischen Wissenschaft herangereift und bleibt nicht mehr ‚Hilfswissenschaft der Geschichte'. Sie stellt eine andere und spezielle Art historischer Forschung dar, verfolgt aber mit dieser ein gemeinsames Ziel, nachdem heute die Geschichte nicht mehr einzig von großen Männern und ihren Kriegen handelt, sondern zur Geschichte der Völker geworden ist. Anstatt auf schriftliche Quellen stützt sich die Archäologie auf die materiellen Produkte, die eine Gesellschaft herstellt, ansammelt und schließlich hinterläßt. Das gilt nicht nur für die Geschichte jener Epochen, die wir gewöhnlich als die ‚prähistorischen' bezeichnen, weil für sie die geschriebenen Zeugnisse fehlen, in denen jedoch die Menschen ebensogut ihre Geschichte hatten. Im gleichen Maß gilt das auch für die jüngeren Zeiten, denn die literarischen Zeugnisse sind stets in einem doppelten Sinn begrenzt: zum einen, da sie auf bestimmte Zeiträume beschränkt sind, und zum andern, da sie immer schon eine festgelegte Deutung der Fakten enthalten, deren Richtung häufig ganz bestimmten Interessen folgt. Dagegen sind die archäologischen Zeugnisse dank ihrer Eigenart nicht von vornherein bewertet, es kommt vielmehr darauf an, daß man sie zu interpretieren vermag. Inzwischen sind schon öfter historische Fragen ausschließlich durch die archäologische Forschung angeschnitten worden oder werden auch jetzt gerade behandelt, wobei ich besonders an die Frühgeschichte in Italien denke. Oft waren es die Archäologen, die neue historische Probleme aufgeworfen haben, weil sie durch ihre vergleichende Methode und durch den direkten Kontakt zu den materiellen Zeugnissen besonders dazu angeregt wurden, konkrete Fragen nach den Produktionsformen und damit nach den Gesellschaftsformen, das heißt nach der Geschichte, zu stellen.

In der nächsten Umgebung von Rom sind in den letzten Jahren durch archäologische Forschungen neue historische Fakten bekannt geworden. So hat man in Lavinio nicht nur die Bestätigung für das hohe Alter einer Legende – der Ankunft des Äneas – gefunden,[17] sondern etwas noch weit Bedeutenderes, nämlich den Beleg für direkte Kontakte Latiums und damit auch Roms zur griechischen Welt in sehr früher Zeit, also nicht nur Beziehungen über die Vermittlung Etruriens. Fünfundzwanzig Kilometer südlich von Rom bei Castel di Decima wurde eine Nekropole entdeckt, die durch Importgefäße aus Thapsos in Ostsizilien[18] an den Anfang des 7. Jahrhunderts zu datieren ist. Die Bestattungen hören hier unvermittelt auf, ein Indiz für die Abwanderung der Bevölkerung, was sich mit der historischen Überlieferung verbinden läßt, nach der Ancus Marcius einige Orte im Umkreis zerstört hat und ihre Bewohner nach Rom auf den Aventin umsiedelte.

Berühmt sind heute auch die Goldbleche aus dem Heiligtum von Pyrgi, dem Hafen von Caere, die um 500 v. Chr. datiert werden;[19] von ihnen sind einige in etruskischer Schrift und andere phönizisch beschrieben, was für Kontakte zwischen Etruskern und Puniern spricht, die aus den historischen Quellen kaum ersichtlich sind. Damit wurde der Überlieferung der Annalisten mehr Glaubwürdigkeit verschafft, nach der es einen ersten frühen Vertrag zwischen Rom und Karthago gegeben hat.

In Rom selbst haben die Grabungen auf dem Palatin, dem Forum Romanum und in der Gegend von S. Omobono zwischen dem Forum Boarium und dem Kapitolshügel historische Zusammenhänge enthüllt, die zuvor undenkbar waren. Und in letzter Zeit wurde durch genaueste Untersuchung der in Ostia verwendeten Tonsorten bekannt, daß der größte Teil der Ziegelsteine in der römischen Kaiserzeit aus nordafrikanischen Betrieben stammt, aus dem Gebiet des heutigen Tunesien und Algerien, wo die großen Massen an Arbeitskräften, die in den landwirtschaftlichen Betrieben beschäftigt waren, außerhalb der Saison in den Ziegeleien arbeiten konnten.[20] Daraus ergibt sich ein bisher unbekanntes sozio–ökonomisches Bild, das sich als Faktum in die Geschichte der Kaiserzeit einfügt.

Im Bereich der Schule wird heute viel von interdisziplinärer Arbeit geredet. Bei den Althistorikern und Archäologen hat man es jedoch über interdisziplinäre Kontakte hinaus mit einer engen Zusammenarbeit auf dem gemeinsamen Forschungsgebiet der Geschichte zu tun. Es wäre zu wünschen, daß sich eine so enge Zusammenarbeit auch über den Bereich der Antike hinaus erstreckte und auch das Mittelalter umfaßte.[21] Bei Althistorikern und Archäologen können die einen nichts ohne die anderen tun: das archäologische Zeugnis wird, wann immer das möglich ist, einem historischen Dokument gegenübergestellt, und andererseits wird eine historische Angabe mit den archäologischen Fakten verglichen. So gelangt man zu einer echten historischen Wissenschaft, die sowohl die verstaubten antiquarischen Forschungen der heute noch existierenden Archäologie des 18. Jahrhunderts in Vergessenheit geraten läßt als auch die Spekulationen solcher Historiker, die, ausgehend von einem abstrakten theoretischen Rahmen, diesem schließlich die Fakten angleichen und die Theorie als *deus ex machina* verwenden, mit der man alle Probleme lösen zu können glaubt.

Dieser Haltung ist, so scheint es uns, ein gewisses Maß an Empirismus vorzuziehen, das es ermöglicht, näher an den Fakten und den Menschen selbst zu bleiben. Beide treffen sich da, wo die Beziehungen zwischen sozialen und ökonomischen Zuständen zutage treten; darin artikuliert sich im Grunde Geschichte, auch wenn sie immer sehr komplex verflochten ist, denn die Variationsmöglichkeiten des Menschen sind unbegrenzt.

Doch schon Droysen hat gelehrt: „Das Gegebene für die historische Forschung sind nicht die Vergangenheiten, denn diese sind vergangen, sondern das von ihnen in dem Jetzt und Hier noch Unvergangene, mögen es Erinnerungen von dem, was war und geschah, oder Überreste des Gewesenen und Geschehenen sein."[22]

Einführung in die klassische Archäologie
als Geschichte der antiken Kunst

I. Einleitung

Zunächst muß man sich klarmachen, weshalb wir uns heute noch
für Archäologie interessieren können, obwohl sie sich doch mit
Dingen beschäftigt, die unserem heutigen Leben so fernliegen. Sicherlich reicht, um das Studium der Archäologie zu motivieren,
nicht allein das praktische Bedürfnis nach einem Beruf aus, der ja
auch im besten Fall noch keinen günstigen wirtschaftlichen An-
reiz bietet; ernstlich kann dies nur durch die Erkenntnis gerechtfertigt werden, daß in dieser Beschäftigung ein positiver Wert für
die moderne Kultur enthalten ist oder daß sie ein inneres Bedürfnis unserer Zeit befriedigt. Deshalb hat diese Schrift ein doppeltes
Ziel: einmal will sie einen besonderen Aspekt dieses Fachs kurz
historisch erläutern, damit die heute anstehenden wissenschaftlichen Probleme besser definiert werden können. Das zweite Ziel,
das sich im übrigen aus dem ersteren ergibt, besteht darin, einen
positiven Bezug der Archäologie zu unserer heutigen Kultur herzustellen. Falls es keine Beziehung geben sollte, müßte man die
Konsequenzen ziehen und diese Wissenschaft aufgeben, so wie es
auch schon mit anderen Disziplinen und Forschungsgebieten geschehen ist, die einst in hohem Ansehen standen.[23]

Die Archäologie existierte lange Zeit weder als eigene Disziplin
noch als geläufiger Begriff.[24] Der Terminus ἀρχαιολογία ist zwar
schon in den antiken Schriftquellen zu finden, er wird dort jedoch
ganz allgemein als ‚Nachrichten über vergangene Zeiten' aufgefaßt, wie zum Beispiel bei Dionysios von Halikarnass.[25] Es gibt
aber auch schon aus der Antike Zeugnisse dafür, daß Menschen
sich mit Kulturen aus längst vergangener Zeit beschäftigt haben.
Dies zeigt sich etwa darin, was Herodot in dem Kapitel über die

Ägypter schreibt oder was er zu Kunstwerken aus anderen Epochen mitteilt.[26] Gleiches gilt für die Beschreibung Griechenlands von dem römischen Reiseschriftsteller Pausanias, die im 2. Jahrhundert n. Chr. entstand.[27]

Aber das alles ist noch nicht Archäologie in dem Sinne, wie wir sie heute verstehen. Wir müssen aber auch gleich hinzufügen, daß diese Disziplin in den letzten fünfzig Jahren deutlich ihr Gesicht verändert hat. Es gibt nämlich eine grundsätzlich philologisch ausgerichtete Archäologie des 19. Jahrhunderts, die bis zum Ersten Weltkrieg führend war; dann folgte in der Zeit zwischen den Kriegen eine ausschließlich kunsthistorisch orientierte Periode, und seit dem Ende des Zweiten Weltkrieges nach 1945 ist die Archäologie vorwiegend historisch ausgerichtet mit besonderem Interesse für die vor- und frühgeschichtlichen Epochen. Wenn in früheren Zeiten der Begriff ‚Archäologie‘ automatisch auf die griechischen und römischen Altertümer bezogen wurde, so ist er heute viel weiter zu fassen, so wie wir etwa die bedeutendste Erweiterung unserer Kenntnis der Vergangenheit den Forschungen auf dem Gebiet der altorientalischen Kulturen zu verdanken haben.

Hier beschränken wir uns indessen auf das, was man als ‚klassische Archäologie‘ bezeichnet; sie beschäftigt sich mit dem antiken Griechenland und der römischen Zeit, und wird in einigen Ländern – wir werden sehen warum – ‚Winckelmannsche Archäologie‘ genannt.

Schon die Renaissance erforschte die antike Welt mit großer Leidenschaft. Die bedeutendsten Künstler der Zeit begaben sich nach Rom, um dort die antiken Baudenkmäler zu studieren und zu vermessen und um in den ‚Grotten‘, das heißt in den Überresten der verschütteten Gebäude, Malereien zu entdecken, die sie dann in den ‚Grotesken‘ nachahmten.[28]

Bekannt ist bei Vasari die Anekdote aus dem Leben Brunelleschis, in der er erzählt, daß dieser, als er jemanden einen römischen Sarkophag im Dom von Cortona besonders loben hörte (er befindet sich heute im dortigen Diözesanmuseum), sich sogleich direkt aus seiner Werkstatt auf den Weg nach Cortona machte, beflügelt von der Liebe und Zuneigung zur Kunst, „und er kam zurück mit der Zeichnung des Sarkophages".[29]

Dies war jedoch noch keine wirkliche Archäologie, auch wenn man es als einen ihrer Ausgangspunkte bezeichnen kann. Solche Erkundungen waren darauf gerichtet, die antike Kunst als Vorbild wiederzufinden und zu erreichen. In ihren Formen konnte man sich selbst erkennen und die eigene Zeit ausdrücken. Insofern hatten solche Untersuchungen damals aktuellen, aber nicht historischen Wert. Daneben kam auch die Lust am Sammeln antiker Gegenstände auf, seien es nun Kunstwerke oder aber reine Kuriositäten. Und man begann auch antiquarische Studien zu betreiben, allerdings anders als in dem uns heute geläufigen Sinn. Die *antiquari* waren Gelehrte, die Sitten und Gebräuche erforschten und sich besonders mit der Aufzeichnung der antiken Mythologie beschäftigten; es war einerseits ihr Ziel, die bildlichen Darstellungen zu deuten, und andererseits die Lebensformen der Alten zu rekonstruieren. Das eine wie das andere wurde mit großem Aufwand an Gelehrsamkeit betrieben, jedoch mit wenig Sinn für kritische Betrachtung, ohne jede Methode, dafür mit viel Phantasie. Deshalb geriet die ganze antiquarische Forschung schließlich ins Lächerliche; sie diente zuletzt nur noch der persönlichen und rein akademischen Polemik, in der die humanistische Kultur allmählich verkümmerte.

In neuerer Zeit beruhte das, was man jetzt Altertumskunde nannte, vor allem auf der Epigraphik und damit auf der Rekonstruktion der Vorschriften und Gesetze, die das bürgerliche und religiöse Leben regelten, außerdem auf der Prosopographie, das heißt der Erforschung der in den Inschriften genannten historischen Persönlichkeiten, ihrer öffentlichen Funktionen, ihrer Laufbahn in Verwaltung und Politik. Diese Studien, die im Bereich der historischen Dokumentation ein sehr wichtiges Hilfsmittel darstellen, trennten sich mit der Zeit von der eigentlichen Archäologie, die sich immer mehr vornehmlich dem künstlerischen Aspekt zuwandte, so daß dieser Begriff oft mit ‚Geschichte der griechischen und römischen Kunst' gleichbedeutend war und nur deshalb ein selbständiger Terminus blieb, weil damit ausgedrückt wurde, daß unter ihn auch die ganze Arbeit der Dokumentation fällt, die notwendigerweise der kritischen und kunsthistorischen Einordnung vorangehen muß. Das reicht auf unserem Gebiet von der Ausgrabung bis zur Interpretation literarischer Texte, von der Deutung der Inschriften zur richtigen Rekonstruktion solcher Denkmäler, die nur in Fragmenten auf uns gekommen sind.

In der ersten Hälfte des 18. Jahrhunderts stürzte sich noch eine ganze Schar mehr oder weniger gelehrter Männer auf das Studium der *antiquaria,* unterstützt von kirchlichen und weltlichen Mäzenen, die mit Vorliebe Ausgrabungsfunde sammelten. In dieser Zeit wird das antike Kunstwerk lediglich als antiquarischer Beleg angesehen, weshalb zum Beispiel die Statue eines *Togatus* wegen der Toga und der sonstigen Kleidung Beachtung findet, nicht jedoch als eigenständiges Kunstwerk. Bei der Traianssäule und der Säule des Marc Aurel in Rom zum Beispiel, deren Reliefbänder den Bildhauern von Donatello bis Sangallo so viele Anregungen gegeben hatten,[30] interessierte man sich lediglich für die Rüstungen und die Kriegsereignisse, die auf ihnen dargestellt sind. Die *antiquari*[31] verloren schnell das eigentliche Ziel ihrer Studien aus den Augen, indem sie sich mit nebensächlichen Fragen die Zeit vertrieben. Zuletzt suchten sie in den Denkmälern nur noch die Bestätigung für vorgeprägte Hypothesen, die sie anderen gegenüberstellten, so daß daraus pure akademische Dispute wurden, die es nicht für ganz ungerechtfertigt erscheinen lassen, daß man solche Beschäftigungen als reinen Zeitvertreib für Müßiggänger lächerlich machte. Aber gerade zu dieser Zeit, als die weltlichen und geistlichen Fürsten noch solche Beschäftigungen protegierten, wurden bereits neue Ideen geboren, die letztlich zur Gefahr für die Mächtigen selbst wurden. Für uns heute besteht ein Verdienst dieser gelehrten Männer einzig darin, daß sie zuweilen in ihren Werken die Erinnerung an jetzt verschollene Denkmäler in graphischen Reproduktionen erhalten haben. Von ihren Gedanken jedoch, die sie mit großem Scharfsinn und scheinbarer Logik entwickelten, wobei allerdings jegliche Methode nüchterner Untersuchungen durch reine Phantasie ersetzt war, ist für uns tatsächlich nichts geblieben. Dennoch gibt es immer noch in einigen unterentwickelten Regionen der akademischen Welt eine Neigung dazu, ernsthafte Forschung und fundierte Überlegungen durch ‚geniale Intuitionen' zu ersetzen, durch Vorstellungen, die sich auf einem Gerüst von unbelegbaren Hypothesen erheben. Das wahre Motiv ist hier nur der Drang nach Selbstdarstellung und Karriere und niemals das Verlangen nach ernsthafter Erforschung der historischen Wirklichkeit.

Der Klassizismus am Ende des 18. und zu Beginn des 19. Jahrhunderts bezeichnet den wirklichen Anfang der Archäologie. Es ist interessant, dazu einen Ausspruch Goethes von 1826 nachzulesen, der in der Erforschung der Antike eine Suche nach der wirklichen Welt sah: „Man spricht immer vom Studium der Alten; allein was will das anderes sagen als: richte Dich auf die wirkliche Welt und suche sie auszusprechen; denn das taten die Alten auch, da sie lebten." Und im selben Gespräch fährt er fort: „Alle im Rückschreiten und in der Auflösung begriffenen Epochen sind subjektiv, dagegen aber haben alle vorschreitenden Epochen eine objektive Richtung ... Jedes tüchtige Bestreben ... wendet sich aus dem Inneren hinaus auf die Welt, wie Sie an allen großen Epochen sehen, die wirklich im Streben und Vorschreiten begriffen und alle objektiver Natur waren."[32] Im nächsten Jahr kehrt Goethe dann in einem anderen Gespräch zu der einfacheren idealistischen Auffassung zurück, daß der Kontakt mit der Antike durch die Erhabenheit der griechischen und römischen Welt einen erzieherischen Wert hat.[33] Man kann jedenfalls feststellen, daß dieses ‚Intermezzo des klassischen deutschen Humanismus' – wie Lucács den Klassizismus nannte[34] – bereits als historisches Phänomen bewußt geworden war, was bei Schiller stärker und progressiver zum Ausdruck kam als bei Goethe.[35]

Trotz der Idealisierung der Antike, wie sie bei Goethe noch gegenwärtig ist, und trotz des Prinzips der Nachahmung der antiken Kunst im Klassizismus wurden in dieser Zeit die Fundamente zu einer historischen Erkenntnis der Antike gelegt. Daneben diente diese Antike dem Bürgertum, das nach der Französischen Revolution zur führenden Schicht geworden war, als politisches Leitbild, bei dem es Beispiele von Freiheit, Selbstbestimmung und Rationalismus fand, ebenso wie übrigens auch schon die erste Generation humanistischer Intellektueller, ehe der Humanismus zur Stütze des Konformismus verzerrt wurde.[36]

II. Winckelmann

Das Studium der griechisch-römischen Altertümer leitet sich von jener antiquarischen Forschung her, die wir vorher erwähnten. Davon hat sich jedoch die Archäologie der Kunst abgesondert, welche ihre Denkmäler nicht mehr zur Erläuterung anderer Dinge, sondern als autonome Kunstwerke und als Dokumente für die Zivilisation und Kultur ihrer Entstehungszeit untersucht. Die Urheberschaft dieser Art von Archäologie können wir Johann Joachim Winckelmann zuschreiben.[37] Als er 1755 aus seiner sächsischen Heimat nach Rom kam, besaß er bereits eine sehr umfassende Kenntnis der antiken Literatur und ebenso ein bemerkenswertes antiquarisches Wissen. Er gab sich damit jedoch nicht zufrieden, sondern entwarf als erster eine wirkliche Kunstgeschichte, die er ‚Geschichte der Kunst des Alterthums‘ (1764) nannte. Sie wurde später unter dem Titel ‚Storia delle arti del disegno presso gli antichi‘ auch ins Italienische übersetzt. Heute ist dieses Werk, vom wissenschaftlichen Standpunkt her gesehen, natürlich überholt, wie ja auch der ‚Sidereus Nuncius‘ des Galilei im Vergleich zur heutigen Astronomie überholt ist. Doch bleibt Winckelmann das grundlegende Verdienst, die Beschäftigung mit der antiken Kunst von der reinen Gelehrsamkeit und vom akademischen Disput in ein viel weiteres Feld allgemeiner Überlegungen verpflanzt zu haben, die als Leitfaden zur Rekonstruktion des chronologischen Gerüstes der antiken Kunst dienten und ebenso zum Verständnis des eigenständigen Wertes eines Kunstwerkes sowie als Anregung für die geistigen Interessen der eigenen Zeit. Winckelmann schrieb, er wolle durch das Studium der Alten das ‚Wesen der Kunst‘ finden. Sein Ziel war folglich, vor allem die vermuteten Gesetze aufzuzeigen, die ein vollendetes Kunstwerk bestimmen, und aus ihm ein Beispiel der ‚Schönheit‘ machen. Es war die Suche nach einer absoluten Ästhetik, die auf der angenommenen absoluten Vollkommenheit des antiken Kunstwerks beruhte.

Man sollte sich vor Augen halten, daß die Aufstellung einer Chronologie im Bereich der Antike eines derjenigen Probleme ist, die früher wie heute wegen der ungenauen und lückenhaften Überlieferung sehr schwierig zu lösen sind. Sieht man die Archäologie als eines der grundlegenden Werkzeuge historischer Forschung an, so wird andererseits auch deutlich, daß die Gewinnung chronologischer Anhaltspunkte durch Angaben, die außerhalb der Archäologie liegen, wie historisch fixierte Daten, einen wesentlichen Faktor darstellt. Daneben ist die Chronologie auch für die Untersuchung eines einzelnen Kunstwerkes unerläßlich, wenn man über dieses ein Urteil abgeben will, das historisch fundiert und nicht nur vom persönlichen und empirischen Geschmack bestimmt sein soll. Man muß ermitteln, ob ein Kunstwerk etwa einen neuen künstlerischen Weg bereitet, ob es ein neuartiges Problem stellt oder an dessen Formulierung beteiligt ist, oder ob es etwa das Werk eines Künstlers ist, der sich in eine vorgegebene Bahn einordnet oder gar ein Nachzügler in bezug auf die Fragestellungen seiner Zeit ist. Das Verständnis des Kunstwerkes beginnt folglich bei der Bestimmung der Chronologie, die in der mittelalterlichen und modernen Kunstgeschichte nur selten größere Probleme aufwirft, da es sich dabei meist um chronologische Fragen innerhalb der Schaffensperiode des einzelnen Künstlers handelt, wogegen im Bereich der Antike tatsächlich Datierungsschwankungen von Jahrhunderten auftreten.

Zur Zeit Winckelmanns stellte sich die antike Kunst als eine ungeordnete Masse von Skulpturen dar (die Malerei kam damals gerade durch die ersten Ausgrabungen in Herculaneum ans Licht): fragmentarische Statuen und reliefverzierte Sarkophage, die besonders in Rom, und vereinzelt auch an anderen Orten, eher zufällig gefunden wurden, ohne daß man einen Anhaltspunkt für ihre Datierung gehabt hätte, ausgenommen einige Werke der römischen Kaiserzeit, die nicht verschüttet waren und als Monumente datiert werden konnten, wie etwa die Traians-

oder die Marc-Aurels-Säule, die durch ihre Weihinschriften identifiziert sind. Es sei dazu aber auch die Reiterstatue des Marc Aurel auf dem Kapitol erwähnt, die am 18. Januar 1538 vom Lateran
dorthin transportiert wurde. Sie hatte alle Schicksalsschläge der
Stadt im Mittelalter überlebt und war immer sichtbar aufgestellt
gewesen; ihre Erhaltung verdankte sie dem Umstand, daß man in
ihr ein Bildnis Constantins, des christlichen Kaisers, oder auch
des Theoderich sah. Erst die Humanisten haben dann durch den
Vergleich mit Münzbildnissen in dieser Statue Marc Aurel erkannt. Das älteste Dokument hierfür stammt vom 20. Oktober
1498, in dem die *,Statua Aureliani vulgariter Constantiniana'* erwähnt wird.[38]

Die antike Kunst erschien zu Winckelmanns Zeit noch als ein
einheitlicher Block ohne historische Differenzierung; ihre Werke
galten als ,Schöpfungen der Alten', ohne daß man einen Unterschied zwischen der griechischen und der römischen Epoche machen konnte. Es war folglich zunächst einmal nötig, nach Kriterien für eine chronologische Einteilung zu suchen. Die antiken
Quellen, insbesondere Plinius,[39] nennen zwar die zeitliche Reihenfolge der bedeutendsten Künstler, man mußte aber nun auch ein
Kriterium für die Identifizierung ihrer Werke finden, und zwar
durch Zuschreibungen, die weniger willkürlich waren als im Fall
der beiden Dioskuren auf dem Quirinal, wo die Inschriften auf
den Basen das eine Werk als *,opus Fidiae'*, das andere als *,opus
Praxitelis'* bezeichnen, Namen zweier Künstler, die durch ein ganzes Jahrhundert voneinander getrennt sind. Das ganze Problem
war dadurch noch schwieriger zu lösen, daß fast alle in Rom gefundenen Statuen keine Originale sind, sondern Kopien aus römischer Zeit nach verlorenen griechischen Originalen, was auch
Winckelmann noch nicht wußte.

Im allgemeinen richtete sich der Kopist römischer Zeit nach
vorwiegend ökonomischen Interessen, und tatsächlich hat sich in
Athen und Rom dafür ein eigener Industriezweig gebildet, ein
hoch spezialisiertes Handwerkertum, das oft ein hohes technisches Niveau aufwies. Meist hatten die Kopien einen rein dekorativen Zweck zu erfüllen; es ist Dutzendware, die einen uniformen

Charakter zeigt, insbesondere bei den berühmtesten Werken, da von diesen die meisten Wiederholungen hergestellt wurden und mit dem Vorbild häufig nicht mehr viel gemeinsam haben.

Das Prinzip, daß man das Kriterium der Stilanalyse zur Festlegung einer Chronologie verwenden könnte, war noch nicht erkannt, es entstand erst durch die von Winckelmann formulierten Kriterien. Und es dauerte noch fast ein Jahrhundert, bis es als untrügliche Methode gegenüber dem in seiner Art immer unverwechselbaren Kunstwerk anerkannt war, freilich unter der Voraussetzung, daß man die Sprache der Formen auch richtig verstehen konnte. Für derlei Untersuchungen war und ist es auch heute noch eine grundlegende Voraussetzung, daß eine Methode verfügbar ist, an Hand derer sich der Stil eines Werkes ablesen läßt. Deshalb soll man aber nicht, wie das später geschah, darauf verfallen, die ‚Kunstwissenschaft‘ mit der ‚Kunstgeschichte‘ gleichzusetzen. Davon wird aber später noch die Rede sein.

Winckelmann war es, der zum ersten Mal Stilkriterien anwandte und sich mit der formalen Analyse der Kunstwerke beschäftigte. Er unterschied vier große Abteilungen: ‚älterer Stil‘, ‚hoher Stil‘ (oder der Stil des Goldenen Zeitalters, der höchsten Blüte: Phidias und seine Nachfolger im 5. und 4. Jahrhundert), der ‚schöne Stil‘ (beginnend mit Praxiteles und mit Lysipp als Höhepunkt in der zweiten Hälfte des 4. Jahrhunderts, zu dem er aber auch Werke rechnet, die später in die hellenistische Epoche datiert wurden) und schließlich die Zeit des Niedergangs, das 1. Jahrhundert v. Chr. und die römische Kaiserzeit. Neben dieser Unterteilung der antiken Kunst in vier Perioden hat Winckelmann auch das wichtige Element der Untersuchung und Koordinierung von Nachrichten zu Kunstwerken aus literarischen Quellen nicht vernachlässigt. Deren Wert für die antike Kunstgeschichte ist nicht zu übersehen, und zwar nicht nur bei Autoren wie Plinius und Pausanias, die *ex professo* Kunstwerke beschrieben haben, sondern ebenso bei jenen, die sich nur sporadisch auf Kunstwerke beziehen. Doch das neuartigste und wichtigste in Winckelmanns Werk war ein grundlegendes Prinzip: für den Gelehrten sei es in erster Linie von Bedeutung, das ‚Wesen‘ eines Kunstwerkes zu verstehen. Es erhebt sich die Frage, warum ein Kunstwerk schön sei, worin seine künstlerische Grundlage und eben damit seine Schönheit bestehe. Winckelmann stellte für die Kunstgeschichte nicht nur ein grundlegendes ästhetisches Auswahlkriterium auf, sondern tatsächlich das Postulat eines ästhetischen Dogmas. Das war der Grund, weswegen sein Werk so erfolgreich wurde, so daß es sogar dazu beitrug, eine ganze Geistesströmung zu prägen. Der Klassizismus sieht im Werk Winckelmanns einen seiner grundlegenden Ausgangspunkte – neben den vorausgegangenen Schriften von Bellori[40] und den zeitgenössischen von Raphael Mengs[41] und Milizia.[42] Doch im Gegensatz zu diesen hat Winkkelmann die Theorie mit der Praxis, die historische Einteilung mit der Darstellung vereint. Er schien das Geheimnis des Schönen in der Antike gelüftet zu haben. Darüber hinaus war sein Stil, von dem wir noch eine Probe kennenlernen werden, bewegt und elegant. Als Schriftsteller war er von großer Bedeutung für die Entwicklung einer deutschen Literatursprache. Die ästhetische Betrachtungsweise Winckelmanns war es, die ihm half, das rein Antiquarische zu überwinden. Sie war der Anstoß, der seine Studien vorantrieb, durch die aber auch seine Grenzen bezeichnet waren, denn sobald sich das ästhetische Kriterium verändert, ändern sich Voraussetzungen und Wertung des Kunstwerkes, und es wird deutlich, daß das auf ihm errichtete Gebäude nicht die Historie ist, sondern ein Mythos der eigenen Zeit. Diese Veränderung ging in der Archäologie besonders langsam vor sich, wenn man dazu die Geschichte der modernen Kunst vergleicht. Die Archäologen sind immer bis zu einem gewissen Grad Antiquare geblieben, gleichsam befangen von dem Zwang, die Chronologie der Kunstwerke wiederherstellen zu müssen und sich mit der Deutung der Werke zu beschäftigen. In diesem Sinne könnte man wiederholen, was Goethe in seiner Abhandlung über Winckelmann geschrieben hat:[43] „... daß kein Gelehrter ungestraft jene große philosophische Bewegung, die durch Kant begonnen, von sich abgewiesen, sich ihr widersetzt, sie verachtet habe, außer etwa die echten Altertumsforscher, welche durch die Eigenheit ihres Studiums vor allen anderen Menschen vorzüglich begünstigt zu sein scheinen". Dies könnte auch noch für unsere Zeit gelten; zu streichen wäre von dieser Feststellung mangelnden Zusammenhangs zwischen der Archäologie und den führenden Ideen der modernen Kultur nur, daß dies ‚ungestraft' geschehen könne, was vielleicht auch schon Goethe nur mit geringer Überzeugung betonte. Mängel und Verzögerungen in bezug auf die kulturelle Entwicklung hinterlassen Spuren, und das auf lange Zeit.

Zu Beginn des 19. Jahrhunderts werden die ersten Ausgrabungskampagnen veranstaltet. Diese ‚militante' Phase der Archäologie erreicht ihren Höhepunkt in den Jahrzehnten nach 1870 und erbringt schließlich eine reiche Ausbeute an griechischen Originalwerken. Unterdessen entwickelte sich aus den Untersuchungen der Kopien römischer Zeit die ‚philologische' Phase der Archäologie. Doch weder die ‚philologischen' noch die ‚militanten' Archäologen versuchten, die ästhetischen Kriterien zu revidieren, die Winckelmann als Grundlage der antiken Kunstgeschichte aufgestellt hatte. Der Ruf der Zeit lautete, ‚Baumaterial' für ein künftiges historisches Gebäude zu sammeln. Tatsächlich trug eines der für lange Zeit grundlegenden Werke den Titel ‚Bausteine ...' (von Friedrichs und Wolters),[44] und das ist auch die Bedeutung des Begriffs ‚Materialien', der von nun an in Gebrauch kam.[45]

Somit kann man behaupten, daß diese Leitidee der griechischen und römischen Kunstgeschichte bis in unser Jahrhundert unverändert blieb, und zwar auch deswegen, weil die ästhetische Norm Winckelmanns mit derjenigen übereinstimmte, die uns aus den antiken literarischen Quellen überliefert ist. Doch die wichtigsten Quellen wie Plinius und Pausanias sind spät und knüpfen an eine ganze Reihe rhetorischer Schriften des späten Hellenismus vor allem seit 150 v. Chr. an, einer Zeit, als sich in Griechenland bei ökonomischem Niedergang eine Mittelschicht mit einer mittelständisch konservativen Kultur gebildet hatte, die ganz an der Vergangenheit orientiert war. Die Herrschaft Roms über Makedonien seit 197 v. Chr. und schließlich seit 146 v. Chr. über ganz Griechenland verlieh dieser retrospektiven Haltung mit ihrer Glo-

rifizierung vergangener Größe auch die Bedeutung einer moralischen Erhebung. Nachdem die Freiheit verlorengegangen ist, verbindet sich die Liebe zur Kunst der Vergangenheit auch mit der
Sehnsucht nach der alten politischen Unabhängigkeit und Freiheit. Freiheit und Unabhängigkeit waren ein erstes Mal durch die
Vorherrschaft Philipps von Makedonien und Alexanders verlorengegangen, weswegen diejenige Epoche, die man wieder
wachrufen wollte, das 5. und 4. Jahrhundert war, das heißt die
Zeit vor Alexander. Dadurch entstand eine Kulturströmung, die
wir als neoklassisch oder als neuattisch bezeichnen können. Sie
nahm von der gesamten Bildhauerkunst des Hellenismus, worun-
ter man die Epoche nach dem Tod Alexanders 323 v. Chr. versteht, keinerlei Notiz, und die hellenistischen Autoren, deren sich
Plinius und Pausanias bedienten, sprechen fast nie von ihrer zeitgenössischen Kunst.

Dieser Umstand hat beigetragen zur Entstehung und dann zur
anhaltenden Wirkung der von Winckelmann geprägten Vorstellung, daß die Geschichte der antiken Kunst eine parabelförmige
Entwicklung durchgemacht hat, ihren Höhepunkt im ‚Goldenen
Zeitalter‘ mit Phidias erreicht und dann abfällt. Dabei kannte man
in Wirklichkeit von diesem überragenden Phidias überhaupt
nichts; sein Werk bildete eine abstrakte Größe, die von den literarischen Quellen vor allem wegen zweier unwiederbringlich verlorener Werke verherrlicht wurde, des Zeus von Olympia und der
Athena des Parthenon. Die gleiche Vorstellung war seinerzeit von
Vasari aus denselben Quellen aufgegriffen worden[46] – die erste
Übersetzung der Bücher des Plinius über die Kunst findet sich
bereits in den ‚Commentarii‘ von Lorenzo Ghiberti.[47] Es bedurfte
der mühevollen kritischen Arbeit in den ersten Jahrzehnten unseres Jahrhunderts, um deutlich zu machen, daß diese Vorstellung
weder historisch noch absolut gesehen gültig sein konnte, sondern lediglich für die Zeit, in der sie entwickelt wurde, einen
Wert hatte. Jedenfalls schienen noch in jüngster Zeit unsere
Handbücher, wie zum Beispiel das Werk von P. Ducati ‚L'arte
classica‘, das von 1927 bis 1966 immer wieder neu aufgelegt
wurde, im Grunde von der Winckelmannschen Vorstellung be-

herrscht, von der man sich nur schwer befreien konnte. Viele Mißverständnisse in bezug auf die griechische Kunst sind gerade durch das Beharren auf solchen Vorstellungen entstanden. Ein fundamentaler Irrtum ist die Annahme, daß die griechische Kunst vor allem auf die Idealisierung der Wirklichkeit ausgerichtet sei. Mir erscheint es dagegen schon seit langem als evident, daß die griechische Kunst mehr als jede andere Kunst der antiken Welt auf das Erkennen eines substantiellen Realismus ausgerichtet ist. Sie ist wirklich die einzige Kunst, die die ständige Wiederholung vorgeprägter und symbolhaltiger Darstellungsweisen überwindet, die einzige, die Verkürzung, Perspektive und Lokalfarbe hervorbringt, um den realistischen Aspekt der Dinge zu erfassen. Diese Kunst begibt sich frühzeitig auf den Weg zum Naturalismus, um ihn in hellenistischer Zeit voll zu verwirklichen. Man verwechsle jedoch Naturalismus nicht mit Verismus oder etwa mit photographischer Abbildung der Natur. Denn auch wenn der Künstler sich auf den schwierigen und risikoreichen Weg zum Naturalismus begibt, so vollbringt er doch immer eine teils kulturell bedingte und teils subjektive Interpretation des realen Zustandes und macht diesen zum Instrument des Ausdrucks, in welchem die eigenen Darstellungswünsche gestaltet werden.

Lange Zeit hat somit die Winckelmannsche Unterteilung der Kunst in Perioden gegolten, die untereinander durch eine parabelförmige Entwicklungskurve verbunden waren. Diesem Schema stellt sich das aufkommende historische Bewußtsein entgegen, jedoch ist es aus den Vorstellungen der bürgerlichen Kultur noch nicht völlig verschwunden und ebensowenig aus den Gedanken mancher Gelehrter.

Obgleich die großen Verdienste Winckelmanns anerkannt waren, wurde der Irrtum dieser parabelförmigen Konstruktion sehr bald – wenn auch nicht von den Archäologen – bemerkt und ebenso der Fehler, eine bestimmte Periode der griechischen Kunst mit dem Absoluten in der Kunst gleichzusetzen, wodurch diese nicht mehr in ihre historische Bedingtheit gestellt war, sondern zu einem Mythos gemacht wurde. Der erste, der dies feststellte, war Friedrich Schlegel, einer der Initiatoren jener Geistesbewegung, die zum Historismus führte. In Aufzeichnungen, die in den letzten Jahren des 18. Jahrhunderts erschienen, schreibt er, Winckelmann habe sich auf Grund seines ästhetischen Mystizismus im Irrtum befunden und nur in dieser Haltung Nachfolger gehabt.[48] Das ist eine sehr scharfe und exakte Kritik, bei der man unter ‚ästhetischem Mystizismus' die Tatsache zu verstehen hat, daß Winckelmann die griechische Kunst als einen Vorgang der Idealisierung der Kunst überhaupt gesehen hat, so als sei sie besonders im Bereich der Skulptur darauf angelegt, mit Beispielen abstrakter Vollendung Analogien zur Ideenwelt Platons hervorzubringen. Der im Grunde mystische Ansatz bei Platon, der dann von Paulus wieder aufgegriffen wurde – „jedes sichtbare Ding ist wie ein Vorhang vor dem Unsichtbaren" – und schließlich auch bei den Neuplatonikern des 3. Jahrhunderts n. Chr. galt, wurde zum System erhoben: die griechische Kunst sollte der platonischen Ideenwelt entsprechen. Von daher ergab sich die Folgerung, daß nur jene Kunstwerke, die dieses Ideal absoluter Schönheit widerspiegeln, als wahre Werke der griechischen Kunst gelten können. Alle anderen, die sich von diesem Ideal unterscheiden, werden entweder als Vorstufen dazu oder als Erscheinungen des Niedergangs angesehen. Für die künstlerischen Phasen jener Epochen, die der sogenannten klassischen vorausgingen und die ihr folgten, war dadurch offensichtlich die Möglichkeit einer nicht relativen, sondern absoluten Wertung nach ihrem eigenen Maßstab versperrt. Gleichzeitig folgerte aus einem solchen Ansatz, daß man eine bestimmte künstlerische Ausdrucksweise als absolut und unveränderlich installieren wollte, was jedoch der Fehler und letztlich die Zerstörung jeder akademischen oder sonstwie durch äußere Kriterien bestimmten Kunst war. Richtig ist auch die Ansicht Schlegels, daß gerade diese Idee Winckelmanns große Nachfolge fand, indem man ihrer Forderung, die Kunstgeschichte müsse die Vorstellung vom Wesen der Kunst vertiefen, nachging. Winckelmann verstand es, aus dieser Forderung eine ästhetische Norm von universaler Gültigkeit abzuleiten. Man konnte aber aus ihr auch den Anstoß zur vertieften Kenntnis der formalen Werte eines jeden einzelnen Kunstwerkes erhalten. Wenn man tatsächlich die Geschichte der griechischen Kunst mit Hilfe des Studiums der Originale kritisch rekonstruieren wollte und sie von der Sehweise befreite, die nur an Hand der römischen Kopien ausgeprägt wurde, dann müßte man auch diese heute noch lebensfähige Ansicht Winckelmanns wiederentdecken. Das, was Winckelmann als ‚Wesen der Kunst' interessierte, war hingegen aus dem Gesichtswinkel der philologischen Archäologie völlig verschwunden, und bis heute erscheint jedes kritische Urteil verdächtig, daß es von jener ‚mystischen' Position Winckelmanns herkomme.

Die Folgen jener Formel, die Winckelmann für die griechische Kunst aufgestellt hat – absolute formale Schönheit, frei von Pathos, größere Bedeutung der Skulptur als der Malerei –, waren sehr eigentümlich. Dafür ist folgendes Ereignis bezeichnend: als Lord Elgin die Marmorfiguren vom bedeutendsten Tempel Athens, dem Parthenon, nahm (Abb. 1 a, b), dessen Skulpturenschmuck, wie man aus den Quellen wußte, unter der Leitung des Phidias, des angeblich größten unter den klassischen Künstlern, ausgeführt worden war, da stritten die Archäologen ab, daß die Figuren Elgins jene des Phidias sein könnten. Sie bezweifelten sogar, daß es sich um griechische Werke handelte, und vermuteten in ihnen römische Nachbildungen; das bedeutete, daß man sie der von Winckelmann als Zeit des schlimmsten Niedergangs bezeichneten Epoche zuwies.[49] Den Ankauf haben die englischen Künstler unterstützt, und Canova hatte, obwohl er von klassizistischen Theorien geprägt war, mit seiner Sensibilität für die künstlerische Qualität erkannt und auch ausgesprochen, daß man Meisterwerke vor sich hatte, die des Namens Phidias würdig seien. Dies ereignete sich im Jahre 1819, als die Skulpturen nach vielen Wechselfällen von London für das Britische Museum angekauft wurden, wobei Lord Elgin weniger als die Hälfte seiner Ausgaben für den Abbau und den Transport erhielt.

Ähnliches wiederholte sich auch noch in neuerer Zeit. In den Jahren 1877 bis 1882 wurden im Auftrag der deutschen Regierung die großen Ausgrabungen im Heiligtum von Olympia durchgeführt, bei denen die nach den Parthenongiebeln bedeutendsten

Figurengruppen ans Licht kamen. Sie sind jedoch vollständiger, denn die Giebel in Olympia, die bei einem Erdbeben herabgestürzt waren und von der angeschwemmten Erde bedeckt wurden, sind fast unversehrt erhalten. Beim Bekanntwerden dieser Skulpturen, die man heute mit Recht zu den größten Werken der Kunst überhaupt zählt, waren die Archäologen von ihnen enttäuscht. Sie werteten sie als Werke einer provinziellen Kunst aus zweitrangiger Schule. Man kritisierte zum Beispiel an der Figur des sitzenden Stallknechts (Abb. 2) das Motiv, wie er seinen Fuß mit der Hand faßt, eine Geste, die der falschen Vorstellung von der ‚hohen Kunst' der Griechen als zu realistisch und zu gewöhnlich erschien. Es ist jedoch eine Geste machtvoller poetischer Interpretation der Wirklichkeit; durch sie wird auch die geschlossene und gefaßte Komposition dieser Figur, die, formal gesehen, eine der hervorragendsten der ganzen Gruppe ist, ausgezeichnet unterstützt.[50]

Diese beiden Episoden zeigen, daß das Bild, das sich die Archäologie von der griechischen Kunst gemacht hat, mit der Wirklichkeit keineswegs übereinstimmte und daß man mit ganz anderen Vorstellungen an das Verständnis dieser Kunst herangehen mußte. Dennoch wird es noch lange Zeit Gelehrte geben, die von vornherein auf jede historische Betrachtungsweise verzichten und weiterhin die Phrase vom ‚griechischen Wunder' verwenden werden.[51] Aber trotz allem können die großen Verdienste Winckelmanns nicht geleugnet werden. Zu Recht wird er als Vater der Archäologie im Sinne einer Geschichte der Kunst angesehen. Und es ist bewegend, die Briefe Winckelmanns, dieses armen Sohnes eines Flickschusters aus einem Dorf im Norden, zu lesen. Er wird Bibliothekar bei einem deutschen Adligen, und durch die Lektüre der klassischen Schriften verliebt er sich in die Schönheit der antiken Welt. Endlich, nach Überwindung großer Schwierigkeiten und nachdem er vom Protestantismus aus opportunistischen Gründen zum Katholizismus übergetreten war, kommt er nach Rom. Hier findet er eine bescheidene Stellung und wird im Palast der Cancelleria Apostolica wie ein Diener untergebracht. Doch nach und nach gelingt es ihm, in den Kreis der engstirnigen und oft wenig gebildeten römischen Gelehrten[52] vorzudringen. Schließlich wird er in der Stellung des Konservators der Altertümer Roms ein berühmter und gefragter Mann. Dieser Erfolg war dann allerdings auch schuld daran, daß er zu selbstgefällig wurde, was ihm schließlich zum Verhängnis gereichte, als er auf dem Weg zurück von Wien in Triest am 8. Juni 1768 von einem finsteren Individuum heimtückisch ermordet wurde. Wahrscheinlich hatte es der Täter auf die mit Stolz vorgezeigten Geschenke des kaiserlichen Hofes abgesehen, deren Wert aber letztlich unbeträchtlich war. Es scheint in diesem Fall ausgeschlossen, daß das Motiv in einer Beziehung zu seinen homosexuellen Neigungen steht, aus denen Winckelmann bei sonstigen Gelegenheiten kein Geheimnis zu machen pflegte;[53] doch auf Grund der neuerlichen Veröffentlichung der Prozeßakten kann auch der Verdacht aufkommen, daß dieser Mord in Zusammenhang mit politischen Intrigen stand, in die der ‚Signor Giovanni' ahnungslos verwickelt war.[54]

Winckelmann zeigt uns in seinem Briefwechsel den verborgenen Kampf der römischen Antiquare, deren Tradition auch heute noch nicht beendet ist, gegen Winckelmann selbst wie gegen jedes Anzeichen von Geist und Fortschritt. Aber er offenbart uns auch die Persönlichkeit eines romantischen Intellektuellen, der in erster Linie aus dem Verlangen nach persönlichem Ruhm handelt und der sich auf Grund seiner geistigen Fähigkeiten dazu berechtigt fühlt, auch seinen homosexuellen Neigungen offen nachzugeben, darauf stolz zu sein und ganz allgemein ein extravagantes Leben zu führen. Er vertritt jenen Typus eines Intellektuellen, wie er in der Vergangenheit allzusehr verherrlicht wurde, wie er uns aber heute alles in allem eher als unangenehm erscheint.

Die erste Ausgabe von Winckelmanns grundlegendem Werk, der ‚Geschichte der Kunst des Alterthums', erschien in Dresden kurz vor Weihnachten 1763 mit der Jahresangabe 1764. Nach dem Tode des Verfassers erschien eine zweite Ausgabe 1776 in Wien, herausgegeben von der Akademie der bildenden Künste; 1783 wurde in Rom unter dem Titel ‚Storia delle arti del disegno presso gli antichi' die erste italienische Übersetzung publiziert.

Schon die Lektüre des Inhaltsverzeichnisses vermittelt eine Vorstellung von der Art, wie Winckelmann vorgeht. Das erste Kapitel handelt vom Ursprung der Kunst und ihrer Verschiedenheit bei den Völkern.[55] Nachdem er die allgemeine Bedeutung der bildenden Kunst dargelegt hat, stellt er im ersten Abschnitt fest, daß ihr Anfang bei verschiedenen Völkern ähnlich ist und somit der archaische Stil bei allen Völkern der Antike seine Entsprechung findet. Im zweiten Abschnitt spricht er über den Einfluß des Klimas auf die Gestalt des Menschen und auf seinen Geist und erklärt damit die außerordentliche künstlerische Fähigkeit der Griechen.

Nachdem er sich dann im zweiten Kapitel mit der bildenden Kunst bei den Ägyptern, Phöniziern und Persern beschäftigt hat, untersucht er im dritten die bildende Kunst bei den Etruskern und ihren benachbarten Völkern, wobei er die etruskische Kunst für altertümlicher und primitiver als die griechische hält. Im vierten Kapitel behandelt er die bildende Kunst bei den Griechen und die Idee des Schönen, die in ihr zum Ausdruck kommt. Im fünften Kapitel wird dann das Schöne in den Erscheinungsformen der griechischen Kunst betrachtet, das heißt wie und wo diese Idee in einem Werk verwirklicht ist. Im sechsten Kapitel behandelt er in einer zugleich formalen und antiquarischen Untersuchung die Gewänder. Das siebte ist den technischen Aspekten von Bildhauerei und Malerei bei den Griechen gewidmet, während das achte Kapitel unter dem Titel: ‚Von dem Wachstum und dem Fall der Kunst bei den Griechen und Römern‘ eine Synthese bietet. Darin werden die drei Stilphasen, der ältere Stil, der hohe Stil und der Stil des Niedergangs, analysiert.

Dieser Unterteilung folgend, zeichnet er im neunten Kapitel den Verlauf der Geschichte der Kunst bei den Griechen von ihren mutmaßlichen Anfängen bis zu Alexander dem Großen auf, im zehnten dann die Geschichte der bildenden Kunst von Alexander bis zur Herrschaft der Römer in Griechenland, und im elften und zwölften Kapitel betrachtet er die Geschichte der griechischen Kunst unter den Römern von der Zeit der Republik „bis zum völligen Niedergang", seiner Ansicht nach 663 n. Chr. unter dem griechischen Kaiser Constans. Wir stellen fest, daß immer von griechischer und nie von römischer Kunst die Rede ist; erst mit Wickhoff beginnt man 1895 von der römischen als einer Kunst zu sprechen, die neue und eigenständige Elemente zeigt. Damit setzt dann ein neuer Abschnitt in der Beschäftigung mit der Geschichte der antiken Kunst ein, der uns allerdings auch wieder neue Mißverständnisse bescheren wird.

Die folgende Passage aus dem Werk Winckelmanns, eine der berühmtesten Stellen, die die Beschreibung des Apoll vom Belvedere enthält (Abb. 3), soll mit dem besonderen literarischen Stil vertraut machen, den Winckelmann für die Analyse des Kunstwerks gefunden hat. Er überträgt dabei in gewisser Weise die bildhauerische Form in eine entsprechende literarische: „Die Statue des Apoll ist das höchste Ideal der Kunst unter allen Werken des Altertums, welche der Zerstörung derselben entgangen sind. Der Künstler derselben hat dieses Werk gänzlich auf das Ideal gebaut, und er hat nur ebensoviel von der Materie dazu genommen, als nötig war, seine Absicht auszuführen und sichtbar zu machen. Dieser Apollo übertrifft alle anderen Bilder desselben soweit, als der Apollo des Homerus den, welchen die folgenden Dichter malen. Über die Menschheit erhaben ist sein Gewächs, und sein Stand zeugt von der ihn erfüllenden Größe. Ein ewiger Frühling, wie in dem glücklichen Elysien, bekleidet die reizende Männlichkeit vollkommener Jahre mit gefälliger Jugend und spielt mit sanften Zärtlichkeiten auf dem stolzen Gebäude seiner Glieder. Gehe mit deinem Geiste in das Reich unkörperlicher Schönheiten und versuche ein Schöpfer einer himmlischen Natur zu werden, um den Geist mit Schönheiten, die sich über die Natur erheben, zu erfüllen: denn hier ist nichts Sterbliches, noch was die menschliche Dürftigkeit erfordert. Keine Adern noch Sehnen erhitzen und regen diesen Körper, sondern ein himmlischer Geist, der sich wie ein sanfter Strom ergossen, hat gleichsam die ganze Umschreibung dieser Figur erfüllt. Er hat den Python, wider welchen er zuerst seinen Bogen gebraucht, verfolgt, und sein mächtiger Schritt hat ihn erreicht und erlegt. Von der Höhe seiner Genügsamkeit geht sein erhabener Blick, wie ins Unendliche, weit über seinen Sieg hinaus: Verachtung sitzt auf seinen Lippen, und der Unmut, welchen er in sich zieht, bläht sich in den Nüstern seiner Nase und tritt bis in die stolze Stirn hinauf. Aber der Friede, welcher in einer seligen Stille auf derselben schwebt, bleibt ungestört, und sein Auge ist voll Süßigkeit, wie unter den Musen, die ihn zu umarmen suchen. In allen uns übrigen Bildern des Vaters der Götter, welche die Kunst verehrt, nähert er sich nicht in der Größe, in welcher er sich dem Verstande des göttlichen Dichters offenbarte, wie hier in dem Gesichte des Sohnes, und die einzelnen Schönheiten der übrigen Götter treten hier wie bei der Pandora in Gemeinschaft zusammen. Eine Stirn des Jupiter, die mit der Göttin der Weisheit schwanger ist, und Augenbrauen, die durch ihr Winken ihren Willen erklären: Augen der Königin der Göttinnen mit Großheit gewölbt und ein Mund, welcher denjenigen bildet, der dem geliebten Branchus die Wollüste eingeflößt. Sein weiches Haar spielt, wie die zarten und flüssigen Schlingel edler Weinreben, gleichsam von einer sanften Luft bewegt, um dieses göttliche Haupt: es scheint gesalbt mit dem Öl der Götter und von den Grazien mit holder Pracht auf seinem Scheitel gebunden. Ich vergesse alles andere über dem Anblick dieses Wunderwerks der Kunst, und ich nehme selbst einen erhabenen Stand an, um mit Würdigkeit anzuschauen. Mit Verehrung scheint sich meine Brust zu erweitern und zu erheben wie diejenige, die ich wie vom Geiste der Weissagung aufgeschwellt sehe, und ich fühle mich weggerückt nach Delos und in die lycischen Haine, Orte, welche Apollo mit seiner Gegenwart beehrte: denn mein Bild scheint Leben und Gegenwart zu bekommen, wie des Pygmalion Schönheit. Wie ist es möglich, es zu malen und zu beschreiben. Die Kunst selbst müßte mir raten und die Hand reichen, die ersten Züge, welche ich hier entworfen habe, künftig auszuführen. Ich lege den Begriff, welchen ich von diesem Bilde gegeben habe, zu dessen Füßen, wie die Kränze derjenigen, die das Haupt der Gottheiten, welche sie krönen wollten, nicht erreichen konnten."[56]

Es ist ein überragendes Stück Prosa, das zweifellos weit über dem steht, was wir dann bei der folgenden Generation der Philo-

logen finden, bei denen als Reaktion auf diese lyrische Schreib-
weise eine trockene und objektivierende Prosa in Gebrauch
kommt, die sich aber auch durch besondere Langeweile und
schlechten Stil auszeichnet und die bis heute noch nicht ausge-
merzt ist. Der größte Wert dieser Beschreibung liegt in dem Versuch, die Erscheinung des Kunstwerkes in Worte zu übertragen,
ein Versuch, der später von einem unserer Zeitgenossen, André
Malraux, wieder unternommen wird. Dies ist jedoch sicher kein
geeigneter Weg, sich einem Kunstwerk unter historischen Gesichtspunkten zu nähern.

Manche Stellen aus dieser Passage verdienen besonders hervorgehoben zu werden: da findet sich der Widerhall jener Theorie
der ,wellenförmigen Linie', die in England im Kreis um Hogarth
entstanden ist und die besagte, daß die Schönheit im gewellten
Umriß liege.[57] Dann erkennt man auch eine Art Vorwegnahme
jener pragmatischen Richtung vom Ende des 19. Jahrhunderts,
die von Bernard Berenson verkörpert wird. Sie sieht das Kunstwerk als ein Arzneimittel an, das den Betrachter stärkt: „Wenn
ich dieses Wunder der Kunst betrachte, erhebe ich mich über
mich selbst", sagt Berenson, und weiter, daß das Kunstwerk „unsere Lebensenergien anregt". Auch damit sind wir weit entfernt
von unseren heutigen Ansprüchen, die wir als Historiker stellen.

Winckelmanns Bedeutung für die Entstehung einer Kunstgeschichte der Antike bleibt grundlegend, auch wenn wir heutzutage die Grenzen und die nicht immer positiven Folgen seines
mächtigen Einflusses aufzeigen müssen. Tatsache ist, daß die Archäologen Winckelmann oft gefolgt sind, ohne ihre eigenen Fragestellungen zu bringen, die den aus der Entwicklung der modernen Kultur entstandenen neuen Vorstellungen entsprochen
hätten.

III. Die philologische Archäologie

Philologie mit ihrer Aufgabe, die literarischen Zeugnisse und deren Überlieferung in Handschriften zu erforschen und zu syste-
matisieren, war zuerst in der Zeit des späten Hellenismus aufge-

kommen. In neuerer Zeit kann man ihren Beginn in das Jahr 1777 setzen, als Friedrich August Wolf im Alter von achtzehn Jahren an der Universität Göttingen darum ersuchte und es auch erreichte, als *studiosus philologiae* immatrikuliert zu werden und nicht als *studiosus theologiae,* wie es traditionsgemäß üblich war. Seit diesem Sieg über einen widerspenstigen Rektor tritt die Philologie im offiziellen Sprachgebrauch der europäischen Universitäten auf.[58] Sie setzt sich besonders in Deutschland durch. Ihre beiden Hauptrichtungen waren die vergleichende Grammatik und die Textkritik. Gerade die für die Textkritik entwickelte Methode gab der archäologischen Forschung, die mit der Rekonstruktion der Geschichte griechischer Bildhauerei beschäftigt war, eine neue Richtung.

So beginnt nach der Epoche Winckelmanns die philologische Periode. Es war die philologische Schule, die herausfand, daß Winckelmann niemals griechische Originale vor Augen gehabt hatte, sondern lediglich römische Kopien, da nämlich der größte Teil der in Rom vorhandenen Skulpturen aus Kopien römischer Zeit nach griechischen Originalen bestand. Zu den bedeutendsten Gelehrten dieser Periode sind Johannes Overbeck, Karl Friederichs und Heinrich Brunn zu zählen, und von da an, das heißt seit etwa 1830, wird die Archäologie etwa für ein ganzes Jahrhundert im wesentlichen von den deutschen Gelehrtenschulen beherrscht. Deutschland, das im 19. Jahrhundert einen raschen Aufstieg zur Spitze der europäischen Nationen erlebte, sah sich als direkten Erben der griechischen Kultur an, ausgehend von den Ideen Schellings und Herders, der Dichtung eines Schiller, Goethe und Hölderlin. So wurde auch das Studium der griechischen Altertümer vom preußischen Staat großzügig gefördert. Und diese Schule hat letztlich auch dann ihre Wirkung getan, als sich in ihr die ideologische Verwirrung und der kulturelle Niedergang Deutschlands in den dreißiger Jahren unseres Jahrhunderts anbahnten.

Friederichs[59] hat in einer Reihe von Kopien den Doryphoros des Polyklet erkannt, diejenige Statue, die als der Kanon der klassischen Kunst galt. Brunn schrieb mit seinem umfassenden historischen Blick die erste wirkliche Geschichte der griechischen Kunst auf Grund der literarischen Quellen und gab ihr den Titel ‚Geschichte der griechischen Künstler‘.[60] Overbeck sammelte und klassifizierte das ikonographische und mythologische Material und veröffentlichte die literarischen Quellen, wobei er sich hauptsächlich auf die Hinweise in Brunns Werk stützte. Er schuf damit eine Sammlung, die auch heute noch trotz ihrer Mängel – es fehlen unter anderem alle Quellen, die sich auf die Architektur beziehen – als unentbehrliches Arbeitsmittel gilt.[61] In dieser Periode begab man sich zum erstenmal kritisch an die Untersuchung der antiken Texte und zog aus ihnen sämtliche die Künstler betreffenden Angaben, wobei man versuchte, die verschiedenen Quellen in Einklang zu bringen und verdorbene Texte mit philologischen Mitteln zu verbessern. Aus diesem doppelten Vorgehen nach künstlerischen und nach philologischen Fragestellungen entstand jene Hypothese, die den Kern all dieser Untersuchungen ausmacht und die besagt, daß wir einerseits eine Reihe römischer Kopien von griechischen Originalen haben, von Skulpturen also, die zu den berühmtesten und gefeiertsten des Altertums gehört haben müssen, und daß wir andererseits eine Reihe von Nachrichten über Werke großer griechischer Künstler in antiken Quellen besitzen. Es ist nun anzunehmen, daß diese beiden Überlieferungsreihen der erhaltenen Skulpturen und der in Quellen genannten Werke übereinstimmen. Beide müssen jene Liste der *nobilia opera* widerspiegeln, die wir durch den Bildhauer und Kunstschriftsteller Pasiteles, einen Zeitgenossen des Pompeius, kennen. Den Gelehrten stellt sich dabei die Aufgabe, Denkmäler und Quellen in Übereinstimmung zu bringen. Dies war das grundlegende Thema der philologischen Schule, als deren letzter und größter Repräsentant Adolf Furtwängler (1853–1907) anzusehen ist.

Die erste Identifizierung auf Grund dieser Annahme von Parallelität zwischen erhaltenen Kopien und Angaben in den Quellen war diejenige des Apoxyomenos des Lysipp in einer Marmorkopie, die damals (1849) gefunden wurde und heute im Vatikan aufbewahrt wird[62] (Abb. 4). Die Identifizierung wurde erleichtert durch die Darstellung der Tätigkeit dieser Gestalt: sie reinigt ihren Körper mit der Strigilis.[63]

Diese Statue, die genau der Beschreibung in den Quellen entspricht, war leicht zu identifizieren und für die späteren Benennungen weiterer Werke sehr nützlich (*Plinius, „destringentum se‘*).[64] Doch stellt sie im gewissen Sinn einen Einzelfall dar, weil von ihr keine weiteren Repliken gefunden wurden, wogegen doch gewöhnlich erst das Vorhandensein einer Anzahl von Repliken derselben Figur ein Zeichen dafür ist, daß es sich um ein berühmtes Werk handelt. Die Identifizierung des Apoxyomenos lehrte uns, daß Bronzestatuen in Marmor kopiert werden konnten, daß dabei aber die ursprüngliche Technik deutlich ihre Spuren hinterließ, wie etwa in der besonderen Art der Gravierung der Haare, die bei einer originalen Marmorarbeit viel plastischer wiedergegeben wären. Bei den Kopien eines Bronzeoriginals in Marmor sind die Stützen ein sehr auffälliger Bestandteil, denn die in Bronze ausgeführte Statue steht auch dann aufrecht, wenn sie nicht im statischen Gleichgewicht bleibt. Der Kopist dagegen muß, wenn er von der Bronze zum Marmor übergeht, Stützen zur Erhaltung der Statik der Figur hinzufügen, einen Baumstumpf etwa oder eine kleine Säule. Oder er muß sich, um völlig frei stehende, stark durchbrochen gearbeitete Teile anbringen zu können, auch mit Verbindungsstücken behelfen, die zum Beispiel einen zur Seite gestreckten Arm halten. Es sind dies technische Hilfsmittel, die die originale Komposition stören, sich aber für den Halt der Figur als unentbehrlich erweisen. Deshalb sind Statuen, an denen sich Stützen befinden, keine Originale, sondern Kopien, woraus sich bereits ein erster, äußerlicher Gesichtspunkt für die Beurteilung ergibt.

Die weiterhin bedeutendste Identifizierung war diejenige des Doryphoros von Polyklet (Abb. 5 a, b), wobei man von einer Wiederholung im Museum von Neapel ausging. Polyklets Doryphoros war die statuarische Schöpfung, in der das zentrale Problem der griechischen Kunst vom Übergang der archaischen Epoche zur Klassik gelöst wurde. Es bestand darin, die nackte, stehende männliche Gestalt in Ausgewogenheit und ruhiger Haltung darzustellen, ohne eine bestimmte Aktion, aber doch so, daß die Möglichkeit zur Bewegung gegeben ist. In der archaischen Zeit stellte der *Kuros,* eine nackte männliche Statue, weder eine bestimmte Person noch eine Gottheit dar, obgleich man zunächst geglaubt hatte, daß damit Apollon gemeint sei, und deshalb alle Statuen dieser Art *Apollines* genannt wurden. Der *Kuros,* das bedeutet Jüngling, und die *Kore,* sein weibliches Gegenstück, können in einem Heiligtum als Votiv gestiftet werden oder als Denkmal auf ein Grab gesetzt sein, ohne daß in ihnen irgendeine Beziehung zur weihenden Person oder zur Gottheit, der sie geweiht sind, zu erkennen ist, weder vom Inhalt noch vom Aussehen her. Derselbe Typus kann aber auch als Kultbild einer Gottheit verwendet werden, und als solches ist er dann durch Attribute in den Händen gekennzeichnet. Ansonsten sind *Kuros* und *Kore* abstrakte Gestalten, geschaffen vom Sinn für das Schöne, *agalmata,* das heißt glänzende, schöne Werke. Als sich zwischen dem Ende des 6. und der Mitte des 5. Jahrhunderts v. Chr. der Säkularisierungsprozeß der Kunst vollzog, stellte sich das Problem, diesen Figurentypus zwar beizubehalten, ihm jedoch die Anlage zu größerer Beweglichkeit zu geben, indem man seine Plastizität bereicherte und in einem ausgewogenen Proportionssystem gestaltete. Diese Suche nach der Form dauerte drei Generationen lang und fand ihren Abschluß mit Polyklet in einem Formprinzip, das von da an für die gesamte weitere Entwicklung der antiken Kunst als fester Kanon galt. Das ganze 4. Jahrhundert hindurch und auch noch weiterhin gab es Varianten der ‚kanonischen‘ Statue Polyklets, des Doryphoros, den dieser selbst in einer Schrift mit dem Titel ‚Kanon‘ (das bedeutet ‚Maßstab‘)[65] besprochen hat. Noch in römischer Zeit stellt der sogenannte ‚Augustus von Prima Porta‘ – benannt nach dem dortigen Fundort in der Villa der Livia – nichts anderes dar als den Doryphoros, der mit einem Panzer bekleidet ist und einen Arm hebt (Abb. 6). Und sogar noch die spätantiken Kaiserstatuen wiederholen dasselbe Kompositionsschema. Für die Erkenntnis einer grundlegenden Norm der griechischen Kunst war daher die Identifizierung des Doryphoros von großer Bedeutung. Sie ist Karl Friederichs zu verdanken, der

in einer Schrift von 1863 in der Reihe der ‚Winckelmannsprogramme‘[66] den Doryphoros in einer Kopie des Neapler Museums
erkannt hatte. Heute weiß man, daß eine Basaltfigur in den Uffi-
zien vom stilistischen Gesichtspunkt aus die beste Wiederholung
ist. Sie erscheint allein schon wegen des harten und wertvollen
Materials, in dem sie ausgeführt ist, kaum als kommerzielles
Werk und bewahrt noch manche Spur jenes ‚strengen Stils‘, in
dessen Epoche die Jugendzeit Polyklets fällt. Diese Replik ist leider stark fragmentiert und kann daher nicht zur Rekonstruktion
der Statue dienen, weshalb sie von den Gelehrten übergangen
wurde, die sich mit ikonographischen Fragen begnügt haben oder
auch nur wenig Fähigkeit zur kritischen Wertung zeigten.[67]

Wie gelang Friederichs diese Identifizierung? Zuerst bemerkte
er, daß von diesem Typus der Athletenstatue sehr viele Repliken
existieren; folglich mußte es sich um eine berühmte Figur handeln. Es war daher auch mit Sicherheit anzunehmen, daß es nicht
ein Original, sondern eine von vielen Kopien war, unter denen
sich auch eine aus Bronze befindet, die lediglich den Kopf wieder-
gibt. Diese wurde in Herculaneum gefunden und trägt die Signa-
tur des Apollonios, Sohn des Archias aus Athen.

War nun das Original aus Marmor oder aus Bronze? Friederichs kommt durch die genaue Untersuchung der Frisur zu der
Überzeugung, daß es sich um eine Bronze handeln mußte, weshalb man die Stützen als Ergänzungen der Kopie zu eliminieren
hatte. Ferner untersuchte er die Komposition der Gestalt, die in
ihrer harmonischen Ausbildung das Bemühen des Künstlers um
das Gleichgewicht der einzelnen Körperteile zueinander offenbart:
das eine Bein ist gestreckt, das andere leicht angewinkelt, und
entsprechend dem Einknicken der Gestalt sind Oberkörper und
Kopf versetzt, damit das Gleichgewicht in der Komposition wiederhergestellt wird. Friederichs untersuchte somit den ‚Chias-
mus‘, das heißt die korrespondierende Anordnung der Körperteile, bei der nicht nur die Partien beider Seiten, sondern auch die
oberen Teile mit den unteren in einem entsprechenden Verhältnis
zueinander stehen sollen. Das bedeutet auch, daß sie in diesem
Verhältnis bewegbar wirken, damit sie den Eindruck von Gleich-

gewicht hervorrufen und zugleich bei einer aktionslosen Figur auch die Möglichkeit zur Bewegung schaffen. Bei der Analyse dieser Elemente entdeckte Friederichs eine Entsprechung zwischen dieser Art von Gleichgewicht und jener, die von den Schriftquellen in bezug auf Lysipp erwähnt wird, der dieses Problem vollendet gelöst hat. In unserer Figur erkennt man jedoch eine schwerfälligere Gestalt, der noch gewisse archaische Züge anhaften. Deshalb kann sie auch nicht von Lysipp stammen, dessen Stil bereits durch den Apoxyomenos bekannt ist. Man kommt damit vom 4. ins 5. Jahrhundert v. Chr. und somit in jene Epoche, in der nach der antiken Überlieferung Polyklet anzusetzen ist, der zu jener Zeit *„humanae formae decorem addiderit supra verum"*,[68] der aber auch in seinen Kompositionen *„nihil ausus ultra leves genas"*, das heißt, er wagte bei der Bewegung seiner Figuren nicht, über das Beugen der Knie hinauszugehen; das aber hat die entscheidende Veränderung gegenüber dem starren Typus des *Kuros* gebracht. Jedenfalls war eine Statue, *„quem canona artifices vocant lineamenta artis ex eo petentes veluti a lege quadam"* und er selbst *„solusque hominum artem ipsam fecisse artis opere indicatur"*,[69] das heißt, „unter den Künstlern fällt nur ihm das Verdienst zu, seine Anschauung von der Kunst in einem realen Werk konkretisiert zu haben."

Wie ist nun diese unvollständig erhaltene Statue des Doryphoros zu rekonstruieren? Als richtig wird die Ergänzung des Neapler Kopisten angesehen, der der Figur einen Speer in die Hand gab – Doryphoros bedeutet Speerträger. Wir finden also auch im Motiv eine Wahrscheinlichkeit dafür, daß es sich um den Doryphoros handelt, um so mehr als uns Quintilian berichtet,[70] daß es ein Jüngling ist *„aptum vel militiae vel palaestrae."* Friederichs gelang die Identifizierung des Doryphoros, indem er alle diese Einzelheiten aus der Untersuchung des Stils und der Quellen zusammenfaßte. Es war eine Identifizierung, die ebenso wie diejenige des Apoxyomenos nie mehr angezweifelt wurde und unserer Kenntnis der Skulptur aus der Mitte des 5. Jahrhunderts durch ein Werk reinster Klassik, das der Reifezeit des Phidias direkt vorausging, eine Basis gab.

Andere Gelehrte versuchten nun mit der gleichen Methode wie Friederichs zahlreiche andere Kopien mit Originalen zu identifizieren, die in den Quellen beschrieben werden. Ein Großteil der Archäologie des 19. Jahrhunderts war in diese Arbeit mit so viel Eifer und Passion vertieft, daß schließlich die Kopien römischer Zeit intensiver erforscht wurden als die Originale selbst, die damals bei den verschiedenen Ausgrabungen zutage kamen. Die Vorstellung von der griechischen Kunst blieb verfälscht, weil der ,ästhetische Mystizismus' Winckelmanns weiterhin seine Wirkung tat. Die Archäologie wurde ebenso wie die Philologie häufig zum akademischen Spiel aus reinem Selbstzweck und verlor den Kontakt zur Realität der antiken Werke. Sie büßte als Folge davon auch ihre kulturelle Bedeutung ein, wodurch eine gewisse Mißachtung gegenüber dieser Art von Studien gerechtfertigt erschien.

Diese Richtung, die eine Geschichte der griechischen Kunst allein auf Grund der Kopien schaffen wollte, fand ihren besten Vertreter in Adolf Furtwängler, der als erster unter den Archäologen den Fortschritt der Photographie ausnützte und mit einer umfassenden direkten Kenntnis aller einschlägigen Museen der Welt sowie einem ausgezeichneten optischen Gedächtnis ausgestattet war. Er hatte eine besonders glückliche Hand bei seinen Identifizierungen, auch wenn heute nicht mehr alle seine Rekonstruktionen von den Gelehrten akzeptiert werden. Zu den am meisten diskutierten gehört die seinerzeit berühmte Identifizierung der Athena Lemnia des Phidias, die durch die Verbindung des Kopfes Palagi aus dem Museum von Bologna mit einem Torso im Museum von Dresden rekonstruiert wurde (Abb. 7).

Die größte Gefahr für diesen Forschungsansatz lag darin, daß man schließlich die griechische Kunst lediglich an Hand der Kopien rekonstruierte und die Originale auch da überging, wo sie vorhanden waren; zudem hielt sich dank der Kopien eine kalte und akademische Vorstellung von griechischer Kunst am Leben, eben die klassizistische Sicht, die von der starken inneren Kraft, die die Originale belebt, weit entfernt war. So spricht man immer von der durch Furtwängler rekonstruierten Athena Lemnia, wenn man die künstlerische Persönlichkeit des Phidias untersuchen will, und rückt die Reliefs vom Parthenon in den Hintergrund. Diese Tatsache hat eine deutliche Verzerrung in der Erforschung der griechischen Kunst hervorgerufen, eine Entstellung der Wertschätzung, deren Berichtigung erst mit den zwanziger Jahren unseres Jahrhunderts begonnen hat.

Diesen Ansatz bei der Frage nach der griechischen Kunst und die dabei verfolgte Methode kann man als rein ‚philologisch' bezeichnen, und zwar weniger weil man hier in erster Linie von den literarischen Quellen als der grundlegenden Information ausgeht, sondern vielmehr weil man bei dieser Methode so, wie man für einen antiken Text mittels kritischer Analyse die dem Original am nächsten kommende Version zu finden sucht, über die verschiedenen Kopien römischer Zeit das originale Aussehen der griechischen Werke rekonstruieren wollte. Diese Methode hat als Grundlage für die Rekonstruktion dessen gedient, was man in bezug auf die Dokumentation mit Hilfe der späten literarischen Quellen ausgraben konnte. Das hatte jedoch zweierlei zur Folge: erstens konzentrierte sich die gesamte Forschung zu diesem Problem auf einen Gesichtspunkt, der die Originale der griechischen Kunst überging, und es dauerte fast ein halbes Jahrhundert, bis man diese Position aufgab und zu verstehen begann, daß ein Original, auch wenn es beschädigt und von zweitrangiger Qualität ist, für unser Verständnis des künstlerischen Ausdrucks seiner Zeit immer noch mehr bedeutet als eine kommerzielle römische Kopie; zweitens verlor man die Frage nach der künstlerischen Qualität des Kunstwerks zugunsten der ikonographischen Probleme aus den Augen, eine Fehlhaltung, die auch heute in der archäologischen Forschung wieder zutage tritt. Die philologische Rekonstruktion der verlorenen griechischen Kunstwerke verlangte bemerkenswerte Anstrengungen gelehrter Kombinationsfähigkeit. In einigen Fällen blieben die ersten Versuche bereits endgültig, wie zum Beispiel die Identifizierung der Weihgeschenke pergamenischer Herrscher zum Sieg über die Galater, die Heinrich Brunn zu verdanken ist (Abb. 8). Unter den Gelehrten, die sich in der zweiten Hälfte des 19. Jahrhunderts mit der antiken Kunst beschäftigten, besaß er weitaus die größte Begabung für die Kunstbetrachtung.

In seiner ‚Geschichte der griechischen Künstler‘[71] ordnete er dem sterbenden Gallier des Kapitolinischen Museums, der bereits von Nibby als Gallier beziehungsweise Galater erkannt worden war,[72] die Ludovisische Gruppe zu – heute im Nationalmuseum in Rom –, die bis dahin als ‚Arria und Paetus‘, also im römischen Bereich, gedeutet wurde, oder als ‚Makareus und Kanake‘, ein griechischer Mythos, der von Ovid popularisiert worden war.[73] Als man in den Figuren die Darstellungen von Barbaren erkannt hatte, verband Brunn sie mit der Nachricht bei Plinius[74] über die Künstler, die die siegreichen Kämpfe von Attalos I. (241–197 v. Chr.) und Eumenes II. (197–159 v. Chr.) gegen die Galater verherrlicht hatten. Später fügte er zu diesem Fixpunkt der hellenistischen Kunstgeschichte die Wiedergewinnung des sogenannten kleinen Weihgeschenks des Attalos hinzu, wobei auch heute noch umstritten ist, ob es sich dabei um Attalos I. oder um Attalos II. handelt. 1514 waren in Rom Figuren von Kämpfenden in verkleinertem Maßstab gefunden worden, die etwas weniger als zwei Drittel Lebensgröße vorwiesen und die man gewohnheitsmäßig im römischen Sinne als Horatier und Curiatier gedeutet hatte. Diese Skulpturen waren dann zerstreut worden, vier kamen mit der Sammlung Farnese nach Neapel, drei nach Venedig. Brunn vereinigte mit ihnen auch noch eine weitere Statue im Vatikan sowie eine im Louvre, später noch eine, die in Aix-en-Provence aufbewahrt wird. Dieser ganze Komplex wurde von Brunn, der in ihm eine stilistische Einheit erkannt hatte, mit der Passage bei Pausanias zusammengebracht,[75] in der ein Weihgeschenk des Königs Attalos auf der Akropolis von Athen beschrieben wird. Es bestand aus vier Figurengruppen von zwei Ellen Höhe (etwa 90 cm), welche die Gigantomachie, die Amazonomachie, die Schlacht von Marathon und den Sieg des Attalos über die Galater darstellten, wobei die Mythen mit den historischen Ereignissen durch die Vorstellung vom Kampf der Kultur und der Vernunft gegen die Hybris, die blinde Gewalt und die Barbarei ideal vereint waren. Unter den in römischen Kopien erhaltenen Statuetten

wurden zwei Giganten, eine Amazone, drei Perser und vier Galater erkannt. Nachdem diese Zuschreibung einmal vorgenommen
worden war, blieb sie bestehen und lieferte einen weiteren bedeutenden Beitrag zur Dokumentierung der hellenistischen Kunst.
Schließlich wurde es jedoch nötig, von der alleinigen Dokumentation zur Betrachtung ihrer Geschichte zu kommen.

Dagegen wurden in anderen Fällen so manche Zuschreibungen,
die mühevoll erreicht worden waren und dann auch für einige
Zeit sicher schienen, mit gewichtigen Argumenten wieder in
Zweifel gezogen. Das trug dazu bei, daß das Vertrauen in jene
kombinatorische und zuschreibende Arbeitsweise sank, die auf
dem Gebiet der philologischen Archäologie die bedeutendste oder
zumindest die am meisten praktizierte Tätigkeit der Gelehrten
dargestellt hatte.

Einer dieser Fälle ist von Andreas Rumpf, einem der letzten
Vertreter der kunsthistorischen Richtung in der deutschen Archäologie, ausführlich beschrieben worden.[76] Wir werden ihn hier
resümieren. Es ist das Schicksal der ‚Eirene‘ des Kephisodot.

Diese Statue, die eine Frau mit einem Kind auf ihrem linken
Arm darstellt, gelangte um 1760 in die Sammlung der Villa Albani in Rom und wurde von Winckelmann als Juno Lucina gedeutet
(Abb. 9). Später nannte er sie Ino Leukothea mit dem kleinen
Bacchus. Ennio Quirino Visconti verwarf diese Zuweisung
Winckelmanns. Der Bildhauer Cavaceppi (1716–1799), der zu jener Zeit mit großem Geschick zahlreiche antike Statuen restau-
rierte und auch imitierte, gab dem Knaben einen Krug in die
Hand, ergänzte seine Arme und benützte ein antikes, nicht zuge-
höriges Köpfchen zur Vervollständigung der Figur; ebenso ergänzte er auch den rechten Arm der Frau. Unter Napoleon wurde
die Statue nach Paris gebracht und schließlich 1816 vom Kron-
prinzen von Bayern erworben, der damals eine große Antiken-
sammlung zusammentrug. In der Folgezeit wurde sie für ein grie-
chisches Original aus der Epoche des Phidias gehalten, sodann
von Friederichs in das 4. Jahrhundert v. Chr. datiert und als Gaia
gedeutet. Auf Grund einer athenischen Münze aus der römischen
Kaiserzeit gab er der Frau ein Zepter in die rechte Hand. Zwei

andere Gelehrte, Stephani[77] und Stark,[78] versuchten die Münze und die Statue mit zwei Stellen bei Pausanias[79] zu verbinden. In ihnen wird eine Statue in Athen genannt, Eirene, die Friedensgöttin mit dem Plutosknaben, der Personifizierung des Reichtums, auf dem Arm, ein Werk des Kephisodot. Auch hier leistete Brunn seinen Beitrag, indem er zunächst einmal bewies, daß es sich um eine römische Kopie und nicht um ein Original handelte, das wegen der harten Ausarbeitung der Gewandfalten aus Bronze gewesen sein mußte.[80] Dann zeigte er auch, daß die Figur auf Grund ihres Stils in den Übergang vom 5. zum 4. Jahrhundert v. Chr. gehörte; mit dem 5. verband sie das noch strenge Gewand der weiblichen Figur, mit dem 4. der Kopf. Er stimmte der Zuweisung an Kephisodot auf Grund der Pausaniasstellen zu und glaubte sogar den Anlaß bestimmen zu können, zu dem die Statue geschaffen wurde: den Frieden mit Sparta von 375, obgleich dies ein Friede von nur wenigen Monaten Dauer war. Im Hafen von Piräus wurde 1881 eine fragmentarische Replik des Knaben aus italischem Marmor, die folglich eine römische Kopie ist, gefunden. Der Knabe hält ein Füllhorn, wodurch der Rekonstruktionsvorschlag Brunns bestätigt wurde, der sich auf die Deutung des abgegriffenen Bildes auf einer athenischen Bronzemünze stützte. Nun erwähnt Plinius allerdings zwei Künstler mit dem Namen Kephisodot, wobei er den ersten in die 102. Olympiade 372 v. Chr. setzt,[81] den zweiten zusammen mit dem Bildhauer Timarchos in die 121. Olympiade 296 v. Chr.[82] Und schließlich sind uns durch Inschriften die Namen zweier Bildhauer, Timarchos und Kephisodot, erhalten, Söhne des großen Praxiteles, was der Zeitangabe bei Plinius für den jüngeren Bildhauer nicht widerspricht. Brunn schlug daher vor, Kephisodot den Älteren als ein Mitglied derselben Familie anzusehen, möglicherweise als den Vater des Praxiteles. Mit dieser Zuschreibung gelangte die Figur von nun an als ein Fixpunkt der griechischen Kunstgeschichte in die Handbücher. Auch das umfangreichste Werk, das von Charles Picard,[83] und das sehr angesehene von Georg Lippold[84] messen der Münchner Statue diesen Wert bei. Picard schreibt: „Das Werk des Kephisodot ist glücklicherweise bis heute durch verschiedene griechische und römische Zeugnisse vor der Vergessenheit bewahrt worden; die bekannteste und vollständigste Figur ist eine bedeutende Marmorkopie, die in Rom gefunden wurde und heute in der Münchner Glyptothek unter der Nummer 219 steht." Und Lippold schreibt: „In sicheren guten Nachbildungen kennen wir die Eirene mit dem Plutoskind, die auf der Agora von Athen, wohl um 375–370, aufgestellt worden ist." In einer Anmerkung fügt er die Nachricht hinzu, daß in der Nähe des Platzes, wo die Statue gestanden haben muß, noch vor dem Jahre 1672 eine ‚Jungfrau Maria mit dem Kind' aus Marmor gefunden wurde; dennoch nimmt auch er wie Heinrich Brunn an, daß das Original aus Bronze war.[85]

Und doch sind hier nicht alle Unklarheiten beseitigt. Neben einem vereinzelten Vorschlag, das Datum der Statue auf den Frieden von 403 v. Chr. zu verlegen, und der Idee Furtwänglers, daß Kephisodot eher für einen älteren Bruder als für den Vater des Praxiteles zu halten sei, wenn man die starke stilistische Ähnlichkeit berücksichtigt, gibt es einige von Rumpf[86] wiederaufgegriffene Beobachtungen, die die Verbindung dieses Werkes mit den stilistischen Eigenheiten der Jahre um 375 v. Chr. ziemlich erschweren, da für diese Zeit sichere Belege vorhanden sind. Andererseits wird eine enge Verwandtschaft der Eirene zu den Reliefs an den Säulenbasen des zweiten Artemistempels in Ephesos bemerkt. Der Wiederaufbau nach dem Brand dieses berühmten Tempels, eines der ‚Weltwunder', fällt in die Zeit Alexanders des Großen um 340 bis 330 v. Chr., dessen Angebot zur Finanzierung des Wiederaufbaus nicht angenommen wurde. Diese Datierung wird durch zahlreiche Vergleiche mit originalen Werken verteidigt, die außerdem bestätigen sollen, daß das Original der Eirene nicht aus Bronze, sondern aus Marmor war. Eine solche Datierung, die lediglich auf Grund von Stilkriterien gewonnen wurde, schließt sowohl Kephisodot I als auch Kephisodot II aus und folglich auch die Zuweisung der Statue, deren Attribute auch verschiedene andere Deutungen zulassen. Rumpf selbst schlägt vor, diese Figur als ‚Tyche' zu deuten, da ja die Münzen, auf denen der Figurentypus wiedergegeben ist, keine Benennung tragen. Und er weist das Original dem Praxiteles zu, von dem nach antiken Quellen drei Darstellungen der Tyche bekannt sind: eine in Megara, eine in Athen und eine, die nach Rom gebracht und mit der Kindergestalt des *Bonus Eventus* – des griechischen ἀγαθόδαιμον – dargestellt war; dieser trägt ein Füllhorn als Attribut, das auch für Tyche selbst üblich ist. So sehen wir, wie eine kunsthistorische Rekonstruktion, die auf Stilanalyse beruht, die Grundlage rein philologischer Zuschreibungen erschüttern kann, die zuvor noch Gewißheit zu bieten schienen.

Wir wollen damit aber keineswegs die Verdienste und den Wert philologischer Forschung schmälern. Sie war die erste Grundlage zur Klärung und Ordnung des erhaltenen Denkmälerbestandes, verlor jedoch an Bedeutung, als sie zum bloßen Zuschreibungsspiel wurde, dessen Ziel eher in der akademischen Karriere bestand als in konkreter historischer Forschung, und zwar in dem Maß, als sie ohne Verständnis für die formalen Werte, das heißt für die wahrhaft künstlerische Ausdrucksweise vorging.

Wenn wir zum Beispiel die Rekonstruktion des polykletischen Doryphoros heranziehen, so hat Friederichs mit ihr zweifellos eine sehr bedeutende Tatsache festgestellt, als er bewies, daß es sich um eine Kopie des ‚Kanon‘ des Polyklet handelte. Damit hatte man wenigstens eine, wenn auch nur äußerliche, aber doch konkrete Vorstellung vom Aussehen polykletischer Plastik gewonnen, wodurch die Einordnung zahlreicher weiterer Skulpturen möglich wurde, die von dieser Darstellungsweise beeinflußt waren. Inwiefern jedoch diese sowie auch die zahlreichen anderen Kopien außer von der statuarischen Ikonographie Polyklets auch noch etwas von seinem künstlerischen Rang enthielten, das fragten sich weder Friederichs noch die übrigen Gelehrten seiner Schule. Daher konnte der Gedanke aufkommen, die Kopie oder sogar die aus der Kombination mehrerer Kopien gewonnene gipserne Rekonstruktion sei als Maßstab für die Kunst Polyklets herzunehmen, der offensichtlich vergeblich betont hatte, daß der entscheidende Moment bei der Gestaltung eines Kunstwerkes erst dann eintritt, wenn es an die Bearbeitung der ‚Nägel‘ geht, das heißt an die letzten Feinheiten und die minimalen Veränderungen der Oberfläche.[87] Mit dieser Art von Forschung und durch Untersuchung der verschiedenen römischen Kopien kann man tatsächlich die Ikonographie bestimmen, das heißt die äußere Erscheinung des griechischen Originals; die formale Ausdrucksweise der einzelnen Künstler läßt sich so jedoch nicht erfahren, was ja beispielsweise auch die endlos vielen Reproduktionen lehren, die man in allen Größen vom David oder von der Pietà des Michelangelo zu kommerziellen Zwecken herstellt.

Die gleichen Irrtümer tauchten auch in bezug auf die antike Malerei auf, als man sich zu einer bestimmten Zeit einbildete, die verlorene klassische Malerei mit Hilfe der Malerei aus römischer Zeit wiedergewinnen zu können. Man bezeichnete sie üblicherweise als ‚pompeianische Malerei‘, da sie sich wegen der besonderen Umstände der Zerstörung von Pompei und Herculaneum hier besonders gut erhalten hatte. Offensichtlich waren jedoch Pompei und die anderen Vesuvstädte nicht die einzigen Orte, an denen diese Malerei gepflegt wurde; vielmehr kann man auf Grund der Funde in Rom, Ostia und auch anderswo feststellen, daß diese im ganzen Römischen Reich verbreitete Malerei an vielen Orten mit besseren Beispielen als in der kleinen Provinzstadt Pompei vertreten war.

Die philologische Schule erkannte zu Recht in einer Reihe von Bildern, die sich als dekorative Malereien an den Wänden der Häuser von Pompei befanden, mehr oder weniger getreue Reproduktionen nach Originalen griechischer Malerei; sie entsprachen zum Teil auch jenen Bildern, die in den antiken Quellen erwähnt werden. Dabei übersah man jedoch, daß diese Malereien in erster Linie ein Zeugnis für die Kunst ihrer eigenen Entstehungszeit waren, wobei die große Masse aus der Zeit zwischen 50 v. Chr. und dem Erdbeben von 62 n. Chr., beziehungsweise dem Vulkanausbruch von 79 n. Chr. stammt. Man übersah auch, daß man, von dieser Malerei ausgehend, nicht so sehr die einzelnen verlorenen Gemälde, die ja nur selten getreu kopiert waren, wiedergewinnen konnte, sondern eher die formalen Probleme aufdeckte, mit denen sich die große griechische Malerei befaßt hatte, vorausgesetzt, man konnte die Quellen mit kritischem Verstand deuten.

Auch hier versuchte man, die Originale durch verschiedene Interpolationen wiederzugewinnen. Aber wenn es schon in der Philologie schwierig ist, Kriterien zur Beurteilung der Zuverlässigkeit eines Textes zu finden, wobei es auf künstlerische Sensibilität ankommt, auf ein gut geübtes Gehör und auf das richtige Empfinden, so war eine solche Unternehmung im Bereich der Malerei noch viel schwieriger, wenn man nicht zuvor die großen formalen Fragen der Malerei geklärt hatte, in ihrer Entwicklung vom 7. Jahrhundert an und dann vor allem in der Epoche von der Mitte des 5. bis zur Mitte des 3. Jahrhunderts v. Chr. Als man diese Untersuchung künstlerischer Fragen zur antiken Malerei unternahm, stützte man sich auf manche Kriterien, die sich später als unzuverlässig erwiesen haben. Man ging zum Beispiel von der Vorstellung aus, daß es in der griechischen Malerei keinen Landschaftshintergrund gegeben haben konnte, da man glaubte, daß die Malerei denselben formalen und akademischen Kriterien linearer Klarheit und plastischen sowie kompositorischen Gleichmaßes folgte, wie sie die Winckelmannsche Ästhetik irrtümlich der Bildhauerei zugeschrieben hatte, die man als die bedeutendste Kunstgattung der griechischen Kultur ansah. Dagegen sind wir heute überzeugt, daß die Malerei im antiken Griechenland bis zur klassizistischen Krise im 2. Jahrhundert v. Chr. die führende Kunst war.

Entsprechend dieser Vorstellung behauptete man, es handle sich immer da, wo in den pompeianischen Bildern ein Hintergrund auftaucht, um einen römischen Zusatz. In manchen Fällen kann man tatsächlich Einfügungen dieser Art annehmen, doch ist es mittlerweile eindeutig erwiesen, daß die Landschaftsmalerei eine hellenistische Errungenschaft darstellt.[88]

Bei Plinius, der sich auf Auswahlkriterien des Klassizismus späthellenistischer Zeit stützt, findet man nicht einen einzigen Künstler aus der Zeit nach dem 4. Jahrhundert v. Chr. erwähnt, es sei denn, dieser ist auf irgendeine Weise mit der römischen Welt in Berührung gekommen und wurde somit bereits von Varro aufgeführt. Daher haben diese Quellen ein Bild von der griechischen Kunst überliefert, das auf ästhetische Regeln fixiert ist, die nur teilweise zutreffen, da sie uns lediglich eine begrenzte Epoche unter einem bestimmten Blickwinkel zugänglich machen. Das ist das gleiche, als wenn die Kunstgeschichte der Renaissance nicht über Vasari, der wegen seiner Position eindeutig nur als äußere Quelle für Fakten benützbar ist, hinausgekommen wäre, und als wenn wir alle seine Urteile übernommen hätten, ohne die Werke selbst zu betrachten. Gleichwohl wurden die Aussagen der antiken Quellen von der philologischen Forschung als Beurteilungsfaktor übernommen, ebenso wie auch Winckelmann sie bereits wegen der Übereinstimmung seines eigenen klassizistischen Geschmacks mit der Haltung der vorwiegend klassizistisch orientierten Quellen akzeptiert hatte. Als Reaktion auf diesen irrigen gedanklichen Ansatz herrschte im zweiten Viertel des 20. Jahrhunderts die Tendenz vor, die Überlieferung der antiken Quellen zu übergehen, die pompeianische Malerei unmittelbar und mit den gleichen Augen zu betrachten, mit denen man auch eine zeitgenössische Malerei betrachten würde, und sie einzig als ‚römische Malerei‘ zu sehen. Dieses Abwerfen des gelehrten Ballastes ermöglichte eine gewisse Frische der Beobachtung, die außerhalb des Kreises kompetenter Spezialisten mühelos Erfolg hatte. Doch schon das Buch ‚La pittura dei Romani‘ aus dem Jahre 1929 von Pirro Marconi, einem begabten jungen Archäologen, enthielt neben geglückten Beobachtungen schwerwiegende Mißverständnisse und Fehler. Völlig unannehmbar sind allerdings auch manche anderen Dinge, die dann in neuerer Zeit über die pompeianische Malerei geschrieben wurden, mit der blinden Behauptung, in ihr sei die Persönlichkeit einzelner ‚Meister‘ zu erkennen. Dies beruht auf der Unkenntnis der Probleme und des Bestandes der griechischen Malerei sowie der Anwendung einer prätentiösen ästhetischen Analyse mit unzureichenden Begriffen.

Zu den Begründern der philologischen Schule in der Archäologie wird mit besonderem Recht Heinrich Brunn gezählt. Obwohl dieser seine Forschungen auf den literarischen Quellen und der Rekonstruktion der Originale mittels der Kopien aufbaute, hatte er, wie bereits erwähnt, ein deutlich vom Künstlerischen her bestimmtes Ziel. Sein Urteil war treffender als das seiner Zeitgenossen und selbst als das vieler späterer Gelehrter. Das zeigt sich auch darin, daß er sein Hauptwerk ‚Geschichte der griechischen Künstler' nannte, da er sich dabei zum Ziel setzte, Notizen und Werke zu jedem einzelnen Künstler zu sammeln und zu koordinieren, denn nur durch diese Arbeit könne, wie er meinte, die Basis entstehen, auf der man eine Kunstgeschichte aufbauen kann; außerdem aber wollte er damit den Beitrag der einzelnen Künstlerpersönlichkeiten in ihrer eigenen schöpferischen Originalität betonen. Danach begann er auch eine ‚Geschichte der griechischen Kunst' zu schreiben, die jedoch nicht über die ersten Kapitel hinausgelangte.

Furtwängler war es dann, der dieser Methode ihren größten Erfolg verschaffte, derzufolge die Originale durch Kopien wiedergewonnen und die Werke dann einer bestimmten Künstlerschule zugewiesen werden. Außer den wirklichen Kopien mußte man noch eine endlose Reihe von Nachahmungen in verschiedenen Varianten berücksichtigen. Das bereits erwähnte Beispiel der Augustusstatue von Prima Porta, die in der Villa der Livia, der Gemahlin des Augustus und damit an einem besonders bedeutenden Platz stand, stellt nichts anderes dar als eine verkleidete Variante des Doryphoros von Polyklet. Hier zeigt sich auch, wie solche Varianten mit größter Leichtigkeit und Freiheit ausgeführt wurden. Zu einer wahren Sisyphusarbeit wird schließlich die Klassifizierung aller Varianten und Ableitungen, um daraus die Originale der griechischen Kunst des 5. und 4. Jahrhunderts wiederzugewinnen. Andererseits aber kümmerte man sich nicht darum, diese Kopien und Varianten zum Studium des Geschmacks der römischen Zeit zu verwenden, einer Epoche, der diese Kopien ja angehörten; eine solche Fragestellung war nicht interessant, da man als einziges Ziel die Rekonstruktion der griechischen Kunst vor Augen hatte, die man allein für kulturell fruchtbar und ‚erzieherisch' hielt. Der historische Zweck dieser Forschung erschien unwesentlich.

Furtwängler hat die wichtigsten Forschungen in seinem Hauptwerk ‚Meisterwerke der griechischen Plastik' zusammengefaßt, dessen erste Auflage 1893 erschien. Das Werk, das ins Englische und Französische übersetzt wurde, galt für lange Zeit als das letzte Wort zur griechischen Kunst und als die endgültige Geschichte der griechischen Skulptur, die dort mit ihren hervorragendsten Meisterwerken dargestellt ist. Es ist dabei bemerkenswert, daß diese Geschichte der ‚griechischen‘ Bildhauerei ausschließlich von Kopien aus römischer Zeit handelt und daß die ‚Meisterwerke‘ diejenigen sein sollen, die von den Rhetorikern des späten Hellenismus in der klassizistischen Tendenz als solche angesehen wurden.

In Wirklichkeit hat Furtwängler in seinem berühmtesten Werk nicht sein Bestes gegeben, sondern eher in dem Text zu den drei Bänden, die eine Abhandlung über die geschnittenen Steine darstellen, ‚Die antiken Gemmen‘ von 1900. Dies ist nicht nur eine heute noch unersetzliche Abhandlung über die Glyptik, sondern Furtwängler hat hier in enger Verbindung zu originalen Werken, die gleichwohl dem gehobenen Kunsthandwerk angehören, eine weitaus interessantere Geschichte der stilistischen Entwicklung entworfen als in seinen berühmten ‚Meisterwerken‘. Auch in der Erforschung der griechischen Keramik hat Furtwängler deutliche Spuren hinterlassen: zusammen mit einem äußerst fähigen Zeichner (Karl Reichhold) publizierte er unter der Autorenbezeichnung Furtwängler-Reichhold die ‚Griechische Vasenmalerei‘[89], ein großes Tafelwerk mit den Zeichnungen der schönsten Vasenbilder in Originalgröße, und gab jeder Vase eine monographische Untersuchung bei. Dieses Werk bildet die Grundlage zur Untersuchung der griechischen Keramik, speziell der attischen des 6. und 5. Jahrhunderts v. Chr., die über ihren immanenten Wert hinaus den wichtigsten Anhaltspunkt für die Rekonstruktion der stilistischen Entwicklung der griechischen Kunst dieser Zeit darstellt. Doch hat dieses Werk auch ein Mißverständnis insofern hervorgerufen, als Reichhold, obwohl er ein äußerst fähiger Zeichner war, immer hinter dem Original zurückblieb und seinen Zeichnungen auch die Kälte von Kopien anhaftet. Da es leichter war, eine Vase nach diesen zweidimensionalen Zeichnungen zu reproduzieren, als sich mit der schwierigen photographischen Wiedergabe der gekrümmten und spiegelnden Oberfläche eines Gefäßes zu beschäftigen, hat man lange Zeit die Vasen lieber nach den Zeichnungen bei Furtwängler-Reichhold als nach den Originalen selbst reproduziert. Dadurch wurde von der griechischen Keramik ein akademisches und kaltes Bild verbreitet, das sich substantiell von dem Eindruck unterschied, den die Originale boten.

Die ausschließlich auf römischen Kopien und bei der Vasenmalerei auf modernen Kopien beruhenden Untersuchungen haben dazu beigetragen, daß allzu lange ein verfälschtes Bild von der griechischen Kunst tradiert wurde. Auch wenn dies die Gelehrten und die Mythenforscher sowie die schönrednerischen Bewunderer einer exaltierten Klassik zufriedenstellte, so trug es doch dazu bei, daß sowohl die Kenntnis der griechischen Kunst und ihrer grundlegenden Werte als auch die Zuneigung dazu zu unserem modernen Empfinden und unserer heutigen Kultur in einem distanzierten Verhältnis stehen. Winckelmann und seine Zeitgenossen hatten eine klare und deutlich bestimmte Beziehung zur griechischen Kunst etabliert, die für sie das höchste an Vollkommenheit war; deshalb hatten sie auch eine lebendige Beziehung zu dieser Kunst, wie wir sie heute nicht mehr besitzen, da jene auf ästhetischen Kriterien beruhte, die von den unseren gänzlich verschieden sind. In der Tat haben wir heute keine lebendige Beziehung mehr zur griechischen Kunst: wir sind bereit, einige ihrer Werke als die größten Meisterwerke anzuerkennen, aber um aufrichtig zu sprechen, nicht aus einem gefühlsmäßigen Bezug zu ihr oder aus lebendiger Geschmacksempfindung heraus oder auch weil wir fähig wären, die künstlerischen Fragen lebendig nachzuvollziehen, die der Entstehung jener Werke zugrunde liegen. Sie erscheint uns eher als eine geheimnisvolle Angelegenheit, was sich deutlich in der weitverbreiteten Redensart vom ‚griechischen Wunder' ausdrückt. Wir können uns jedoch keinem Kunstwerk verwandt fühlen und es wirklich begreifen, wenn uns unsere Empfindungen und unsere Kultur nicht in die Lage versetzen, die Fragestellungen lebendig nachzuvollziehen, die seine Entstehung begleitet haben. Es ist die Frage, ob unser Verständnis lediglich auf den formalen Aspekt gerichtet ist, oder ob es so weit gelangt, durch die Form das umfassendere kulturelle und soziale Problem, das letztlich ein grundsätzlich historisches ist, zu begreifen.

Durch die Kenntnis der Standpunkte, die die Gelehrten im Laufe der Zeit eingenommen haben, und durch die Kritik an diesen, vorausgesetzt sie behandeln originale Kunstwerke, sollte es möglich sein, zwischen uns und der griechischen Kunst eine lebendige Beziehung herzustellen; diese kann bisweilen auch negativ sein, doch ist das auf jeden Fall besser als eine rein formale Huldigung. Heute bereits haben die Verbreitung von Photographien originaler griechischer Skulpturen und die fortschreitende Historisierung der archäologischen Forschung eine neue Beziehung zwischen unserer Zeit und der Kunst des antiken Griechenland herbeigeführt.

Zahlreiche Schriften moderner Künstler und Kritiker, die zur Bewegung der sogenannten ersten Avantgarde in den ersten dreißig Jahren unseres Jahrhunderts gehörten, haben tatsächlich die griechische Kunst negiert und verunglimpft. Lesen wir jedoch diese Schriften genau, dann sehen wir, daß die Polemik gegen die griechische Kunst in Wirklichkeit nicht gegen sie selbst gerichtet ist, sondern vielmehr gegen das Bild, das die Archäologen des 19. Jahrhunderts von ihr verbreitet hatten. Man widersetzte sich damit nur der kalten, klassizistischen Vorstellung von der griechischen Kunst, jener Vorstellung, die man als einen „Abschaum" bezeichnet hat, „der von einigen Leuten propagiert wurde, welche die Meinung verbreitet haben, daß einige Bildhauer im antiken Griechenland die ersten und die letzten gewesen sind, die in der Skulptur Vollkommenheit erreicht haben".[90] Wie derselbe Kritiker sagt, von dem wir diese Definition übernommen haben, handelte es sich um jene Kunst, die den deutschen Professoren so gut bekannt war, weil sie von ihnen selbst erfunden wurde. Schließlich kam es dazu, daß Kritiker und Künstler, die an der Spitze dieser die griechische Kunst ablehnenden Bewegung standen, in dem Augenblick von Verächtern zu Bewunderern wurden, als sie den echten griechischen Originalen gegenüberstanden. So weiß jeder, wieviele Elemente der griechischen Kunst etwa in das vielfältige bildnerische Genie eines Picasso eingedrungen sind.

Eine der zählebigen Folgen des Winckelmannschen Mißverständnisses war die Beurteilung der griechischen Kunst als einer idealistischen Kunst, die sich von der Wirklichkeit distanziert. Es ist dagegen gerade die Haupteigenschaft der griechischen Kunst, daß sie sich mit dem Verständnis der Realität sowie mit dem Ausdruck der Lebensenergie beschäftigt hat, die in den Formen der Natur enthalten ist. Andererseits finden wir in der gesamten Kunst des alten mittelmeerischen Orients wie auch bei den primitiven Völkern einen Hang zur Abstraktion. Gewisse zeitgenössische Tendenzen haben die primitiven künstlerischen Erscheinungsformen etwa Afrikas oder Ozeaniens verherrlicht. Das liegt daran, daß in ihnen ein Maß an Abstraktion liegt, das ein gewisses modernes Empfinden überzeugt und fesselt; sie besitzen einen unmittelbaren, auf das Wesentliche reduzierten Ausdruck, der direkter und leichter beeindruckt als das empfindliche Gleichgewicht und der komplexe Aufbau der griechischen Kunst in klassischer und hellenistischer Zeit. Dieselbe Neigung zu den wesentlichen, abstrakten Formen findet sich sowohl in der ägyptischen Kunst als auch in der Kunst Mesopotamiens und in der assyrischen Kunst. Dagegen beschäftigt sich die griechische Kunst mit der Wirklichkeit, und durch ihre realistische Position, die in der antiken Welt einmalig ist, findet sie gewisse Normen, die schließlich für die europäische Kunst grundlegend werden: Verkürzung, Perspektive, Lokalfarbe und die Wirkung des Lichtes in der Malerei. Wir haben nämlich die griechische Kunst nicht nur im Bereich der Architektur und der Skulptur als maßgebend für die europäische Kultur anzusehen; auch in der griechischen Malerei wurden bereits die grundsätzlichen Gedanken der europäischen Malerei formuliert.

Wir lesen zum Beispiel, daß sich unter den verschiedenen Bildnissen Alexanders des Großen, gemalt von Apelles, dem allein autorisierten Maler, der ihn nach der Natur porträtieren durfte und für seine Fähigkeit, die rosafarbene Haut und die blonden Haare wiederzugeben, berühmt war, eines befand, auf dem Alexander als Zeus mit dem Blitz in der Hand dargestellt war. Dieses Bild galt als einzigartig, weil die Hand, die den Blitz hielt, „aus dem Bild herauszureichen schien" und der Heros selbst in ziemlich dunklen Farben gemalt, seine Brust aber von Licht überflutet war. Selbst bei dieser summarischen Beschreibung des Plinius versteht man, daß der Maler bei diesem Bild das Problem des Helldunkels und den Lichteffekt behandelt hat, für den er den Körper dunkel darstellen mußte, um den Blitz, den die Hand ergriffen hatte, durch das Licht hervortreten zu lassen.[91] Hier wird durch die Schriftquellen ein sehr vielschichtiges malerisches Problem aufgedeckt, ohne daß man sogleich zu einem Urteil über den Stil dieses großen Künstlers kommen könnte, der in der zweiten Hälfte des 4. Jahrhunderts v. Chr. gelebt hat.[92]

IV. Die literarischen Quellen

Für die archäologische Forschung, die sich damals als Geschichte der antiken Kunst verstand, brachte die philologische Schule bezüglich der Quellen entscheidende Fortschritte. Durch sie ging jedoch für unsere Kultur die direkte Frage nach dem, was uns die griechische Kunst bedeuten soll, verloren, eine Frage, die für Winckelmann und seine Zeitgenossen noch von höchst lebendiger Bedeutung war. In diesem Sinne und im Gegensatz zur Aufklärung bei Winckelmann enthielt die philologische Richtung einen reaktionären Grundzug.

Die philologische Schule nahm die literarischen Quellen als Ausgangspunkt und suchte in den Monumenten in erster Linie die Bestätigung für Angaben und Werturteile, die in den antiken Quellen enthalten waren. Man stellte sich jedoch nicht die Frage nach dem wirklichen Wert solcher Quellen, die meist aus der Spätzeit stammen und zeitlich weit von jener Epoche entfernt sind, der wir die größten Schöpfungen griechischer Kunst verdanken. Andererseits erforderten aber die großen Ausgrabungen des 19. Jahrhunderts fundierte Kenntnis und ständiges Überprüfen der literarischen Quellen. Daher müssen wir uns mit ihnen befassen und sie genau kennenlernen, um ihren Wert zu ermessen und sie richtig gebrauchen zu können.

Es gibt direkte und indirekte Quellen. Die direkten Quellen finden sich bei Schriftstellern, die sich *ex professo* mit Kunst beschäftigt haben, die indirekten in literarischen Werken, die uns zuweilen Nachricht von einem Kunstwerk oder einem Künstler geben oder in denen sogar kritische Meinungen überliefert werden.

Die bedeutendsten, da auch umfangreichsten Quellen sind die ‚Naturalis Historia‘ des Plinius und die ‚Beschreibung Griechenlands‘ (περιήγησις τῆς Ἑλλάδος) von Pausanias. Die übrigen Quellen wurden von Johannes Overbeck gesammelt und 1868 unter dem Titel ‚Die antiken Schriftquellen zur Geschichte der bildenden Künste‘ veröffentlicht.[93] Diese Sammlung von Quellen ist für uns trotz ihres Alters immer noch nützlich. Es ist eine beinah vollständige Zusammenfassung der Textquellen aus griechischer und lateinischer Literatur, in denen Nachrichten über ein Kunstwerk zu finden sind. Wie wir aber bereits im vorhergehenden Kapitel vermerkt haben, folgt das Buch hauptsächlich den Textauszügen, die schon Brunn angefertigt hatte. Man kann es heute nicht mehr vorbehaltlos benützen. Es ist eher brauchbar als Verzeichnis denn als Text, da die von Overbeck zitierten Quellen auf Exzerpte reduziert sind, in denen allein das Kunstwerk genannt ist, während die Passage im Kontext häufig viel präzisere Bedeutung und größeren Wert erhält. Es empfiehlt sich also, jeweils von Overbeck auf die Lektüre des vollständigen Textes zurückzugehen, besonders da inzwischen bessere kritische Textausgaben ediert wurden. Überdies fehlt bei Overbeck eine systematische Auswertung der christlichen Patristiker, aus denen weitere Notizen zur Vervollständigung der älteren Quellen gewonnen werden können.

Plinius

Plinius der Ältere bleibt für uns mit seiner ‚Naturalis Historia‘ trotz gewisser Einschränkungen die umfangreichste und wertvollste Quelle. In einem Brief, in dem er seine Arbeit dem Kaiser Vespasian (69–79 n. Chr.) widmet, spricht Plinius von der besonderen Art seines Werkes und erwähnt einige Aspekte, die man sich bewußt machen sollte: er hebt die Neuartigkeit seines Unternehmens hervor, das nach seiner Meinung eine Menge Notizen zusammenfaßt, die weder gefällig noch unterhaltsam sind, sondern eine Sammlung von Tatsachen darstellen, die sich auf die gesamte Natur beziehen: „Außerdem ist der eingeschlagene Weg keine von den Autoren oft begangene Straße, und der Geist strebt nicht danach, sich auf ihr zu ergehen. Bei uns Römern ist keiner, der sich auf diesem Gebiet versucht hätte, und auch bei den Griechen gibt es keinen, der für sich allein dies alles erörtert hätte. Zum großen Teil suchen wir nur die angenehmsten Seiten der wissenschaftlichen Tätigkeit; was aber angeblich von anderen mit unendlicher Genauigkeit bearbeitet worden ist, bleibt gerade wegen der tiefen Dunkelheit der Gegenstände unberücksichtigt. Vollends mußten alle diese Dinge behandelt werden, die die Griechen unter dem Begriff ‚Enzyklopädie‘ zusammenfassen, auch wenn sie unbekannt und durch Vermutungen entstellt sind; anderes aber ist schon bis zum Überdruß besprochen worden."[94]

Weiter fügt Plinius hinzu, daß sich in seinem Werk gut 20000 bemerkenswerte Angaben fänden, die aus der Lektüre von etwa 2000 Büchern gewonnen wurden; doch wegen der Verworrenheit des Materials läsen sogar die Gelehrten nur wenige dieser Bücher. „Ich bin mir aber voll bewußt, daß auch ich noch vieles übersehen habe. Wir sind nämlich auch nur Menschen und werden von unseren Alltagsgeschäften in Anspruch genommen; nur in unseren Mußestunden, das heißt in den Nächten befassen wir uns damit, und keiner von Euch soll glauben, daß diese Stunden auf Kosten meiner Verpflichtungen gehen. Den Tag widmen wir Euch, den Schlaf berechnen wir nach unserem Wohlbefinden, allein mit dem Lohne zufrieden, daß wir, wie Marcus Varro sagt, mehr Stunden am Leben sind, wenn wir sie den Musen weihen; denn nur das Wachsein bedeutet Leben."[95]

Es ist eine Position zwischen wissenschaftlichem Anspruch und dilettantischer Haltung, da Plinius einerseits genaue Rechenschaft über seine Lektüre ablegen will, andererseits aber eingesteht, kein Gelehrter von Beruf zu sein, sondern eher ein Sammler von

Merkwürdigkeiten. Wie er bei seiner Arbeit vorging, erzählt uns sein Neffe, Plinius der Jüngere, in einem Brief an Bebius Macer, in dem er sich auf die Werke seines Onkels bezieht. Er beschreibt diesen als einen sehr intelligenten und unglaublich fleißigen Mann, der sogar in den Thermen und auf Reisen ständig las; dabei mußte sein Sekretär von allem Notizen machen. Dies zeigt, wie das Werk aus der Lektüre zahlreicher Bücher entstanden ist, aus denen er nach und nach herausgriff, was ihm interessant schien. So ist es aus einem großen Zettelkasten entstanden, der schließlich geordnet wurde: „Aber er war ein scharfsinniger Kopf, unglaublich interessiert und immer wach. Von den Vulcanien[96] an begann er gleich tief in der Nacht bei Licht zu arbeiten, nicht nur der guten Vorbedeutung willen, sondern der Studien halber, winters um die siebente oder spätestens um die achte, oft auch schon um die sechste Nachtstunde; Schlaf stand ihm freilich zu jeder Zeit zu Gebote, befiel und verließ ihn zuweilen sogar beim Studieren. Vor Tagesanbruch ging er zu[9] Kaiser Vespasian, denn auch der war ein Nachtarbeiter, von da zu dem ihm aufgetragenen Dienst. Nach Hause zurückgekehrt, widmete er, was an Zeit erübrigte, den Studien. Nach dem Essen – er aß nach der Sitte der Alten mehrmals am Tage leichte, bekömmliche Kost – legte er sich im Sommer, wenn er einen Augenblick Zeit hatte, in die Sonne, ließ sich etwas vorlesen, machte sich Notizen und Exzerpte. Denn er hat nichts gelesen, ohne es nicht auch zu exzerpieren; auch pflegte er zu sagen, kein Buch sei so schlecht, daß es nicht irgendwie Nutzen brächte … So tat er es mitten in den Mühen, im Trubel der Stadt; auf dem Lande ruhten die Studien nur während der Badezeit. Wenn ich sage ‚Badezeit‘, meine ich das eigentliche Bad, denn beim Frottieren und Abtrocknen ließ er sich vorlesen oder diktierte. Auf Reisen widmete er sich, sozusagen aller anderen Sorgen ledig, allein dieser Tätigkeit; ihm zur Seite mit Buch und Schreibtafel ein Stenograph, dessen Hände im Winter durch Handschuhe geschützt wurden, damit nicht einmal rauhes Wetter den Studien einen Augenblick entzöge; darum bediente er sich auch in Rom einer Sänfte.“[97]

Aus der ‚*Naturalis Historia*‘ sind für uns die Bücher XXXIV,

XXXV und XXXVI von besonderer Bedeutung. In ihnen spricht Plinius aus einer empirisch positivistischen, für seine Zeit typischen geistigen Haltung über die verschiedenen Aspekte der Natur. Bei der Behandlung der Steine und Marmorsorten und ihrer Eigenarten redet er von der Bildhauerei, bei den Metallen behandelt er den Bronzeguß sowie die Metallverarbeitung und bei den farbigen Erden die Malerei. So hat Plinius in diesen Büchern das Wissen seiner Zeit über die bildenden Künste gesammelt. Doch fehlt es bei dieser Sammlung an einer Überarbeitung und Ordnung der Angaben, die sich zuweilen widersprechen. Wir selbst müssen kritische Arbeit leisten, wenn wir diese Quellen benützen wollen. Man darf dabei nicht vergessen, daß die Notizen von einem Autor zusammengetragen wurden, der von Kunst nichts verstand und die Nachrichten so wiedergab, wie er sie vorfand, zuweilen offensichtlich ohne sie zu begreifen, auch wenn er sich in manchen Fällen, in denen er widersprüchliche Angaben bemerkte, eine eigene Meinung bildete. Plinius stand vor der Schwierigkeit, rhetorische Begriffe des späten Hellenismus in lateinischer Sprache auszudrücken, und gelegentlich hat er das in den für uns günstigen Fällen durch Latinisierung der griechischen Endungen erreicht; in anderen Fällen dagegen wollte er sie übertragen, indem er nach neuen Begriffen suchte, und hat dadurch Mißverständnisse hervorgerufen. Das sind einige der Schwierigkeiten, die sich uns bei der Deutung des Pliniustextes stellen. Aber man muß sich auch noch etwas anderes vor Augen halten: Plinius hat aus späthellenistischen rhetorischen Schriften geschöpft, die sehr divergierende Tendenzen zeigen, woher auch die Widersprüchlichkeiten seines Textes rühren. Verschiedene Gelehrte haben sich mit dem Werk des Plinius beschäftigt. Zwei Arbeiten sollen hier besonders erwähnt werden, eine von Bernhard Schweitzer über Xenokrates von Athen[98] und eine andere von Silvio Ferri über das Problem der polykletischen Idealstatue und die damit zusammenhängende Terminologie, wobei auch Ferris kritisch erläuterte Übersetzung des Pliniustextes nicht zu vergessen ist.[99]

Wenn man sich mit der Frage nach der Kontamination verschiedener geistiger Richtungen im Werk von Plinius beschäftigt, sollte man sich auch unsere Ansicht über Winckelmann vor Augen halten, der keine historische Vorstellung von der Geschichte der Kunst hatte, sondern eine mythische. Indem er nämlich mit seiner Interpretation auf einer bestimmten ästhetischen Vorstellung basierte, verlieh er der Geschichte der antiken Kunst eine klassizistische Note, die dann in der Archäologie viel länger weitergelebt hat als in anderen Disziplinen. Die klassizistische Vorstellung Winckelmanns wurde durch die antiken Quellen bestätigt, denn diese beziehen ihre Angaben zum größten Teil aus Schriften späthellenistischer Zeit aus der zweiten Hälfte des 2. Jahrhunderts v. Chr., als in der griechischen Welt sowohl in Alexandrien als auch in Athen eine retrospektive, nostalgische Sicht der Vergangenheit und des früheren Glanzes aufkam, entstanden durch den Verlust von Unabhängigkeit und Freiheit, zuerst unter der Herrschaft der Makedonen und dann unter den Römern.

Deshalb wurde in diesen Quellen besonderer Wert auf die Künstler des 5. und 4. Jahrhunderts v. Chr. gelegt und die hellenistische Kunst fast völlig ignoriert, eine Haltung, die Plinius übernimmt. Die bedeutendste Quelle ist Apollodoros von Athen, er ist der Verfasser einer enzyklopädischen Chronik in Versen (χρονικά), in der Ereignisse und Personen über 1040 Jahre hinweg vom Troianischen Krieg bis 144 v. Chr. aufgezählt werden. Apollodoros war ein Grammatiker und in Alexandrien Schüler des großen Aristarchos. Sein Werk weihte er dem König von Pergamon, Attalos II. Philadelphos; es enthielt offensichtlich auch Biographien berühmter Künstler, in denen er anscheinend den Schaffenshöhepunkt eines jeden (ἀκμή) mitteilte. Apollodoros war der wichtigste Vertreter der klassizistischen Bewegung, die sich etwa seit 150 v. Chr. in der griechischen Kultur ausbreitete. Was die Kunst betrifft, so begann jetzt die Verherrlichung von Phidias und Praxiteles; in der Zeit nach Lysipp sah man den Anfang der Dekadenz. Unter den weiteren Quellen des Plinius befindet sich aber auch Xenokrates von Athen, der nicht nur Kunstschriftsteller, sondern selbst Bildhauer und Schüler von Lysipp war; er lebte um die Mitte des 3. Jahrhunderts v. Chr. Für ihn stellt Lysipp den Gipfel der griechischen Kunst dar, den absoluten Höhepunkt, und man muß sich dabei vergegenwärtigen, daß von Lysipp der Anstoß zu dem von uns als hellenistisch bezeichneten Stil ausgeht. Es besteht also ein deutlicher Phasenunterschied zwischen den Ansichten des Xenokrates und des Apollodoros; Plinius jedoch referiert beide auf derselben Ebene. Deshalb muß man sich von Fall zu Fall über die Quellen, die er benützt, klar werden, um den jeweiligen Wert der überlieferten Angabe zu ermessen. Schweitzer hat die Fragmente des Xenokrates, die sich im Text des Plinius befinden, rekonstruiert, eine sehr nützliche Arbeit, die eine genauere Bewertung der Quellen ermöglicht und ihre kritische Benützbarkeit für die Rekonstruktion der Geschichte der griechischen Kunst verbessert. Bei Xenokrates erscheint Lysipp als der größte Künstler, als der Vollender der gesamten künstlerischen Entwicklung bis in seine Zeit, ebenso wie in den Augen Vasaris die Kunst in Michelangelo gipfelt. Lysipp zeigt uns eine vollkommen neue Position in der antiken Kunst, und eben darin steht er im Kontrast zu den Werten, die von den klassizistischen Autoren gepriesen werden. Ein Spruch von Lysipp lautet: „Die alten Meister haben die Menschen so dargestellt, wie sie sind, ich mache sie so, wie sie zu sein scheinen."[100] Das aber heißt, der künstlerischen Schöpfung die persönliche Vorstellung des Künstlers zugrunde zu legen und nicht mehr die Tradition der Schule. Es bedeutet, die rationale und durchdachte Komposition durch die Verarbeitung des optischen Eindrucks zu ersetzen, und es bedeutet auch, daß man sich der perspektivischen Illusion hingibt, die den Menschen zum Schein in eine Dimension setzt, in der er tatsächlich gar nicht ist. Wenn wir als Höhepunkt der klassischen Kunst den Doryphoros von Polyklet ansehen, zu dem es eine Abhandlung gibt, in der das Konzept dieser Statue theoretisch erläutert wird, wenn es in der Malerschule von Sikyon als Norm eine ausführliche mathematische Doktrin gab, und wenn die Schriftquellen bei jedem Künstler außer seinen Bildern auch noch seine Abhandlungen über die Farben, die Proportionen und so weiter nennen, dann kann man den antiakademischen, den revolutionären Ansatz bei Lysipp besser würdigen. Ich will hier auch aus dem ‚Sophist‘, dem platonischen Dialog einige Stellen aufgreifen, in denen vom Künstlerischen die Rede ist. Man merkt dort deutlich die Polemik gegen die Tendenz zu neuen, persönlicheren Anschauungen und besonders gegen die Perspektive. Platon[101] spricht von dem Maler, der die Perspektive verwendet, wie von einem Scharlatan, der vorgibt, daß eine Sache so sei, während sie doch in Wirklichkeit anders ist. Bei Platon herrscht die Ansicht vor, die Perspektive sei insofern schädlich, als man bei ihr einer Sinnestäuschung erliegt. Doch diese Tendenz, dem optischen Eindruck zu folgen, kommt in der griechischen Kunst erst mit Lysipp voll zur Geltung, auch wenn die Gesetze der Perspektive bereits um die Wende vom 5. zum 4. Jahrhundert v. Chr. erkannt worden waren; und diese Tendenz ist es, die den Weg zur Kunst der hellenistischen Epoche ebnet. Die Position Lysipps und seiner Schule steht folglich den Ansichten des Apollodoros entgegen, dessen Haltung allerdings zusammen mit anderen klassizistischen Autoren als Quelle für Plinius den Vorrang hat. Doch sind die Stellen des Xenokrates bei Plinius auch von besonderem Wert, weil sie uns ein Zeugnis aus einer künstlerisch viel lebendigeren Periode als der klassizistischen und neuattischen geben, die nur Werke von geringem eigenständigem Wert hervorgebracht hat, Varianten, die sich obendrein nach schon bekannten Themen richten.

Diese ganze Richtung ist zwar die weniger lebendige, doch haben wir von ihr in den erhaltenen Quellen, die alle aus römischer Zeit stammen, die größere Zahl an Belegen. Wenn man bei Petronius im ‚Satyricon‘ – das ins 1. Jahrhundert n. Chr. zu datieren ist und nicht ins 3. Jahrhundert n. Chr., wie jemand behauptet hat – in bezug auf den Niedergang der Malerei die Behauptung findet, daß daran der Wagemut der Ägypter, das heißt der Maler von Alexandria schuld sei, so kann man im Vergleich mit anderen Passagen verstehen, was dieser Ausspruch bedeuten soll. An anderen Stellen ist ausdrücklich von *pictura compendiaria* die Rede, die er Alexandrien zuweist. Die Frage nach der Bedeutung dieses Begriffes ist oft erörtert worden. Heute ist man allgemein der

Meinung, daß man unter *compendiaria* eine sozusagen impressionistische Technik zu verstehen hat, die wir in ihrer lockeren Form in der Malerei der neronischen Zeit, eben der des Petronius selbst, finden. In den Häusern von Pompei, die nach dem Erdbeben von 62 n. Chr. wiederhergestellt wurden, ist jene Phase der Malerei verbreitet, die man als ‚vierten Stil' bezeichnet; er weist die Tendenz zur Auflösung der organischen Form in der Technik einer Fleckenmalerei auf. Diese Tendenz, welche die kompakten Umrißlinien und die faßbare Masse der Körper auflöste, wurde von den Autoren der klassizistischen Richtung jener Zeit ebenso beklagt wie 1874 anläßlich der Ausstellung der Impressionisten eine ähnliche Tendenz von den zeitgenössischen Autoren, und zwar mit fast den gleichen Worten wie „geistige Kurzsichtigkeit", „Verkommenheit", „das Ende der Kunst".[102]

An einer Stelle findet sich bei Plinius tatsächlich der Ausspruch, daß nach der 121. Olympiade die Kunst starb und dann wiederauflebte:[103] *„Cessavit deinde ars, ac rursus Olympiade CLVI revixit",* das bedeutet, daß die Kunst nach 296–293 v. Chr. starb und dann zwischen 156 und 143 v. Chr. wieder zum Leben erwachte. Der ‚Tod der Kunst' entspricht dem Ende des 3. Jahrhunderts v. Chr. in der Blütezeit des Hellenismus und ihre Wiedergeburt dem Beginn der klassizistischen Bewegung.

Sämtliche lateinischen Quellen wie Vitruv, Cicero oder Quintilian sind in gleicher Weise von der Kultur ihrer Zeit in dieser neoklassischen Auffassung der Kunst bestimmt. Man muß den Fehler vermeiden, in den die Vergangenheit so leicht verfallen ist, wenn sie bestimmten Urteilen des Plinius absoluten Wert beigemessen hat, so, als ob es zeitgenössische Aussagen zu Kunstwerken gewesen wären. Diese sind vor allem in bezug auf die Künstler des 5. und 4. Jahrhunderts v. Chr. nicht richtig, denn nicht nur Plinius, sondern auch seine hellenistischen Quellen sind von jenen ebensoweit entfernt wie wir von unserer Renaissance; wenn deshalb zwar die in ihnen enthaltenen faktischen Angaben wertvoll sein können, so darf man ihre Urteile doch lediglich als Zeugnisse für den Geschmack ihrer Entstehungszeit bewerten. Und selbst wenn eine solche Aussage der gleichen Zeit wie die

Werke angehören würde, wäre damit noch nicht gesagt, daß es sich dabei um ein wirklich treffendes Urteil handelte. Wir müssen vielmehr unser eigenes Urteil abgeben, das wiederum auf unsere eigene Zeit bezogen ist. Diesem Irrtum erlag auch Ferri oft, wenn er behauptete, daß man durch die Wiederherstellung des möglichst authentischen Pliniustextes unsere kritische Haltung verändern könnte. Es ist jedoch klar, daß man in einem solchen Fall nichts anderes tut, als lediglich das Urteil des Plinius in einem begrenzten Rahmen zu korrigieren.

Doch sind Ferris Rekonstruktionen und Interpretationen des Plinius-Textes auf jeden Fall sehr bedeutsam, denn sie präzisieren die Fachterminologie der antiken Schriftsteller in bezug auf die Kunst. So sagt Plinius zum Beispiel bei Polyklet, nachdem er ihn als Meister und größten Bildhauer bezeichnet hat: *,,Proprium eius est, uno crure ut insisterent signa excogitasse, quadrata tamen esse ea ait Varro et paene ad unum exemplum.''*[104] Die Gelehrten deuteten *quadrata* als ‚gedrungen‘ oder ‚rechteckig‘ wegen der schweren Proportionen der polykletischen Figuren im Vergleich zu denjenigen des Phidias und des Praxiteles. Um die genaue Bedeutung dieses Begriffes bei Plinius zu finden, kam Ferri auf die Idee, den Text ins Griechische zurückzuübersetzen und nach der genauen Bedeutung des entsprechenden griechischen Wortes zu suchen. Er hat es mit τετράγωνος übersetzt, wozu er das Synonym τετράχωλος[105] fand, das bedeutet: vier Teile, die zueinander im Gleichgewicht stehen und so einen harmonischen Bau der Figur bewirken. Das ist es in der Tat, was man in der Komposition der Figuren Polyklets findet. *Signa quadrata* heißt demzufolge: Statuen, die auf Grund eines chiastischen, vierfachen Rhythmus komponiert sind.[106]

Man muß sich jedoch vor der falschen Annahme hüten, mit dieser Präzisierung bereits der Kunst des Polyklet nähergekommen zu sein. Es war schon längst bekannt, daß die polykletischen Statuen nach dem Gesetz des Gleichgewichts und der Entsprechung der einzelnen Teile sowie deren Bewegungen zueinander gebaut sind. Das hatten bereits die Künstler und Schriftsteller der Renaissance gesehen, als sie analoge Fragen zum ‚Bau‘ ihrer

Skulpturen stellten; nicht anders hatten es die modernen Erforscher der griechischen Kunstgeschichte verstanden. Die Verdeutlichung, die Ferri gelungen ist, bringt deshalb nicht mehr als einen interessanten Beitrag zur Kenntnis der kunsttheoretischen Terminologie der Antike. Wir müssen uns immer vor Augen halten, daß eine Beurteilung stets von uns selbst ausgeht, das heißt, wir müssen sie durch die formale Analyse des Kunstwerkes sozusagen auf ‚semantischem' Wege geben. Dieses kritische Urteil muß schließlich zu einem historischen werden, indem der Herstellungsprozeß eines Kunstwerkes rekonstruiert wird, in welchen alle Elemente der historischen Wirklichkeit einfließen und ihr Gewicht erhalten: technische und wirtschaftliche Aspekte, Traditionen der Ikonographie und der ‚Schule', persönliches Genie und Empfindungsvermögen des Künstlers sowie Vorschriften und Anweisungen, die von den Auftraggebern und ihrer sozialen wie historischen Lage in diesem Moment und an diesem bestimmten Ort herrühren.

Pausanias

Die zweite Hauptquelle der antiken Kunst ist Pausanias, der im 2. Jahrhundert der christlichen Zeitrechnung lebte. Sein Werk gehört zu einer bestimmten Gattung von Schriften aus der späthellenistischen Zeit, deren Autoren als ‚Periegeten' bezeichnet wurden; dies waren Reiseschriftsteller, Verfasser von Führern für den Fremden, der die großen Heiligtümer besuchte, an denen die Jahrhunderte Gebäude, Kunstwerke und Sagen angehäuft hatten. Im späten Hellenismus wird die Periegetik zu einer Gattung, die gern im Einklang mit jenen retrospektiven Tendenzen gepflegt wird, die wir bereits feststellen konnten. In ihnen kam auch das Verlangen auf, das Erbe der Vergangenheit zu sammeln und es zum Nutzen der Gelehrsamkeit bereitzustellen.[107]

Von den zahlreichen periegetischen Schriften sind uns diejenigen des Pausanias, der in Magnesia am Sipylos in Kleinasien geboren wurde, beinahe vollständig erhalten. Von seiner Περιήγησις τῆς Ἑλλάδος besitzen wir zehn Bücher; möglicherweise hatte bereits der Autor Vorwort und Schluß weggelassen.[108] Das zehnte Buch ist nach dem Jahr 175 geschrieben worden; die Hinweise im ersten Buch datieren den Beginn des Werkes in das Jahr 143 n. Chr.

Das Werk folgt einer sehr klaren geographischen Gliederung. Es beginnt mit Attika, beim Vorgebirge von Laurion, geht dann zur Peloponnes über und nimmt dort den Weg von West nach Ost. Nachdem dieser Kreis geschlossen ist, führt es nach Arkadien, nach Böotien, Phokis, Lokris und in die Gegend von Naupaktos. Am Ende des Werkes verspricht der Verfasser, er werde die Periegese auf Gebiete jenseits der behandelten Region ausdehnen und auch Thessalien berücksichtigen, ein Plan, der offensichtlich nie verwirklicht wurde. Das ist besonders deswegen sehr bedauerlich, weil dort die neueren Ausgrabungen ergeben haben, daß diese Gegend in der Entstehungszeit des griechischen Volkes der Schmelztiegel früher Rassen und Kulturen war.

Worin besteht nun die Eigenart dieses Werkes, worin das Vorhaben des Pausanias? Ist die Periegese als eine Art Reiseführer anzusehen? Sicher war dies nicht die Intention des Pausanias, vielmehr wollte er in erster Linie ein Buch zur Lektüre verfassen, in dem Orte und Denkmäler mit der Absicht geschildert werden, auf diese Weise die Geschichte Griechenlands zu rekapitulieren, wobei zwischendurch mythische Erzählungen (λόγοι) eingeschoben sind. Dieses Werk ist sicher zum größten Teil am Schreibtisch entstanden; dabei wurden andere, lokal begrenztere Werke älterer Periegeten ebenso benützt wie die Werke der Historiker und der Dichter von Homer bis zu Pindar, den Tragikern und den späteren Mythographen. Bei einigen der beschriebenen Plätze erhebt sich allerdings die Frage, ob Pausanias sie persönlich besucht hat oder nicht. Vom Ziel her, das er sich gesteckt hatte, war es nicht von vornherein nötig, die Plätze aus eigener Anschauung zu kennen; doch einige bedeutende Orte hat Pausanias sicher selbst besucht, wie etwa die Akropolis von Athen und die Heiligtümer von Olympia und Delphi. Bei diesen Plätzen konnte man oft eine genaue Entsprechung zwischen dem Text des Pausanias und dem, was durch Ausgrabungen ans Licht kam, feststellen.

Nehmen wir als Beispiel die Beschreibung des Heiligtums von Olympia in den Büchern V und VI (Elis) heraus: die ersten neun Kapitel enthalten Erzählungen (λόγοι) über die früheste Geschichte von Elis und über ihre Städte, über den Alpheios und den Ursprung der Olympischen Spiele. Mit dem zehnten Kapitel beginnt die Beschreibung des Heiligtums. Sie geht vom Zentrum, dem Zeustempel, aus und führt dann mit der Angabe, daß man sich in nördlicher Richtung bewegt, zum Grabhügel des Pelops und zum Heraion, dem frühen Tempel der Hera, der älter als derjenige des Zeus ist und dessen ursprüngliche Holzsäulen nach und nach durch steinerne ersetzt wurden – tatsächlich hat man hier verschiedenartige Säulen aufgefunden. An dieser Stelle unterbricht Pausanias die topographische Reihenfolge und fügt die Aufzählung aller Altäre des Heiligtums in der Altis ein, die anscheinend auf einem offiziellen Dokument aus dem Heiligtum beruht; dann wird der Rundgang mit der Beschreibung des Heraions wieder fortgesetzt. Hier bewahrte man die ‚Kypseloslade‘ auf, einen mit Elfenbein beschlagenen Kasten aus Zedernholz, der in allen Einzelheiten seines Dekors beschrieben wird. Dadurch ist uns eine bedeutende Sammlung an Darstellungen zahlreicher mythischer Episoden überliefert, die im Stil des zweiten Viertels des 6. Jahrhunderts v. Chr. gearbeitet waren.[109] Auch in diesem Fall muß Pausanias eine bereits vorhandene Beschreibung benützt haben, die er vielleicht am Ort selbst vorfand. Dann werden die dem Tempel zunächst gelegenen Denkmäler beschrieben, wie etwa die Reihe der Zeusstatuen (Ζᾶνες), die mit den Bußgeldern[110] errichtet worden waren, wobei die Beschreibung in der gleichen Reihenfolge vorgeht, in der die Basen auch tatsächlich gefunden worden sind. Beim Innern des Tempels, wo zwischen den durch Stichmauern mit der Wand verbundenen Säulen eine Reihe von kleinen Räumen oder Kapellen entstand, spricht Pausanias von einem Hermes des Praxiteles, über den es bei keinem anderen antiken Schriftsteller eine Nachricht gibt, so daß man die Richtigkeit dieser Bemerkung bezweifelt hat, da es sich doch um das Werk eines sehr bedeutenden Künstlers handeln würde. Als man aber im Heraion Ausgrabungen durchführte, wurde genau an der Stelle, die Pausanias genannt hatte, in der zweiten Nische oder ‚Kapelle‘ der Nordseite der Tempelcella diese Statue gefunden, die von ihrer Basis herabgestürzt war. Dies war eine schöne Bestätigung für die Glaubwürdigkeit der Angaben des Pausanias, die dazu geführt hat, dem Text auch in zweifelhaften Fällen mehr zu vertrauen, als man es vorher getan hatte.

Doch nun tauchten sogleich neue Schwierigkeiten auf. Die Statue, die bei den deutschen Grabungen im Mai 1877 entdeckt wurde, ist die berühmt gewordene Figur des ‚Hermes mit dem Dionysoskind‘ (Abb. 10), die in den archäologischen Handbüchern und den Reiseführern als die einzige originale, fast vollständig erhaltene Statue eines der größten und berühmtesten Bildhauer der Antike gefeiert wurde; restauriert ist das linke Bein vom Knie abwärts mit dem Fuß, der untere Teil des rechten Beines und der untere Teil des Baumstumpfes, der als Stütze dient. Es wurde eine Datierung um 340 v. Chr. vorgeschlagen. Doch hat die übertrieben weiche, ‚seifige‘ Art der Modellierung eine desto größere Unzufriedenheit hervorgerufen, je mehr man sich nach und nach von der klassizistischen Vorstellung entfernte, die man von griechischer Plastik hatte. So wurden dann die Beobachtungen eines Archäologen, der zugleich ein tüchtiger Bildhauer war, Carl Blümel, Direktor der Berliner Museen, von vielen wie eine Befreiung aufgenommen; er hatte nämlich im Jahre 1927 im Verlauf einer Untersuchung über die Technik der antiken Skulptur[111] nicht nur festgestellt, daß der unvollendete Rücken der Figur eine ziemlich vereinzelte und in klassischer Zeit völlig einmalige Erscheinung darstellte, sondern auch, daß Meißel verwendet wurden, vor allem aber Eisen mit drei Spitzen, die vor dem späten Hellenismus und der römischen Zeit nicht in Gebrauch waren. Da auch mit Sicherheit feststand, daß die Basis der Statue aus römischer Zeit stammte, kam man zu dem Schluß, die Figur könne kein Original des Praxiteles sein. Viele glaubten, wenn man nun schon auf den glücklichen Besitz eines Originals verzichten müßte, dann besäße man wenigstens eine Kopie von außerordentlicher Qualität, die in dem Tempel das von den Römern entführte Original ersetzt haben mußte.[112] Aber auch diese Lösung stellte diejenigen nicht zufrieden, die von der Kunst des Praxiteles eine andere Vorstellung hatten. Blümel schlug 1944 noch einmal eine neue Lösung vor:[113] da aus den Quellen mindestens vier Künstler mit dem Namen Praxiteles bekannt sind und da in der Statue, besonders im Faltenwurf, charakteristische Merkmale für den Hellenismus zu erkennen sind, machte er den Vorschlag, den Hermes einem Praxiteles vom Ende des 2. Jahrhunderts v. Chr. zuzuschreiben.

Dies schien vielen eine zufriedenstellende Lösung zu sein, und für mich ist sie es immer noch. In den letzten Jahren, ich würde sagen seit 1955, kehrte man jedoch zu dem Vorschlag zurück, den Hermes als ein praxitelisches Original, das heißt als ein Werk des großen Praxiteles aus dem 4. Jahrhundert v. Chr. anzusehen, ohne allerdings die zahlreichen Beobachtungen, die Blümel und andere, die mit ihm einer Meinung waren, vorgebracht hatten, wieder aufzugreifen und zu erörtern. Außerdem kann man auch nicht behaupten, daß in diesen Jahren bei der Erforschung der antiken Kunst unsere Kenntnis der Skulptur des 4. Jahrhunderts v. Chr. so entscheidend vertieft worden ist, daß eine solche Zuweisung jetzt mehr Berechtigung hätte. Man kann daher sagen, daß diese Frage noch immer offen ist.

Kehren wir zu Pausanias zurück: wenn uns die Entdeckung des Hermes seine topographische Zuverlässigkeit bestätigt, so bieten uns andere Fälle ein Beispiel für seine nicht immer genaue kunsthistorische Kenntnis und für die Notwendigkeit, zuweilen seine Irrtümer zu berichtigen, sowie auch für die Vorsicht, mit der seine Angaben zu verwenden sind. Übrigens ist das nicht anders bei den Führern zu den sogenannten ‚Merkwürdigkeiten für den Fremden‘, die wir aus dem 17. und 18. Jahrhundert für die Denkmäler in den europäischen Städten besitzen. Sie tendieren dazu, die Kunstwerke nur den berühmtesten Künstlern zuzuweisen, und ignorieren ‚Schulen‘ oder ‚Werkstätten‘ oder auch ganz einfach die Kopien.

In Olympia beschreibt Pausanias die beiden Giebel am Zeustempel in ihren einzelnen Figuren, die nach ihrer Wiederauffindung bei den Ausgrabungen entsprechend den Angaben bei Pau-

sanias aufgestellt wurden, wobei nur über die Angaben ,rechts'
oder ,links von Zeus' gewisse Unklarheit bestand, weil wir nicht
wissen, ob Pausanias dabei vom Betrachter oder von der Figur
des Gottes ausgeht. Wenn man diese Unklarheit außer acht läßt,
die übrigens durch neuere Untersuchungen beseitigt ist, dann
bleibt noch die wesentlich schwerer wiegende Frage der Zuschreibung, weil Pausanias einen Giebel, den Hauptgiebel im
Osten, Paionios zuschreibt und den anderen Alkamenes, dem
Schüler oder Mitarbeiter des Phidias. Die moderne Kritik hat mit
stilistischen Argumenten nicht nur nachweisen können, daß beide
Giebel vom selben Künstler stammen, der in Ermangelung eines
sicheren Namens als der ,Olympiameister' bezeichnet wird, sondern auch, daß Paionios und Alkamenes völlig auszuschließen
sind. Im Fall des Paionios läßt sich verfolgen, wie der Irrtum bei
Pausanias entstanden ist. Vor dem Tempel ist wirklich ein Werk
des Paionios, eine Nike, gefunden worden, die als solches nicht
nur von Pausanias, sondern auch durch die Inschrift der hohen
Basis, auf der die Figur aufgestellt war, bestätigt wird. Diese
Nike ist in ihrem Stil weit von der Kunst der Giebel entfernt, die
mit Sicherheit zwischen 470 und 460 v. Chr. zu datieren sind.
Darüber hinaus enthält auch die Inschrift selbst Anhaltspunkte für
die Datierung. In ihr wird gesagt, daß die Einwohner von Messe-
ne und von Naupaktos das Standbild als Zehnten ihrer Kriegs-
beute weihen:

Μεσσάνιοι καὶ Ναυπάκτιοι ἀνέθεν Διὶ
Ολυμπίῳ δεκάταν ἀπὸ τῶμ (sic!) πολεμίων.

Um welchen Krieg es sich handelt und wer die Partei der Gewin-
ner ist, wird dabei nicht gesagt, wahrscheinlich weil das angesichts des panhellenischen Charakters des Heiligtums von Olympia und seiner friedlichen Wettkämpfe als unpassend erschienen
wäre. Aber zieht man alles in Betracht, so muß es sich um den
Krieg von 425 v. Chr. gegen Sphakteria handeln.[114] Ferner liest
man unter der Weihinschrift noch in kleineren Lettern:

Παιώνιος ἐποίησε Μενδαῖος·
καὶ τἀκρωτήρια ποιῶν ἐπὶ τὸν ναὸν ἐνίκα

Das bedeutet: „Paionios aus Mende (einer ionischen Stadt bei Ainos) hat es gemacht, der auch als Verfertiger der Akrotere auf dem Tempel gesiegt hat." Der Irrtum des Pausanias und seines Informanten, eines Aufsehers im Heiligtum oder eines älteren Periegeten, muß durch die Lesung dieser Inschrift entstanden sein, denn im Hellenismus wurde der Begriff Akroter, der früher nur die den Giebel in der Mitte und an den Ecken überragenden Schmuckelemente bezeichnete, auf den ganzen Giebel ausgedehnt. Tatsächlich stimmen die gefundenen Akrotere bestens mit dem Stil des Paionios überein.

Konnten wir einerseits den Grund für den Fehler des Pausanias bei der Zuweisung des Ostgiebels an Paionios aufdecken, so haben wir andererseits lediglich Hypothesen zur Verfügung, um die Zuweisung des Westgiebels an Alkamenes zu erklären. Die überzeugendste These beruht auf der Beobachtung, daß einige Figuren an den äußeren Enden des Giebels aus anderem Marmor bestehen und anders gearbeitet sind als die übrigen. Man hatte sie für Ergänzungen aus römischer Zeit als Ersatz für Statuen gehalten, die bei irgendeinem Erdbeben herabgefallen waren. Diese Hypothese muß man jedoch aufgeben. Eher ist dagegen die These zu akzeptieren, die durch mögliche, wenn auch nicht zwingende Vergleiche mit ausreichend sicher dem Alkamenes zugewiesenen Werken unterstützt wird, daß nämlich diese Figuren Alkamenes aufgetragen wurden, weil der Schmuck des Giebels unvollendet geblieben war. In der Chronologie entstünden dadurch keine Schwierigkeiten, denn Alkamenes ist aus anderen Gründen nicht als Schüler des Phidias, sondern vielmehr als sein älterer Mitarbeiter beim Schmuck des Parthenon anzusehen. Aus irgendeinem Grund muß für Pausanias tatsächlich der Name des Alkamenes mit dem Dekor der Giebel von Olympia verbunden gewesen sein; ein eigener Versuch der Zuweisung aber ist bei dem Horizont dieses Periegeten ausgeschlossen.

Pausanias vertraut offensichtlich häufig auf das, was ihm die Aufseher in den Heiligtümern gesagt haben; das gibt er auch selbst zu. An kritischen Ansichten bietet er weder etwas Besonderes noch Eigenständiges; er wiederholt die gängigen Werturteile seiner Zeit, die ungefähr denen bei Plinius gleichen. Nach den rhetorischen Schriften des späten Hellenismus gab es keine Revidierung der Werte griechischer Kunst in ihren Hauptwerken mehr, sondern von da an kursierten die stereotypen Urteile.[115]

Lukian

Als Quelle zur Geschichte der Kunst haben die Schriften von Lukian aus Samosata einen gänzlich anderen Charakter. Lukian lebte zur Zeit der Antoninen; er war der einzige und letzte unter den späten Schriftstellern der griechischen Welt, der noch Geschmack und künstlerisches Empfinden zeigte.

Lukian ist kein Kompilator, sondern ein kultivierter Schriftsteller mit einem persönlichen Urteilsvermögen, der von Kunstwerken spricht, die er selbst gesehen hat, bei deren Beschreibungen er seine eigenen Empfindungen ausdrückt und ein eigenes Urteil abgibt. Wenn er etwa das von Aetion gemalte Bild ‚Die Hochzeit von Alexander und Roxane‘ erwähnt, beeilt er sich zu sagen: „Das Bild befindet sich heute in Italien, und ich habe es gesehen."[116] Wenn er von dem Bild des Zeuxis ‚Die Kentaurenfamilie‘ spricht, teilt er uns seine Ansicht mit, daß das Bild, welches von Sulla geraubt wurde, sich auf einem Schiff befand, das beim Kap Malea untergegangen ist, daß er selbst aber in Athen eine genaue Kopie des Originals gesehen habe. Solche Erklärungen bestätigen, daß seine Angaben glaubwürdig sind. Aber im übrigen nimmt auch Lukian an dem Kult jener fernen Zeit der großen künstlerischen Kultur Griechenlands teil. Er erwähnt ausschließlich Werke berühmter Künstler aus klassischer Zeit.

Athenaios

Eine andere, in einigen Punkten wichtige Quelle, ist noch besonders zu erwähnen: Athenaios. Dieser Grammatiker und Sophist ist in Ägypten, in Naukratis, einer alten griechischen Kolonie, geboren und lebte um die Mitte des 3. Jahrhunderts n. Chr. in Alexandrien und Rom. Er verfaßte ein gelehrtes Werk mit dem Titel

,*Deipnosophistai*', das bedeutet ‚Das Gastmahl der Gelehrten', bei dem die Gäste Unterhaltungen führen, die dem Autor Gelegenheit geben, eine Vielzahl von Nachrichten enzyklopädischen Charakters zu sammeln, die für uns häufig wertvoll sind. Darunter befinden sich außer kürzeren Notizen auch zwei ausführliche Beschreibungen des königlichen Zeltlagers und des Festzuges von Ptolemaios II. Philadelphos (286–247 v. Chr.) sowie des Triumphzuges von Antiochos IV. Epiphanes (175–163 v. Chr.). Es sind bedeutende Zeugnisse für die Kenntnis vom Prunk hellenistischer Höfe und für die Fülle an Geräten aus wertvollem Metall, von denen die immer noch erstaunlichen Silber- und Goldarbeiten, die uns aus römischer Zeit erhalten sind, nichts als einen bescheidenen Abglanz darstellen. Der Festzug (πομπή) des Ptolemaios ist wahrscheinlich in das Jahr 279 v. Chr. zu datieren, derjenige des Antiochos zwischen 168 und 163 v. Chr. Athenaios gibt uns auch die Beschreibung eines Schiffes, das für Hieron II. von Syrakus (um 306–215 v. Chr.) gebaut wurde und einen mit Mosaiken belegten Fußboden hatte, auf dem Episoden aus der ‚Ilias' dargestellt waren, ein wertvoller Beleg zur Geschichte des figürlichen Mosaiks.[117]

Weitere Quellen

Aus byzantinischer Zeit gibt es zahlreiche Quellen: die Philostrate des 2. und 3. Jahrhunderts n. Chr.; Johannes von Gaza aus dem 6. Jahrhundert; Giorgios Kodinos vermutlich aus dem 10. Jahrhundert. Diese geben uns Informationen, die bisweilen als Fakten sehr nützlich sind, allerdings nichts enthalten, was zur Beurteilung der griechischen Kunst im allgemeinen beitragen könnte.

Als dokumentarische Zeugnisse sind auch Inschriften zu nennen, in denen entweder Künstlersignaturen oder ganze Dokumente enthalten sind, wie die Abrechnungen der Ausgaben für den Bau des Parthenon oder auch Dekrete. Diese sind außer im ,*Corpus Inscriptionum Graecarum*' (CIG) und im ,*Corpus Inscriptionum Latinarum*' (CIL), was die Künstlersignaturen betrifft, bis zum Jahre 1885 in dem bekannten Werk von Loewy ‚Inschriften griechischer Bildhauer' (IGB) gesammelt und jetzt auch in der auf den heutigen Stand gebrachten Sammlung von Jean Marcadé.[118]

V. Die Entdeckungen und die großen Ausgrabungen

Wir wollen nun eine Frage wiederaufgreifen, die wir bereits am Anfang angeschnitten haben: neben der gedanklichen Linie, die bei der Rekonstruktion der antiken Kunstgeschichte verfolgt wird, wollen wir uns auch mit den Denkmälern und ihrer Auffindung befassen, was ebenfalls zum Studium der Kunst der klassischen Welt gehört. Denn die Erforschung der antiken Kunst vollzieht sich durch die Verbindung dreier verschiedener Faktoren, der Kenntnis schriftlicher Quellen, der Kenntnis des bei Grabungen gefundenen Materials und der methodischen Kriterien für die richtigen historischen Schlußfolgerungen aus diesem Material.

Als Winckelmann mit seinem Werk begann, stand er einem wahren Chaos von Kunstwerken gegenüber, die zum großen Teil aus dem Boden der Stadt Rom stammten und noch nicht klassifiziert waren; für diese versuchte er ein Ordnungsschema zu finden. Er schrieb jedoch die Geschichte der griechischen Kunst, ohne jemals originale Werke gesehen zu haben, sondern kannte nur Kopien aus römischer Zeit. Doch noch zu seinen Lebzeiten ging die Entdeckung Griechenlands und der originalen griechischen Werke immer rascher vor sich. Wir werden sehen, welche bemerkenswerten Fortschritte unsere Kenntnis der griechischen Kunst im vorigen Jahrhundert gemacht hat, als durch die Grabungen große Mengen an Material gewonnen wurden, mit deren Hilfe es möglich war, die Geschichte der antiken Kunst zumindest in ihren großen Zügen und bei manchen Perioden auch in den Einzelheiten zu rekonstruieren.

In London hatte sich im 18. Jahrhundert eine Gruppe von wohlhabenden Männern verschiedenster Richtung und Herkunft zusammengefunden, die im Jahre 1733 die ,Society of Dilettanti' gründeten, wobei diese Dilettanten im besten Sinn des Wortes als

Kunstliebhaber zu verstehen waren. Sie finanzierten im Laufe der Zeit Forschungsreisen und nahmen dann auch an den Expeditionen teil, die von der englischen Regierung vor allem in Kleinasien mit kolonialistischen Absichten unternommen wurden. Die Namen von Clarke, Dodwell und Cockerell sind verbunden mit den ersten Forschungen und den ersten Expeditionen – in der Hand den ‚Pausanias‘ – nach Griechenland und Kleinasien. Man führte noch keine planmäßigen Ausgrabungen durch, machte aber doch manche Entdeckung, und oft gelang es, von der türkischen Regierung Stücke von bemerkenswerter Schönheit zu erwerben, die sich heute im Britischen Museum in London befinden.[119]

Von 1738 bis 1766 waren in Italien die Ausgrabungen in Herculaneum unternommen worden, seit 1748 diejenigen in Pompei, die unverhoffte Schätze von Malereien ans Licht brachten und die Mode des ‚pompeianischen‘ Stils zur Folge hatten. Doch wurden die Grabungen in Herculaneum wegen der großen Schwierigkeiten, die sich dort ergaben, bald wieder aufgegeben, denn Herculaneum war im Unterschied zu Pompei, das von einer Aschenschicht bedeckt war, von einem Strom heißer Lava verschüttet worden, die dann erhärtete, was die Ausgrabung sehr erschwerte. Die Arbeiten wurden später nach der Einigung Italiens wieder aufgenommen; der Bericht von Fiorelli, dem Leiter der Grabung, stammt von 1873.

Eine der ersten, großartigsten und am meisten gefeierten, aber auch eine der umstrittensten Erwerbungen von griechischen Skulpturen im westlichen Europa sind die Figuren des Parthenon und des Tempels der Nike Apteros, die in der antiken Überlieferung mit dem Namen des Phidias und in der Kunstgeschichte mit dem Namen von Lord Elgin (1766–1841) verbunden sind. Dieser wurde 1799 als Gesandter nach Konstantinopel geschickt, und von dem Augenblick an begann sein Unglück. Er geriet bald in Streit mit dem Beauftragten der ‚Compagnia di Levante‘, der sich inzwischen selbst als Gesandter Londons ansah und dessen Bruder Mitglied der englischen Regierung war. Dieser Bruder brachte Elgin rücksichtslos in eine unangenehme diplomatische Verwicklung mit Frankreich und lenkte dadurch den persönlichen Unwillen Napoleons auf ihn. Weitere Anfeindungen ergingen aus dem Bereich der englischen Kirche. Es kommt hinzu, daß Elgin die Mission nach Konstantinopel angenommen hatte, um in einem zuträglicheren Klima seine Gesundheit zu bessern, dort jedoch von einer Hautkrankheit, einer Flechte, befallen wurde, durch die er die halbe Nase verlor und die von seinen Feinden sogleich als Geschlechtskrankheit gedeutet wurde. Elgin verläßt nach dem Frieden von Amiens 1803 Konstantinopel, um nach London zurückzukehren, und durchquert dabei unvorsichtigerweise im Vertrauen auf seine diplomatische Immunität Frankreich. Napoleon läßt ihn jedoch mit seiner Frau und einem Schotten, der mit ihnen reiste, als Kriegsgefangene festnehmen und hält ihn im Gefängnis fest, während er den anderen nach wenigen Tagen die Rückkehr in die Heimat gestattet. Als dann Lord Elgin endlich freigelassen ist, kommt er in London an und stellt fest, daß seine Frau, von der er in der Zwischenzeit sehr zärtliche und freundliche Briefe erhalten hatte, die Geliebte des Schotten geworden ist. Es folgt ein häßlicher Scheidungsprozeß, der ihn endgültig von jeder politischen Karriere ausschließt. Doch seine vielleicht größte Tragödie waren die Skulpturen des Parthenon. Es scheint, daß Elgin zunächst in erster Linie die Absicht hatte, Zeichnungen und Abgüsse zum Unterricht für die Künstler anfertigen zu lassen. Vermutlich war sein Begleiter, der Priester Philipp Hunt, Kaplan der Botschaft, schuld daran, daß aus dieser Reise eine Plünderfahrt wurde, indem man die äußerst großzügige Genehmigung der Regierung von Konstantinopel – Griechenland war damals von den Türken besetzt – mißbrauchte. Nicht alle Figuren wurden von dem Tempel selbst genommen, sondern viele Fragmente traten in der Nähe des Parthenon beim Abbruch eines Hauses zutage, das von Elgin zu diesem Zweck gekauft worden war. Während er noch der Gefangene von Bonaparte war, begann sein Agent, die Figuren in 200 Kisten abzuschicken; zwölf davon gingen bei einem Schiffbruch am Kap Malea unter. Diese Skulpturen wurden dann von Tauchern in mühseliger Arbeit, die sich drei Jahre lang hinzog, wieder geborgen. Die noch in Athen verbliebenen Figuren wurden 1807 von den Franzosen beschlagnahmt, dann allerdings bei den Friedensverträgen zusammen mit einem Teil der von den Franzosen bei ihrer Unternehmung in Ägypten zusammengetragenen Skulpturen unter jene Kunstwerke aufgenommen, die ins Britische Museum kommen sollten. Die letzten 80 Kisten erreichten London im Jahre 1812. Indessen waren die Künstler, die die Parthenonskulpturen enthusiastisch bewunderten, in heftigen Streit mit den Antiquaren geraten, die, noch durchdrungen von den Theorien Winckelmanns, sich weigerten, in diesen Figuren die phidiasische Kunst zu erkennen, und sie sogar für eine Wiederherstellung aus römischer Zeit hielten; das bedeutete nach der damaligen Vorstellung, daß man jene Skulpturen einer Epoche dekadenter Nachahmung zuwies. Zum Glück folgte eine besondere Parlamentskommission dem heftigen Appell der Künstler, und so wurden die Figuren schließlich angekauft und trugen zum außergewöhnlichen Ansehen des Britischen Museums bei. Elgin erhielt für sie kaum die Hälfte seiner Ausgaben, und überdies traf ihn der Fluch Byrons und der übrigen Philhellenen.

Die Diskussion über diese Unternehmung von Lord Elgin ist auch heute noch nicht beendet; in letzter Zeit wurden von der griechischen Regierung Forderungen nach Rückgabe gestellt. Wenn es einerseits zutrifft, daß die Entfernung der Kunstwerke von ihrem ursprünglichen Platz immer den historischen Kontext verletzt und deshalb zu verurteilen ist, so muß man andererseits aber auch eingestehen, daß ohne derartige Verpflanzungen die Kultur unserer Zeit nicht mit so vielen grundlegenden Erkenntnissen bereichert worden wäre, sondern anders aussähe. Das betrifft die ägyptische Kunst nach der napoleonischen Expedition, die klassische griechische Kunst mit den Figuren von Elgin, die griechisch-archaische und die mesopotamische Kunst durch die englischen Expeditionen in Kleinasien und die hellenistische Kunst mit dem Pergamonaltar, der in den achtziger Jahren des vorigen Jahrhunderts nach Berlin gebracht wurde. Das alles sind sehr bedeutende Beiträge gewesen. Und Gleiches läßt sich auch über die Kenntnis und den Einfluß sagen, den die Kunst des Fernen Ostens, der mexikanischen Kulturen und der Negervölker auf unsere Kultur ausübten; die beiden letzteren waren tatsächlich für einige Entwicklungen der zeitgenössischen Kunst bestimmend, insofern als sie den ästhetischen Erwartungen, die bei den Künstlern zwischen dem Ende des 19. und dem Anfang des 20. Jahrhunderts virulent waren, ihre Formen lieferte und damit entscheidende Anstöße gab. Jedenfalls wurden die Skulpturen des Parthenon bei der Umwandlung des Tempels in eine christliche Kirche und später in eine Moschee beschädigt. Der Bau zerbarst bei der Bombardierung durch den Venezianer Morosini 1687, bei der das von den Türken dort eingerichtete Pulver- und Munitionslager explodierte. So machten die Skulpturen zur Zeit Elgins nicht nur einen verwahrlosten Eindruck, sondern sie waren auch allen möglichen Gefahren ausgesetzt; die türkische Garnison auf der Akropolis etwa verwendete den Marmor zur Gewinnung von Kalk, mit dem man die Wände weißte. Selbst wenn wir andere mögliche Gefahren außer acht lassen und auch den weiteren Verfall, dem der bereits von der Witterung angegriffene Marmor ausgesetzt gewesen wäre, so müssen wir doch vor allem die große kulturelle Bedeutung erkennen, die die unmittelbare Kenntnis dieses hochbedeutenden Zeugnisses künstlerischen Ausdrucksvermögens darstellt. Sein Wert ist so hoch, daß er über die an eine Zeit oder einen Ort gebundenen historischen Gegebenheiten hinausreicht und zu universaler, zeitloser Bedeutung aufsteigt.[120]

Bei all diesen Diskussionen für und wider die ‚Elgin Marbles‘ müssen wir die Intelligenz und das gute Gespür von Canova anerkennen, der heute als kalter Klassizist erscheint, damals aber der gefeierteste Bildhauer seiner Zeit war. Er weigerte sich, die Figuren zu restaurieren, und verfuhr damit anders als sein dänischer Konkurrent Thorwaldsen mit den archaischen Skulpturen von Ägina, die nach München kamen. Ennio Quirino Visconti gebührt das Verdienst, der erste unter den Archäologen gewesen zu sein, der die Figuren des Namens Phidias wirklich für würdig erklärte.[121]

Nachdem diese wundervollen Skulpturen im Britischen Museum aufgestellt waren, verstärkte sich das Interesse für die griechische Kunst. 1812 wurden die Reliefs vom Apollontempel in

Bassai (Phigalia) nach London gebracht, in denen eine Kentauromachie von hohem künstlerischem Rang dargestellt ist. Goethe widmete ihnen eine Abhandlung,[122] doch waren sie noch lange Zeit kaum bekannt, da damals jener Geschmack vorherrschte, der sich an Winckelmanns Theorien über die klassische Kunst gebildet hatte. Tatsächlich sind die Reliefs von Bassai formal viel lebendiger und freier als die Parthenonreliefs, die aus derselben Zeit stammen, und sie entsprechen kaum jener falschen Vorstellung, die sich in bezug auf die klassische Kunst entwickelt hatte.

Im Jahre 1811 wurde eine Erkundungsfahrt zur Insel Ägina unternommen, wo man die Reste eines Tempels entdeckt hatte. Seine Giebelfiguren wurden an Ludwig von Bayern verkauft und in der Münchner Glyptothek aufgestellt (Abb. 11 a, b). Diese Entdeckung war von großer Bedeutung, da es sich hier um die ersten Skulpturen der archaischen Periode handelte, die man kennenlernte, und diese neue Kenntnis trug dazu bei, daß sich die Gedanken der Zeit vom klassizistischen Geschmack lösten. Kurz danach sollte tatsächlich die romantische Neigung zu den ‚Primitiven‘, den ‚Präraffaeliten‘ und auch zu archaischen Kunstformen aufblühen. Es ist eine Kulturströmung, die unter anderen Voraussetzungen und anderen Aspekten im wesentlichen die ganze erste Hälfte des 20. Jahrhunderts hindurch andauert. Die Skulpturen von Ägina wurden von Thorwaldsen, dem am deutlichsten akademisch geprägten Bildhauer seiner Zeit, ohne weitere Rücksichten restauriert und ergänzt. Er wahrte leider keinerlei Respekt vor dem originalen Bestand und richtete die Statuen so her, wie es ihm selbst am günstigsten schien.

Die Abnahme der Ergänzungen 1967 brachte eine Lösung, die, wie häufig in der Wissenschaft, richtigen theoretischen Kriterien folgt, die praktischen Konsequenzen jedoch nicht berücksichtigt. Die Ergänzungen von Thorwaldsen waren ein kulturgeschichtliches Dokument; der fragmentarische Zustand, in dem sich heute die Statuen darbieten, ist dem Verständnis weitaus weniger dienlich als die Figuren mit ihren Ergänzungen, die das Auge des Kenners im Geiste entfernen kann und die den Laien nicht stören.[123]

Fast zur gleichen Zeit wie diese Entdeckungen wurden die Ausgrabungen in Selinunt durchgeführt, die zwei Engländer, A. C. Harris und Samuel Angell, 1822–1823 begonnen hatten und die dann 1831 vom Fürsten Serradifalco fortgesetzt wurden. Diese Grabungen brachten die Reste mehrerer Tempel ans Licht sowie einige Metopen – Reliefs, die beim dorischen Fries mit Triglyphen abwechseln –, welche zu den ältesten bekannten Stücken ihrer Art gehören.

Als nach 1860 die Ausgrabungen in Pompei unter Leitung von Fiorelli wiederaufgenommen wurden – dieser hatte seine Studien unter der bourbonischen Regierung nur unter großen Schwierigkeiten vorantreiben können –, haben diese Grabungen immer umfangreichere Belege und Nachrichten über Leben und Sitten der römischen Welt geliefert, abgesehen davon, daß sie uns eine unvergleichliche Ausbeute an Malereien und Mosaiken brachten, ohne die wir nicht das geringste von der antiken Malerei wüßten. Zwischen 1894 und 1896 wurde das Haus der Vettier mit den umfangreichsten Malereien entdeckt, ebenso die Villa von Boscoreale mit ihrem wunderbaren Silberschatz, der ins Ausland verkauft wurde, ein Teil davon nach Paris. Nach 1918 wurden die Entdeckungen in der Via dell'Abbondanza gemacht; man hat dort die Methode der Wiederherstellung *in situ* versucht, wobei jedoch leider die ungenügende Pflege die Erhaltung dieses außergewöhnlichen archäologischen Dokuments ernsthaft in Frage stellt. In neuerer Zeit hat man begonnen, die älteren, vorrömischen Schichten von Pompei auszugraben, und dabei eine oskische und auch eine etruskische gefunden.

In Pompei wurden viele Skulpturen entdeckt, die zum größten Teil Kopien von griechischen Originalen sind. An hellenistischen Originalen sind nur einige Mosaiken nach Pompei gelangt. Doch die größte Bedeutung für die Kunstgeschichte kommt unter den pompeianischen Funden der Malerei zu, denn Pompei und Herculaneum gehören zu den wenigen Plätzen, an denen Reste von originaler antiker Malerei erhalten sind. In Verbindung mit Wickhoffs Theorien wurden die Untersuchungen zur pompeianischen Malerei bereits erwähnt. Diese Untersuchungen wurden zum Teil

1.a Gruppe der drei ‚Tauschwestern‘ vom Westgiebel des Parthenon.
London, Britisches Museum

1.b Dionysos vom Ostgiebel des Parthenon.
London, Britisches Museum

2. Sitzender Stallknecht, Ostgiebel des Zeustempels.
Olympia, Museum

3. Apoll vom Belvedere. Rom, Vatikanische Mu

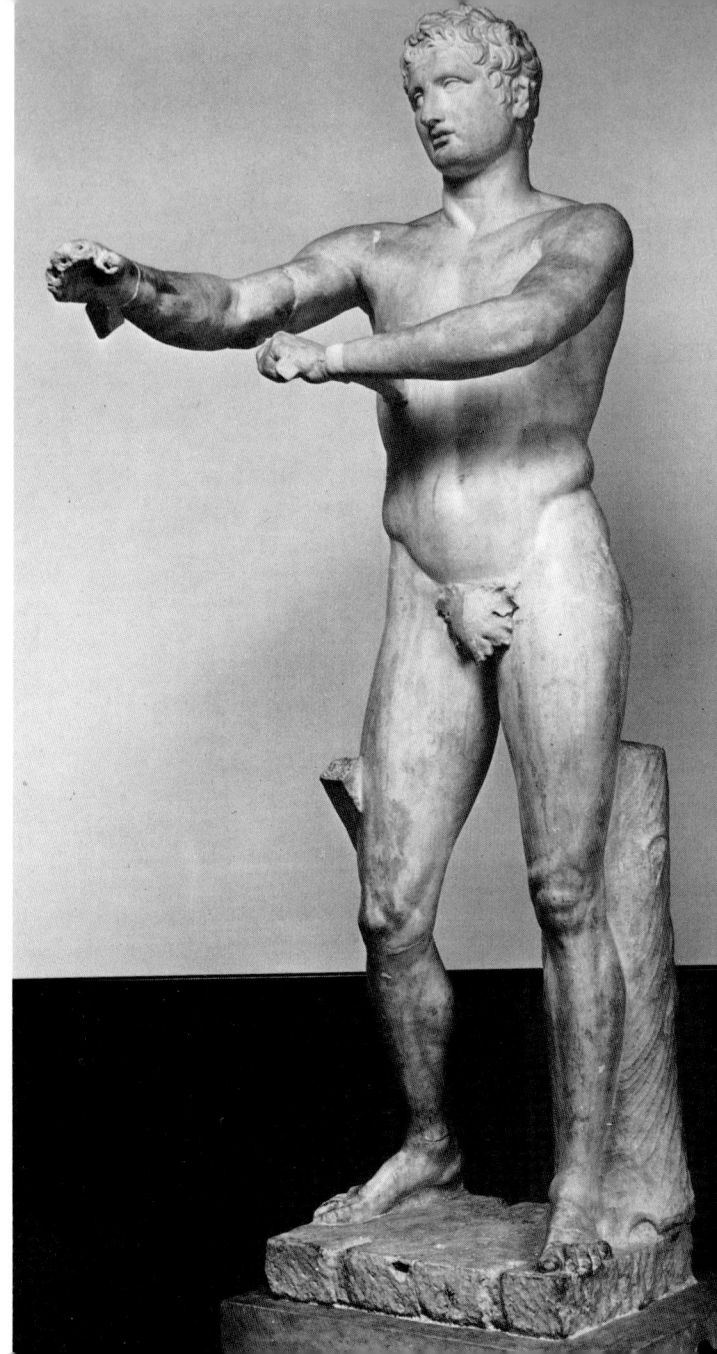

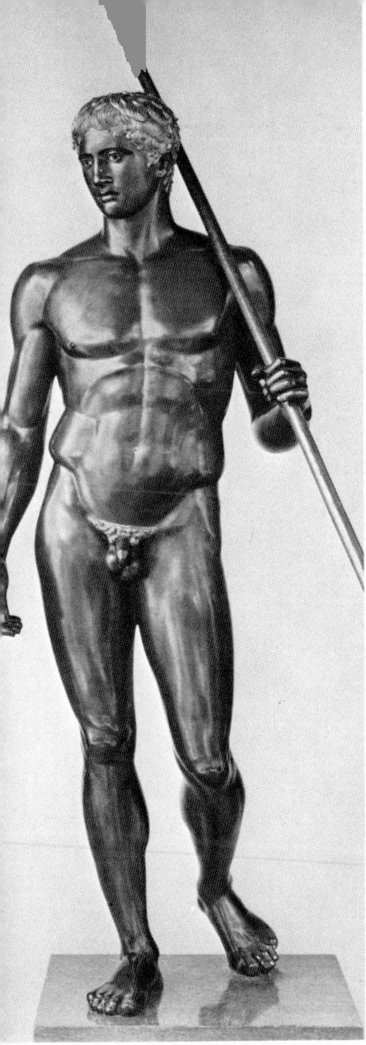

5.a Rekonstruktion des Doryphoros.
München, Universität

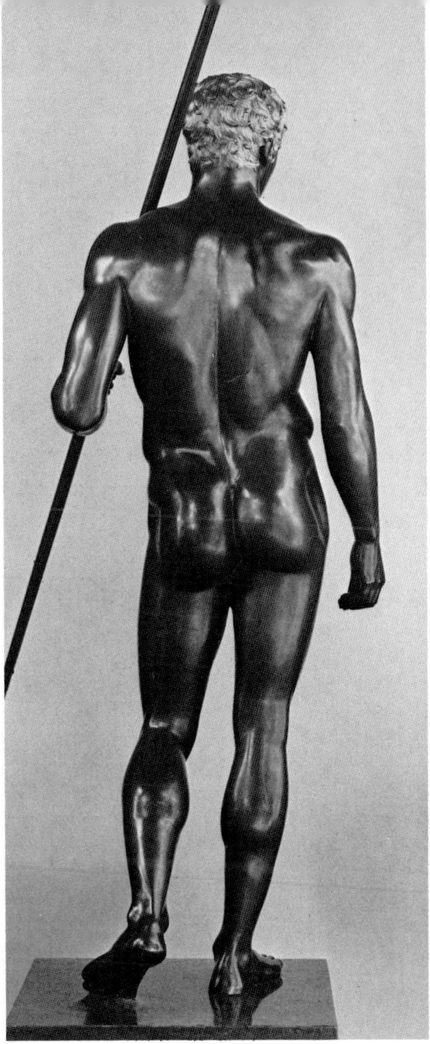

5.b Rekonstruktion des Doryphoros.
München, Universität

Apoxyomenos des Lysipp. Rom, Vatikanische Museen

6. Augustus von Prima Porta. Rom, Vatikanische Museen

7. Athena Lemnia des Phidias, Rekonstruktion aus Kopf in Bologna und Körper in Dresden

8. Galliergruppe. Rom, Thermenmuseum

9. Eirene des Kephisodot. München, Glyptothek

10. Hermes mit Dionysoskind. Olympia, Museum

11.a Sterbender Krieger, Ostgiebel des Aphaiatempels.
München, Glyptothek

11.b Herakles als Bogenschütze, Ostgiebel des Aphaiatempels.
München, Glyptothek

12. a Reliefausschnitt des Pergamonaltars. Berlin, Staatliche Museen

12. b Friesdetail des Heroons von Trysa (Giölbashi).
Wien, Kunsthistorisches Museum

13. Grabstele der Hegeso. Athen, Nationalmuseum

14. Reiter Rampin. Paris, Louvre, und Athen, Nationalmuseum

15. Traianssäule, Ausschnitt. Rom

16. Relief im Durchgang des Titusbogens. Rom

revidiert, weil seine Theorien den heutigen Erkenntnissen nicht mehr entsprechen. Von Wickhoff, der annahm, daß die griechische Kunst die Darstellung des Raumes nicht kannte, war alles, was in der pompeianischen Malerei einen Landschaftshintergrund hatte, als Einfügung des römischen Künstlers bezeichnet worden. Heute hat man erkannt, daß nicht alle Grundlagen für die Landschaft und den perspektivischen Hintergrund römische Erfindungen sind, sondern daß diese bereits in hellenistischer Tradition stehen, auch wenn von jener nur sehr wenig erhalten ist. Von der großen künstlerischen Blüte Alexandriens ist uns nur so wenig erhalten, daß sie sogar von einigen Gelehrten trotz der historischen Belege hinsichtlich ihrer Bedeutung als kultureller Mittelpunkt in Zweifel gezogen wurde. Es geschah dies vor allem als Reaktion auf eine Überbewertung des Begriffs ,alexandrinisch', der von der klassischen Philologie auf die Kunstgeschichte übertragen wurde und den man auf den ganzen Hellenismus ausgedehnt hatte.[124] Jedenfalls zeigt uns das, was durch die neuesten Ausgrabungen in der Nekropole von Alexandrien aus Gräbern des 3. Jahrhunderts v. Chr. ans Licht kam, daß wir hier in der Form des üblichen Kunsthandwerks bereits direkte Vorläufer der illusionistischen Malerei von Pompei vor uns haben. Diese ist demzufolge als Fortsetzung und als Weiterentwicklung der hellenistischen Malerei in römischer Zeit anzusehen.

Nur sehr langsam drang eine historische Sehweise in die Archäologie ein, denn ein Verständnis der wirklichen Problematik künstlerischer Form fehlt den meisten Archäologen seit jeher. Noch vor wenigen Jahren schrieb Amedeo Maiuri, der größte Kenner des antiken Pompei, über die Malerei des vierten Stils, daß diese impressionistische Malerei als lokale Folge der umfangreichen Aufträge an die Werkstätten entstanden sei, weil nach dem Erdbeben vom Jahre 62 n. Chr. Dreiviertel der Häuser von Pompei repariert werden mußten. Doch findet sich die gleiche impressionistische Malerei in noch weit schöneren Exemplaren in Rom, in Gallien, im Rheinland, in Nordafrika und in Syrien; sie ist daher kein pompeianisches Phänomen, sondern tritt in der gesamten hellenistisch-römischen Welt auf und wird deshalb auch als ein allgemeines Problem der Form und des künstlerischen Ausdrucks behandelt.[125]

Im Jahre 1809 wurden die ersten Ausgrabungen auf dem *Forum Romanum* veranstaltet, das bis dahin ‚Campo Vacchino‘ hieß, da es als Viehweide diente. Auf dem *Forum Romanum* sind in erster Linie bedeutende Dinge zur Geschichte Roms gefunden worden, weniger Denkmäler von besonderem künstlerischen Wert. Leider wurde durch das genialische und von offiziellen Stellen so hoch geschätzte Werk von Giaccomo Boni der wissenschaftlichen Kenntnis so viel Material, das er selbst ausgegraben und hie publiziert hat, entzogen, daß die Belege zum ältesten Rom gleich vom Ende des Zweiten Weltkriegs an wieder vollständig neu untersucht werden mußten, sei es nun auf dem *Forum Romanum* oder auch in der höchst bedeutenden ‚area di Sant'Omobono‘, die zu Füßen des kapitolinischen Felsabhanges zum *Forum Holitorium* hin liegt.[126] Man kann allerdings nicht von den alten Ausgrabungen auf dem *Forum* sprechen, ohne an das Sonett von Giuseppe Gioacchino Belli erinnert zu werden, ‚Papa Grigorio a li scavi‘, das 1836 entstand und damit auch ein Bild von den vielen offiziellen Besuchen gibt, oder auch an jenes Gedicht über den ‚Cariolante della Bonificenza‘, der den drückenden Problemen des täglichen Lebens die ‚gelehrsame Kurzweil‘ gegenüberstellt, die von den absolutistischen Herrschern nicht ohne Grund gefördert wurde.

Von der Mitte des 19. bis ins erste Drittel des 20. Jahrhunderts gewinnen die Entdeckungen in Griechenland immer mehr an Bedeutung, besonders wenn man den Einfluß auf unsere Kultur bedenkt, den die Fühlungnahme mit den Werken eben dieser griechischen Kunst gehabt hat, die man bisher nur durch Kopien gekannt hatte, und dann aber auch vor allem ermißt, welch enorme Erweiterung des historischen Horizonts diese Werke bewirkt haben. Eine weitere Vergrößerung des historischen Spektrums in bezug auf das Mittelmeergebiet wurde nach dem Zweiten Weltkrieg erreicht, als vor allem die frühesten prähistorischen Zeugnisse Anatoliens gefunden wurden.

In der zweiten Hälfte des 19. Jahrhunderts wurden die ersten großen Ausgrabungskampagnen von den Engländern, Deutschen und Franzosen veranstaltet. Die ersten waren die von Alexander Conze 1863 geleiteten Grabungen in Samothrake, eine Untersuchung von internationalem Charakter, da etwa die dabei entdeckte berühmte Nike in den Louvre kam. Zur selben Zeit begannen die Grabungen in Athen, am Dipylon, wo 1871 zum ersten Mal Vasen geometrischen Stils auftauchten, wodurch die bis dahin unbekannten Anfänge der griechischen Kunst ans Licht kamen. Diese Entdeckung hatte, wenn auch erst in einigem zeitlichen Abstand, großen Einfluß auf die Forschung: wir können in der Tat Entstehung und Entwicklung der Plastik des 6. Jahrhunderts v. Chr. nicht verstehen, ohne uns der langen Tradition des geometrischen Stils bewußt zu sein, der die ‚hohe Schule‘ der griechischen Kunst darstellte. Von diesem geometrischen Stil bestehen Verbindungen zu der primitiven Geometrie prähistorischer Keramik des Donaugebietes und entfernten transkaukasischen Ursprüngen; die Bewohner Griechenlands jedoch – und besonders diejenigen von Attika – machen daraus ein Kunstwerk, einen Stil, der deutlich bestimmten Regeln unterliegt. Diese Schöpfung des griechischen Kunstgenies bildet die Basis und den Anfang für die Entwicklung der griechischen Kunst über die ganze archaische Epoche hinweg. Es ist nicht, wie man glaubte, ein ‚kindliches Gestammel‘, sondern das Ergebnis einer langen handwerklichen Tradition, die sich schließlich auf die Stufe der Kunst erhebt. Da man früher weder die vorgriechische Kunst Kretas noch die prähistorischen Malereien in den franko-cantabrischen Höhlen des späten Paläolithikums kannte, war man geneigt, den geometrischen Stil als Beleg für den Anfang der Kunst in der menschlichen Gesellschaft anzusehen.

Dann kamen die großen Ausgrabungen in Olympia, die 1875 von Ernst Curtius begonnen wurden. Die Lage von Olympia war 1787 von dem französischen Konsul Fauvel bestimmt worden, hierauf haben im ersten Drittel des 19. Jahrhunderts die Franzosen am Zeustempel vereinzelte Grabungen durchgeführt, aus denen die reliefierten Metopen im Louvre stammen. Seit der Mitte des 19. Jahrhunderts hatte Ernst Curtius versucht, seinen Plan einer systematischen Ausgrabung zu verwirklichen, was jedoch erst nach der Einigung Deutschlands durch Preußen möglich wurde. Diese Grabungen zeigten die größten Erfolge zwischen 1875 und 1880: sie wurden durchgeführt mit ‚Pausanias‘ als Leitfaden. Die großen Skulpturen des Zeustempels, der vermeintliche Hermes des Praxiteles, die Nike des Paionios und die zahlreichen Basen mit den Signaturen berühmter Künstler eröffneten eine neue Phase in der Kenntnis der klassischen griechischen Kunst, andererseits belasteten sie die deutschen Archäologen mit der lange andauernden Arbeit des Katalogisierens und Klassifizierens. Die Publikation der Bände mit diesen Studien begann etwa zehn Jahre nach dem Anfang der Grabungen.

Zur selben Zeit fingen die Engländer mit den Grabungen in Ephesos an, nachdem unter großen Schwierigkeiten die Lage des berühmten Artemistempels identifiziert war, von dem man wußte, daß er nach der Brandstiftung des Herostrat vom Jahre 356 v. Chr. großartig wiederaufgebaut wurde. An dieser Stelle befindet sich heute nichts weiter als ein großer Sumpf. Die Ausgrabung von Ephesos wurde dann in der Stadt selbst durch das Österreichische Archäologische Institut weitergeführt. In den siebziger Jahren begann auch die Erforschung von Pergamon, das bereits von englischen Gelehrten lokalisiert worden war. Auch diese Ausgrabung wurde von Curtius angeregt, doch die Leiter waren Alexander Conze und der Ingenieur Carl Humann, der seit vielen Jahren an diesem Ort lebte. In der ersten Hälfte unseres Jahrhunderts wurden diese Grabungen dann von Theodor Wiegand geleitet.

Wir haben somit drei große Zentren sehr verschiedenen Charakters: in Olympia die Zeit von der Archaik bis zu den Römern, Ephesos reicht vom 7. Jahrhundert v. Chr. bis in spätantike und byzantinische Zeit und Pergamon von der nachalexandrinischen bis in römische Zeit. Hier entdeckte man eine bestimmte Phase der hellenistischen Bildhauerei, bei der man in Anwendung von Begriffen der modernen Kunstgeschichte auf die antike Kunst durch Wickhoff von ‚hellenistischem Barock‘ und von ‚Rokoko‘ sprach, Begriffen, die man hier natürlich nicht unter der gleichen Bedeutung verstand, die sie in der europäischen Kunst nach der

Renaissance haben, sondern die allgemein eine bestimmte künstlerische Richtung bezeichnen, die sich deutlich von der klassischen Gesetztheit und Schlichtheit unterscheidet.

Der große Altar von Pergamon, der im Pergamonmuseum in Berlin wiederaufgebaut ist, macht uns mit der Existenz einer Reihe von Bildhauern bekannt, die sogar die einzelnen Teile des Frieses mit ihren Namen signiert haben (Abb. 12a). Sie arbeiteten in fast völliger stilistischer Übereinstimmung und gehörten einer Bildhauerschule an, die das Werk in gemeinschaftlicher Arbeit ausführte, wobei sich für die gesamte künstlerische Kultur der Antike typische Charakteristiken und höchste handwerkliche Fähigkeiten zeigen. Die Tatsache, daß man die Signaturen der Künstler auf den einzelnen Teilen des Frieses findet, beweist, daß sie ein Bewußtsein von ihrer autonomen Bedeutung hatten, daß jeder von ihnen eine eigene Gruppe leitete und dennoch das eigene Werk nach einem Plan ausführte, der gemeinsam festgelegt worden war. Diese Bildhauer arbeiten schon in einer klassizistischen Phase, denn der verwendete Formenschatz geht auf berühmte Kunstwerke des 5. und 4. Jahrhunderts v. Chr. zurück. Es herrscht bereits eine retrospektive Mentalität vor, in der Motive klassischer Werke mit besonderer Betonung der Plastizität und des Helldunkel-Kontrastes wiederaufgegriffen werden, wobei ein pathetischer, leidender Ausdruck betont wird.

In Pergamon wurde nicht nur diese besondere Tendenz der hellenistischen Skulptur ans Licht gebracht, man entdeckte auch eine ganze Stadt. Wir haben hier die Vorstellung von einem neuen Typus der griechischen Stadt und ihrer urbanistischen Probleme gewinnen können, der Hauptstadt eines Staates, der bei der Auflösung des Alexanderreiches entstanden ist und sich durch eine geschickte Kompromißpolitik gegenüber den Römern behaupten konnte. Die Anlage von Pergamon ist durch einen steilen Bergabhang bestimmt, durch den sich ein Höhenunterschied von 275 Metern zwischen dem unteren und dem obersten Teil ergibt. Die Herrscher von Pergamon unterstützten das kulturelle Leben, die Bibliotheken und die Künste, und sie sammelten Kunstwerke aus den Schulen der klassischen Zeit. Pergamon war ein lebendiges Kulturzentrum, dessen Wirkung noch lange Zeit anhielt; so müssen wir etwa auch darauf zurückkommen, wenn wir einige Aspekte der pompeianischen Malerei verstehen wollen. Neuere Untersuchungen über Miniaturen aus byzantinischer Zeit haben ergeben, daß die Darstellungen in manchen Codices noch auf illustrierte wissenschaftliche Bücher pergamenischer Zeit zurückgehen.

Neben diesen großartigen Grabungsunternehmungen der Engländer und Deutschen gibt es auch französische Initiativen, die Grabungen auf Delos seit 1877 und in Delphi seit 1879. Die Insel Delos war dem Kult des Apoll geweiht; deshalb war es verboten, auf ihr zu wohnen; niemand durfte dort geboren werden oder sterben. In römischer Zeit jedoch wurde die Besiedelung gestattet, und es entstand eine Ortschaft. Dieser Umstand ist für uns von Bedeutung, denn er ist die Grundlage zur Aufstellung einer Chronologie in mehreren Bereichen der späthellenistischen Kunst, sei es nun in Hinsicht auf den Ursprung der ‚Stile' der pompeianischen Wandmalerei oder auch auf die Geschichte des römischen Porträts. In Delos wurden die direkten Vorläufer der pompeianischen Malerei des ersten Stils gefunden, der dann von Vitruv im Buch VII beschrieben wird. Auch dies ist eine Bestätigung dafür, daß die Malerei von Pompei in der künstlerischen Tradition des späten Hellenismus steht.

Noch weit bedeutender sind die Ausgrabungen von Delphi, deren Ergebnisse seit 1902 in regelmäßigen Publikationen bekannt gemacht wurden. Hier befand sich nach dem in Olympia das größte Heiligtum. Doch während Olympia in mittelalterlicher Zeit verlassen war und sich kein modernes Dorf gebildet hatte, so daß die Antiken von den Anschwemmungen der beiden Flüsse Alpheios und Kladeos, die den Platz umfließen, sozusagen beschützt waren, hatte sich in Delphi ein kleines Dorf mitten in den Ruinen des Heiligtums eingenistet, und etliches wurde zerstört, um Baumaterial zu gewinnen. Das machte die Ausgrabungen weniger ergiebig, wozu auch der Umstand beitrug, daß Delphi auf halber Höhe eines Gebirges aus Dolomitgestein liegt, wo sich unmöglich eine schützende Erdschicht bilden konnte. Nach-

dem das moderne Dorf abgetragen und weiter entfernt wiederaufgebaut worden war, fand man Reste von Fundamenten der
antiken Gebäude, wodurch man den Plan des Heiligtums rekonstruieren konnte. Man entdeckte aber auch Figurenreste, wie etwa
die beiden archaischen *Kuroi,* die Kleobis und Biton darstellen,
zwei fromme Söhne, die sich statt der Rinder vor den Wagen
spannten, um ihre alte Mutter zum Heiligtum zu bringen, ein
Werk des Argivers Polymedes; sodann die Metopen vom Schatzhaus der Athener, die Friese vom Schatzhaus der Siphnier und
den Wagenlenker vom Weihgeschenk des Polyzalos aus Sizilien.
Es sind dies alles Werke, die unsere Kenntnis der griechischen
Kunst von der archaischen Zeit bis zum ‚strengen Stil‘ erweitern.

Damals wurde auch noch eine andere Grabungsexpedition, und
zwar auf österreichische Initiative, unternommen; sie führte in
eine entferntere Gegend in Kleinasien, in das antike Trysa (heute
Giölbashi), wo Otto Benndorf ein Heroon fand (Abb. 12b); es ist
wie viele in Kleinasien eine besonders aufwendige Grabanlage, die
von einer mit Reliefplatten geschmückten Mauer eingefaßt ist, ein
Werk vom Ende des 5. Jahrhunderts v. Chr. In den Reliefs klin-
gen noch die Kompositionen der Gemälde Polygnots nach, des
großen Malers der ersten Jahrhunderthälfte, wie man nach der
genauen Beschreibung, die Pausanias zu dessen Gemäldezyklus
hinterlassen hat, vermuten kann. Die Friese von Giölbashi-Trysa
sind im Kunsthistorischen Museum in Wien wiederaufgestellt.

Bis zum 4. Jahrhundert v. Chr., das heißt bis zu Alexander, findet man in den asiatisch-hellenistischen Ländern als Eigentüm-
lichkeit große, monumentale Gräber in der Form kleiner Tempel.
Sie sind die typische Repräsentationsform jener lokalen Herrscher, Vasallen des Perserreiches, die sich von griechischen
Künstlern ihre Grabmäler erbauen ließen. Die griechischen
Künstler sahen sich hier vor eine neue Aufgabe gestellt, denn in
Griechenland hatte es derartig prunkvolle Bauten, die zur Verherrlichung des verstorbenen Herrschers bestimmt waren, nicht
gegeben. Das aufsehenerregendste und berühmteste Beispiel für
diesen Bautypus ist das Mausoleum von Halikarnass. Die Ruinen
des Mausoleums waren in Bodrum identifiziert worden; im dorti-

gen venezianischen Kastell waren einige der reliefverzierten Platten als Baumaterial benutzt worden. Die Ausgrabung wurde von den Engländern unter Newton seit 1867 durchgeführt; die Skulpturen befinden sich heute alle im Britischen Museum, einschließlich einer Platte, die in den Zeiten der genuesischen Republik nach Genua gelangt war und in den Besitz der Familie Di Negro kam.

Über das Interesse hinaus, das die Skulpturen des Mausoleums auf Grund der Berühmtheit des Monuments finden, sind sie auch von großer Bedeutung als originale Werke, die den Bildhauern Skopas, Bryaxis, Leochares und Timotheos zuzuschreiben sind, welche nach Plinius[127] das Monument mit seinem Schmuck versehen haben: ,,*ab oriente caelavit Scopas, a septentrione Bryaxis, a meridie Timotheos, ab occasu Leochares*". Die Zuweisung an die einzelnen Künstler wäre durch die Fundangaben wesentlich erleichtert worden, wäre nicht das ganze Material bei seiner Auffindung durcheinandergeworfen gewesen. Wenn auch unter den Gelehrten eine gewisse Übereinstimmung in bezug auf das erzielt wurde, was dem Skopas zuzuweisen ist, von dem um 1880 in Tegea die Reste der Dekoration des Tempels der Athena Alea gefunden wurden, so besteht bei den anderen Künstlern, die nicht zu den besten ihrer Zeit gehören, immer noch große Ungewißheit. Das ist in unseren Augen der Beleg dafür, wie wenig man bisher von der Skulptur des 4. Jahrhunderts kennt. Eine überspitzte These ist von Ernst Buschor vorgebracht worden,[128] der sich auf eine Angabe des Plinius stützt, die auf die zitierte Stelle folgt: ,,*priusque quam peragerent regina obiit*"; er folgert daraus, daß das Werk beim Tod der Artemisia – sie war die Gemahlin und Schwester des Maussolos, Satrap Kariens von 377 bis 353 v. Chr. – 351 v. Chr. unterbrochen wurde und daß dann die Arbeiten erst wieder fortgeführt wurden, nachdem Alexander der Große im Jahre 334 den Thron Kariens an Ada übergeben hatte, von der Alexander in kluger politischer Voraussicht adoptiert worden war. Sie war ebenfalls eine Schwester des Maussolos und zunächst die Nachfolgerin der Artemisia, wurde dann jedoch entmachtet. Aus Inschriften ist bekannt, daß Alexander ein anderes

Werk zu Ende führen ließ, den Athenatempel in Priene, der von dem Architekten Pytheos errichtet wurde, welcher auch das Grab des Maussolos erbaut hatte. Die These von einer Wiederaufnahme der Arbeiten nach etwa zwanzig Jahren würde manche stilistischen Divergenzen erklären, die anders nicht zu verstehen sind.

Bisher ist noch nicht von denjenigen Ausgrabungen die Rede gewesen, die auch außerhalb der Archäologenkreise größere Resonanz gefunden haben, den Grabungen Schliemanns.[129] Dieser war aus bescheidenen Verhältnissen zu einem reichen Kaufmann aufgestiegen und hatte sich bereits in seiner Jugendzeit, als er noch Lehrling in einem einfachen Laden war, in Homer verliebt, dem er blindlings glaubte. Im blinden Vertrauen auf den Text Homers begann Schliemann unter den skeptischen Augen der ganzen akademischen Welt im Jahre 1871 seine Grabungen in der Troas, wo er nicht nur Troia entdeckte, dessen Lage bis dahin umstritten war, sondern auch bewies, daß die Stadt durch Brand zerstört wurde, da er davon eindeutige Spuren in den Resten einer der Ablagerungsschichten fand. Er grub dann auch in Mykene, wo er das ,Schatzhaus des Atreus' und das ,Grab der Klytemnästra' – beide von ihm so benannt – freilegte, und mit den gleißenden Funden von hervorragender Qualität brachte er die vorgriechische Kultur ans Licht, deren Existenz bis dahin unbekannt war. Diese Kultur zog für einige Jahrzehnte die ganze Aufmerksamkeit der Gelehrten auf sich, was dazu führte, daß man die Fragen der griechischen Prähistorie eingehender behandelte; außerdem fand man für die Mythen und Legenden, die man seit der hellenistischen Zeit für rein dichterische Phantasien gehalten hatte, eine historische Wurzel.

Schliemann hat mit seinem irrationalen Glauben an Homer wieder einmal unbestreitbar erwiesen, daß nur Utopien die Welt voranbringen. Doch als laienhafter Ausgräber hat er auch wiederum belegt, daß jede Grabung die Zeugnisse der Vergangenheit zerstört und daß diese Zerstörung unwiederbringlich ist, wenn die Grabung nicht nach objektiven Kriterien durchgeführt wird, sondern allein das Ziel verfolgt, eine vorgegebene These zu belegen. Die tatsächliche Dokumentierung der archäologischen Gegebenheiten in Troia ist erst in unseren Tagen durch die langwierigen und sehr genauen Untersuchungen von Carl M. Blegen an der Spitze einer Forschergruppe der Universität von Cincinnatti erfolgt.

Schliemann hatte bei seinen späteren Unternehmungen den Architekten Wilhelm Dörpfeld als Begleiter, der dann fortfuhr, die ältesten Schichten der griechischen Kultur zu untersuchen. Ihm ist der Band über die Ausgrabungen auf dem Hügel von Troia-Hissarlik zu verdanken. Dörpfeld führte seine Forschungen später an verschiedenen anderen Orten weiter, unter anderem auch in Athen, und am Ende seines langen Lebens veröffentlichte er ein Buch über Olympia mit dem Titel ‚Alt-Olympia‘.[130] Merkwürdig ist, daß Schliemann, der kein Archäologe war, als er seinen Traum Wirklichkeit werden sah, allmählich bei seinen Forschungen immer vorsichtiger wurde; Dörpfeld dagegen neigte mit der Zeit immer mehr zu eher romantischen als wissenschaftlichen Schlußfolgerungen. Besonders umstritten war das Werk, dem er die letzten Jahre seines Lebens widmete, die Identifizierung der Insel Ithaka des Homer, die nach seiner Ansicht die Halbinsel Leukas ist – wo er selbst im Jahre 1940 starb –, wogegen andere Gelehrte meinen, daß es die Insel Kephalonia sein müßte. Auf jeden Fall haben die Forschungen Dörpfelds als erste dazu beigetragen, das Leben auf den Inseln und auf dem griechischen Festland in helladischer und mykenischer Zeit zu erhellen und zu demonstrieren, inwieweit es jenem Kulturkreis entspricht, der in der Odyssee beschrieben wird.

Zu den Entdeckungen der vorgriechischen Kulturen haben auch italienische Gelehrte mit ihren Grabungen auf Kreta beigetragen, die von dem Trentiner Federico Halbherr begonnen, von dem Römer Luigi Pernier und von Luisa Banti fortgeführt wurde und heute von Doro Levi geleitet wird. Die englische Unternehmung von Evans konzentrierte sich auf die Ausgrabung und die Restaurierung – ein zu weit gegriffenes Ziel – des Palastes von Knossos. Es ist ein ebenso großartiger wie äußerst verwinkelter Palast, der uns beweist, wie die Sage vom Labyrinth, das für Minos, den mythischen König Kretas, erbaut wurde, eine Grundlage in der historischen Wirklichkeit hat und daß diese Ruine den Griechen bereits bekannt war. Bei den italienischen Grabungen wurde in Phaistos, im Süden der Insel, ein weniger prächtiger Palast entdeckt, der jedoch in seinen verschiedenen Bauphasen besser erkennbar ist. Diese Grabungen wurden von Pernier durchgeführt. Er starb, ehe er das ganze Grabungsmaterial publiziert hatte; nur der erste Band stammt noch von ihm. Der zweite ist viele Jahre später als ein Werk von Luisa Banti erschienen; er enthält sehr bedeutende Neuigkeiten, denn die Autorin machte es sich zur Aufgabe, die gesamte Chronologie des Grabungsmaterials zu überprüfen, und kam dadurch, im Vergleich zu Evans, auf dessen Chronologie sich bis dahin die historische Rekonstruktion der vorgriechischen Kunst gestützt hatte, zu stark abweichenden und überzeugenderen Ergebnissen. Ein weiterer, sehr bedeutender Schritt nach vorn ist dann unter der Leitung von Levi bei der Fortsetzung der Grabung von Phaistos von 1950 bis 1967 erzielt worden. Durch seine sorgfältige Beobachtung der gesicherten Schichtenfolge ist er zu Schlußfolgerungen in bezug auf die Chronologie gelangt, die unwiderlegbar zu sein scheinen und die die erste Phase der minoischen Kultur im Vergleich zu Evans um fast tausend Jahre, von 2800 bis 2000 auf 2000 bis 1850, herabsetzten. Sie führten dadurch auch in der Chronologie der folgenden Perioden zu Veränderungen, wenn auch zu weniger schwerwiegenden.[131]

Ein sehr bedeutender Schritt wurde 1953 mit der Entzifferung des jüngsten kretischen Alphabets, der sogenannten Linear-B-Schrift, getan, die dem englischen Architekten Michael Ventris gelang. In Zusammenarbeit mit dem Philologen John Chadwick konnte er belegen, daß die Sprache, die auf zahlreichen kleinen, mit Schriftzeichen in Linear-B beschriebenen Tontäfelchen verwendet wurde, Griechisch war. Damit ist bewiesen, daß sich die letzte Periode der kretischen Kultur ebenso wie die mykenische nach der Ausbreitung der griechischen Volksstämme entwickelt hat. Entscheidend war sodann die Entdeckung einer Inschriftentafel mit einem Vaseninventar durch Blegen im Palast von Pylos in Messenien; die Vasenformen waren neben das dazugehörige Wort gezeichnet, das nach der Lesart von Ventris eine gleiche Bedeutung wie im Griechischen ergab. So entsprechen zum Beispiel das Wort für Dreifuß und die Ziffer 2 neben der Zeichnung des Dreifußes dem griechischen Wort im Dual. Weitere Belege sind durch Tafeln aus Knossos mit Zeichnungen von Pferden und Eseln und den dazugehörigen Wörtern hinzugekommen. Es hat sich eindeutig gezeigt, daß Linear-B eine Adaptation der minoischen Linear-A-Schrift an die Sprache der achäischen Eindringlinge ist.

Am Ende des 19. und zu Beginn des 20. Jahrhunderts wurde ein bis dahin vollkommen unbekannter Abschnitt in der Geschichte der Zivilisation aufgehellt. Dies hat die Erklärung einer ganzen Reihe kultureller und künstlerischer Phänomene der historischen Zeit Griechenlands wesentlich erleichtert; man sieht, wie die dorischen und achäischen Stämme, die sich um 1200 v. Chr. in Griechenland festsetzten, eine viel reichere und gegenüber ihrer eigenen weiter fortgeschrittene Kultur antrafen, obgleich diese noch auf dem Niveau der bronzezeitlichen Zivilisation stand. Erst diese dorischen und achäischen Einwanderer brachten die eisenzeitliche Kultur mit. Daher war es auch unvermeidlich, daß die neue Bevölkerung Elemente und formale Motive aus der weiterentwickelten minoischen Kultur übernahm; doch hat sie interessanterweise davon viel weniger aufgegriffen, als man hätte annehmen können. Dieses Thema ist von zahlreichen Gelehrten behandelt worden. Was die Kunst betrifft, läßt sich feststellen, daß die Übernahmen aus der vorhergehenden Kultur mehr im Bereich des Technischen als im künstlerischen Stil liegen. Dies erscheint nicht als ungewöhnlich, sondern im Gegenteil als zwingend, wenn man sich davon überzeugt hat, daß die bildende Kunst nicht das Ergebnis einer persönlichen Laune oder Phantasie ist, sondern unmittelbarer Ausdruck der sie hervorbringenden Gesellschaft. Eine von der minoischen vollkommen verschiedene Gesellschaft konnte eben nur eine völlig andere Kunst hervorbringen, auch wenn sie sich der technischen Errungenschaften der vorhergehenden Kultur bemächtigte.[132]

Außer Phaistos brachten die italienischen Grabungen in Haghia Triada eine ‚Villa‘ ans Licht, aus der ein bemalter Sarkophag stammt, der nicht nur für die Kunst, sondern auch für den kultischen Bereich von großem Interesse ist.

Zu der Entdeckung der vorgriechischen Welt kommt die Entdeckung der mesopotamischen Kulturen, jener von Elam (Susa), von Sumer (Ur, Uruk, Lagasch), von Akkad (Babylon, Nippur), von Urartu (Toprakkale), von Hatti (Boghazköy = Hattuša), die zum größten Teil durch Grabungen in der ersten Hälfte unseres Jahrhunderts bekannt wurden. Die frühesten Entdeckungen machte der französische Konsul Émile Botta 1842 in Mossul; die dortigen Grabungen wurden 1873 wiederaufgenommen, nachdem um die Mitte des vorigen Jahrhunderts durch die Arbeiten von Hinks, Rawlinson und Lenormant die Lesung der Keilschrifttexte ermöglicht worden war. In unseren Tagen hat F. Hrozny die hethitische Sprache entziffert und damit eine Reihe neuer Fragen und Untersuchungen angeregt.

Diese Ausgrabungen im Vorderen Orient haben unsere Kenntnis der menschlichen Zivilisation und der Kunst bis auf etwa 6000 v. Chr. ausgedehnt, das heißt bis zu den ersten Anfängen einer seßhaften, nicht mehr nomadisierenden menschlichen Gemeinschaft, die entstand, als eine Erneuerung der Fruchtbarkeit des Bodens möglich wurde, und zwar mit Hilfe von Bewässerung, indem man das Wasser aus den großen Flüssen Euphrat und Tigris ableitete. Diese Grabungen haben im Bereich der Kunstgeschichte den Schmelztiegel all der Motive und ikonographischen Schemata aufgedeckt, die die Griechen am Anfang ihrer eigenen Kultur kennenlernten.[133]

Neben diesen neuen Untersuchungen begann man gegen Ende des 19. Jahrhunderts, als sich die nationale Einheit Griechenlands allmählich vollzogen hatte – griechisch-türkischer Krieg von 1897 –, das Wissen über die griechischen Städte zu vertiefen. Unter Beteiligung von Schliemann, der die Unternehmung finanzierte, wurde die Akropolis von Athen untersucht, die nach dem Raub der Skulpturen durch Lord Elgin nach und nach wieder ihr wirkliches Aussehen zurückerhielt, indem man die Gebäude abriß, die den Platz seit dem Mittelalter in eine Festung verwandelt hatten. Die Propyläen waren in Festungstürme eingeschlossen gewesen, bei deren Abbruch, der gleich nach der Konstituierung des neuen griechischen Königreiches (1833) begann, so viel Material zutage kam, daß man nicht nur die Propyläen, sondern auch den fast in allen Teilen erhaltenen kleinen Tempel der Athena-Nike, der sich auf einer Bastion erhob, wiederherstellen konnte. Es ist dies ein sehr elegantes, kleines Gebäude, umgeben von einer mit Viktorien geschmückten Balustrade, die zu den schönsten Zeugnissen der Kunst aus der Generation nach Phidias, um 420 v. Chr., gehört. Man nahm auch die Grabungen in dem Friedhof beim Dipylon wieder auf, die später noch einmal kurz vor dem Zweiten Weltkrieg weitergeführt wurden,[134] um die Kenntnis von der frühesten geometrischen Zeit zu vertiefen, und deckte dabei Gräber auf, die vom 9. bis an das Ende des 8. Jahrhunderts v. Chr. reichen; aus ihnen stammen Stücke, die zum Schönsten gehören, was wir kennen. Der Friedhof am Dipylon, (an den ‚zwei Toren‘), hatte früher bereits die eindrucksvolle Reihe von Grabstelen aus dem 5. und 4. Jahrhundert (Abb. 13) erbracht, mit die bezeichnendsten Zeugnisse für den guten Geschmack – man denke nur an die schrecklichen Grabmäler in unseren heutigen Friedhöfen – und für die ethische Vorstellung der Griechen in klassischer Zeit.

Zur selben Zeit wurden bei der Säuberung der Akropolis die Belege für die archaische Zeit dieses Ortes gefunden. Als nämlich die Perser im Jahre 480 v. Chr. die Akropolis zerstörten, verwüsteten sie alle bestehenden Monumente, das sogenannte ‚Grab des Kekrops‘, den Tempel, der sich an der Stelle des späteren Parthenon erhob und ‚Hekatompedon‘ genannt wurde (‚der Tempel mit hundert Fuß Länge‘), sowie die Reste von weiteren früheren Bauten und die große Menge der Weihgeschenke, die sich im *temenos* befanden, das heißt innerhalb der Mauern des Heiligtums. Nach dem Sieg über die Perser machte sich die neue Generation an den Wiederaufbau der Akropolis, der dann das Werk des Perikles sein sollte. Die erste Tat war eine Vergrößerung der nutzbaren Fläche auf dem höchsten Punkt der Akropolis mit Hilfe einer Mauer; in dem Raum zwischen Mauer und Fels wurden die Reste der zerstörten Weihgeschenke deponiert, da diese als geweihte Gegenstände nicht vernichtet werden durften. Diese Auffüllung ist unter dem Namen ‚Perserschutt' bekannt, und die hier gefundenen Stücke sind von vornherein in die Zeit vor 480 v. Chr. datiert. Dieses Datum ist insofern von großer Bedeutung, als es eine tiefgreifende Veränderung bezeichnet, die alle Teile des griechischen Lebens erfaßt. Auf eine aristokratische Gesellschaft folgt eine demokratische, die eine für die ganze Welt neuartige Staatsform hervorbringt, einen Rechtsstaat, der auf der Vorstellung von Gerechtigkeit begründet ist und in dem zum ersten Mal das Prinzip der Gleichberechtigung aufkommt – auch wenn es noch nicht durchgeführt wird –, das bedeutet gleiche Rechte und gleiche bürgerliche Freiheiten für jeden, Rechte die der Sophist Antiphon auf die ganze Bevölkerung, auch auf Proletarier, Sklaven und Fremde, hatte ausdehnen wollen.[135] Eine solche Gesellschaft hat auch andere künstlerische Ausdrucksformen, so daß dieses Datum für uns die Grenze zwischen dem archaischen und dem ‚strengen' Stil kennzeichnet. An den jüngsten Werken, die aus dem ‚Perserschutt' stammen, ist zu sehen, daß nun jene künstlerischen Fragen auftauchen, die dann in der folgenden Generation gelöst werden. Es war ein Abschnitt von dreißig Jahren, zwischen 480 und 450 v. Chr., der in seiner Fülle von Veränderungen, dem Reichtum an künstlerischen Aufgaben und der Anzahl der Künstler nur mit der Florentiner Renaissance zur Zeit von Brunelleschi und Donatello zu vergleichen ist. In dreißig Jahren, also innerhalb einer Generation, vollzieht sich der Übergang von der strengen archaischen Statue, die ganz von ihrem Umriß beherrscht ist, zu dem unerhörten plastischen Reichtum des Phidias. Die Kunst des archaischen Griechenland gehört im Grunde, trotz ihrer innovatorischen Unruhe und ihrer ständigen Anstöße von seiten der Realität, zur selben Welt, in der sich vom Anfang bis zum Ende auch die Kunst des östlichen Mittelmeerraums befand, sowohl die ägyptische als auch die mesopotamische. Diese Kulturen drückten sich in Formen aus, in denen die unendlich vielfältigen Realitäten des Lebens auf eine begrenzte Zahl fester Schemata reduziert wurden, auf eine Ikonographie, die gleichsam die Worte einer festgelegten Sprache darstellt. Durch diese mehr oder weniger schematische, vorherbestimmte Sprache war ein von diesen Normen eingeengtes Kunsthandwerk in die Lage versetzt, die Themen zu gestalten, die die Taten und Fähigkeiten der Götter und Herrscher verherrlichten, und außerdem mit etwas mehr Freiheit die wertvollen Gegenstände auszuführen, die für eine sehr begrenzte Elite im Umkreis des Hofes bestimmt waren.

Dagegen kennt die neue griechische Kunst keine Grenzen mehr bei dem individuellen Bestreben des Künstlers, sich der ganzen Wirklichkeit zu stellen, womit er sich auf den schwierigen und gefährlichen Weg des Naturalismus begibt. Da später der hellenistische Naturalismus die Grundlage für die europäische Kunst von der Renaissance bis zum Ende des 19. Jahrhunderts bildete, lohnt sich für uns die Bemühung um eine historische Bewertung, damit wir verstehen, wie außergewöhnlich und einzigartig der Weg dieses Naturalismus verlief, den die griechische Kunst im Gegensatz zu allen anderen künstlerischen Ausdrucksweisen der übrigen Kulturen dieser Welt eingeschlagen hatte. Weniger schwierig ist es zu erkennen, wie die hellenistische Lösung des künstlerischen Formproblems schließlich über Jahrhunderte hinweg gegenüber den anderen Kulturen, mit denen sie in Berührung kommt, siegreich bleibt.

Bei den Grabungen am Ende des 19. Jahrhunderts wurden auf der Akropolis sämtliche Reste aufgedeckt, die man dann innerhalb von etlichen Jahrzehnten katalogisierte und veröffentlichte; diese Untersuchung ist erst durch die Publikation eines Gelehrten der englischen Schule, Humphrey Payne, als abgeschlossen zu betrachten, der 1936 die archaischen Skulpturen der Akropolis veröffentlichte, das erste Werk mit guten Photographien, die die Formen der Skulpturen wirklich sichtbar machten. Ebenso ist hier der große Katalog von Schrader und Langlotz[136] zu nennen.

Payne, einer der wenigen Archäologen mit künstlerischer Begabung, machte einige sehr bedeutende Entdeckungen. Er sah die Zusammengehörigkeit des Torsos einer *Kore* aus Südfrankreich in Lyon mit dem Unterteil einer fragmentarischen Statue aus dem ‚Perserschutt‘; dadurch erwies sich die *Kore* von Lyon, auch ‚Aphrodite von Marseille‘ genannt, als ursprünglich auf die Akro-

polis gehörig, wogegen man diese Figur bis dahin für ionisch gehalten hatte, da sie aus einem alten ionischen Kolonisationsgebiet
stammte und außerdem mit einem ionischen Chiton bekleidet
war. In unserem Fachgebiet hat es eine Periode des ‚Panionismus'
gegeben: als man die große Bedeutung der ionischen Kolonien
erkannt hatte und darin durch gewisse Hinweise aus den literarischen Quellen bestärkt wurde, hielt man alle Skulpturen, die aus
archaischer Zeit auf der Akropolis gefunden wurden, für ionische
Werke oder zumindest für ionisch beeinflußt. Der wissenschaftliche Fortschritt und besonders die Entdeckungen Paynes haben
diese Tendenz geschwächt und deutlich gemacht, daß die attische
Bildhauerschule nicht nur durch Werke von durchgehend höchster Qualität vertreten ist, sondern daß sie auch das führende Zentrum für neue formale Erfindungen und neue künstlerische Pro-
blemstellungen war. Außer der Identifizierung der sogenannten
‚Aphrodite von Lyon' lieferte Payne noch einen weiteren Beitrag,
der den ‚Kopf Rampin' betrifft – aus der ehemaligen Sammlung
Rampin, heute im Louvre –, der immer als typisches Beispiel io-
nischer Kunst bezeichnet wurde. Er konnte ihn jedoch mit dem
Torso eines Reiters auf der Akropolis verbinden und stellte dadurch die älteste Reiterstatue Griechenlands wieder her, entstanden um 525 v. Chr. (Abb. 14).[137]

Wir haben in groben Zügen gesehen, wie die Entdeckung der
gesamten künstlerischen Kultur Griechenlands vor sich gegangen
ist, die sich während des 19. und in der ersten Hälfte des 20. Jahrhunderts vollzogen hat, in Olympia und auf der Akropolis, in
Milet, Priene und Pergamon. Tatsächlich ist dadurch die Forschung auf eine neue Grundlage gestellt worden. Furtwängler
war der letzte typische Vertreter der philologischen Archäologie,
die die Geschichte der Kunst in erster Linie mit Hilfe der Quellen
und Kopien zu schreiben versuchte. Danach jedoch sahen sich die
Archäologen vor die Aufgabe gestellt, all die neuen Funde zu untersuchen und die Geschichte der Kunst auf Grund dieses Materials und der entdeckten Originale zu ordnen. Die Fragestellungen im 19. und in der ersten Hälfte des 20. Jahrhunderts waren
voneinander sehr verschieden.

Früher versuchte man, die großen Künstler zu erfassen, von denen uns die Quellen berichten; man mußte jedoch erkennen, daß sich von den Werken dieser großen Künstler unter den erhaltenen Originalen nur sehr wenige befinden konnten. Dagegen kamen bei den archäologischen Grabungen zahlreiche originale Werke zutage, über die man in den Quellen keine Nachrichten besaß. Schließlich konnte man sogar die Werke, die den Parthenon schmückten, als anonym bezeichnen, da sich der Nachweis als äußerst schwierig erwies, ob und an welcher Stelle das Werk des Phidias selbst zu finden ist, da ihn die Quellen lediglich als ἐπίσκοπος, das heißt als leitenden Mann, bezeichnen.[138] Angesichts dieser neuartigen Problematik trat die gelehrte Rekonstruktion der traditionellen großen Künstlerpersönlichkeiten zurück gegenüber der Erforschung der großen Entwicklungslinien der griechischen Kunst und der Identifizierung der einzelnen ‚Schulen‘, die sich in verschiedenen Zentren, wo die künstlerische Aktivität größer war, gebildet hatten. Während der archaischen Zeit zeigt sich der Unterschied zwischen den Schulen vor allem in den technischen Besonderheiten, in der klassischen und der hellenistischen Epoche unterscheiden sie sich jedoch durch ausgeprägte, voneinander abweichende Stilrichtungen, von deren genauer Bestimmung man noch weit entfernt ist.

Auch wenn wir in Wirklichkeit keine der bedeutenden Persönlichkeiten der Kunst Griechenlands unmittelbar kennen, so ist uns doch im großen und ganzen das ‚verbindende Gewebe‘ bekannt, das sie vereint; das heißt, wir kennen die üblichen Werke der Kunstwerkstätten, die von den großen Künstlerpersönlichkeiten ihrer Zeit unmittelbar beeinflußt sind und aus denen die großen Künstler der folgenden Zeit hervortreten. Mit Hilfe dieser Anhaltspunkte können wir schließlich zu einer Untersuchung und zum Verständnis der griechischen künstlerischen Kultur gelangen, die als Voraussetzung immer höchstes handwerkliches Niveau hatte.[139] Auch bei einem der vollständigsten erhaltenen Figurenkomplexe, demjenigen von Olympia, der aus den zwei Giebeln des Tempels sowie aus allen Metopen besteht, spricht man, wie erwähnt, von einem Olympiameister, dem wir keinen wirklichen Namen geben, aber dennoch auf Grund stilistischer Beobachtungen den ganzen Figurenkomplex zuweisen können. Aber sobald diese Zuschreibung erfolgt ist, muß man sogleich die Persönlichkeit vom Werk trennen, da sich bei der Ausführung der einzelnen Skulpturen fünf oder sechs Hände unterscheiden lassen, obgleich der Gesamtplan und die Idee auf jeden Fall von einer einzigen Persönlichkeit stammen müssen. In gleicher Weise ist man auch beim Parthenon verfahren; ein einziger Meister hat die Anordnung erdacht und Modelle sowie Anweisungen zu den einzelnen Skulpturen gefertigt, die alle von derselben Vorstellung bestimmt sind, während dagegen die Ausführung verschiedene Persönlichkeiten enthüllt, von denen einige bereits künstlerische Reife erreicht haben und andere noch in der Entwicklung stehen. Doch von den frühesten Metopen bis zu den jüngsten Schöpfungen der Giebelfiguren enthüllt die Formanalyse eine homogene Tendenz, die in ihrer Zeit ganz einzigartig ist und uns das künstlerische Wagnis des größten Bildhauers aller Zeiten, Phidias, wahrnehmen läßt. Er ist der größte, weil sein Gegenstand von so umfassender Größe ist.

Diese Kontinuität derselben Vorstellung und derselben fortschrittlichen Gestalt beim ganzen Komplex des Parthenonschmuckes wurde in drei Abhandlungen 1938 bis 1940 von Bernhard Schweitzer dargelegt, dessen Methode minutiöser und strenger Analyse beispielhaft ist.[140] Seine Schlußfolgerungen, welche zunächst gegen die für die Tätigkeit des Phidias aufgestellte Chronologie zu verstoßen schienen, wurden durch die Ergebnisse der Ausgrabungen von Olympia voll bestätigt, die gleich nach dem Zweiten Weltkrieg vom Deutschen Archäologischen Institut in den Überresten der später in eine byzantinische Kirche umgebauten Werkstatt des Phidias durchgeführt wurden. Die Fragmente von Werkstücken und die Reste von Gebrauchskeramik haben erwiesen, daß Phidias den Zeus von Olympia später als die Parthenos der Akropolis und nach seiner Flucht aus Athen ausgeführt hat. Daraus folgt, daß die Chronologie für die Tätigkeit des Phidias herabzudatieren ist.

Dies wird dadurch bestätigt, daß im Laufe der sechzehn Jahre

(448–432), während derer die Werke am Parthenon geschaffen wurden, die Kunst des Meisters jene vielfältige Entwicklung durchmachen konnte, die als unmöglich erscheinen müßte, wenn man die Leitung der Arbeiten auf der Akropolis in die Alterszeit des Künstlers setzen würde.

Man kann zu Recht behaupten, daß die Erforschung der antiken Kunst nach dem Ersten Weltkrieg in ein neues Stadium eingetreten ist. Diese Veränderung in der Problemstellung ist durch verschiedene Faktoren bedingt. Die durch den Krieg verursachte Unterbrechung der Ausgrabungstätigkeit bewirkte, daß sich die Gelehrten verstärkt mit Fragen beschäftigten, die sich durch die neu entdeckten Werke stellten. Sodann erreichten die geistigen Strömungen, die den Historismus hervorgebracht haben, auch die Archäologen, wenn auch mit Verspätung und ohne umfassenden Einfluß. Ferner bewirkte die allgemeine Kulturkrise, daß auch die ‚Humanisten' sich gezwungen sahen, Position zu beziehen und auf dem eigenen Forschungsgebiet die wirklichen kulturellen Werte zu ermitteln.

Wenn das 19. Jahrhundert in der antiken Kunstgeschichte als das Jahrhundert der systematischen Forschungen und der Ordnung der ‚Archive der Vergangenheit' zu bezeichnen ist, so hat in der ersten Hälfte des 20. Jahrhunderts eine Vertiefung der Probleme begonnen, der beständige Versuch, das Kunstwerk in seinem inneren Wert zu begreifen.

Damit ist jedoch nicht gesagt, daß man dieser Einsicht immer mit der richtigen historischen Methode gefolgt sei oder wenigstens mit einer zufriedenstellenden. Ich glaube vielmehr, daß sich erst heute in Ansätzen eine bessere Methode abzeichnet. Doch müssen wir auch feststellen, daß das Interesse für die kunsthistorischen Fragen in der zweiten Hälfte unseres Jahrhunderts nachgelassen, während sich die Beschäftigung mit den historischen Problemen deutlich verstärkt hat. Wie ich meine, ist das auch für die Kunstgeschichte von Vorteil, denn wir sind davon überzeugt, daß man die künstlerische Tätigkeit nicht von dem historischen Prozeß, der sich gleichzeitig abspielt, trennen kann. Diese Tätigkeit folgt nicht eigenen Gesetzmäßigkeiten und einer autonomen Entwicklung, wie es die reinen Formalisten sehen wollen, selbst wenn eine innere Übereinstimmung, die allerdings als historisch anzusehen ist, ein Werk mit dem anderen und eine Persönlichkeit mit der anderen verbindet. Darum kann eine klarere Sicht der historischen Probleme auch für eine bessere Erkenntnis der kunsthistorischen Fragen nur von Nutzen sein.

Damit wir uns mit diesem Thema weiter beschäftigen können, müssen wir die Untersuchung an der Stelle wiederaufnehmen, wo wir sie verlassen haben, das heißt am Ende des 19. Jahrhunderts, nach dem letzten großen Vertreter der philologischen Schule, Adolf Furtwängler, und wir müssen versuchen, die verschiedenen Gedankenrichtungen zu klären, die ihren Einfluß auf die Untersuchung der Kunst des Altertums bis zur Mitte dieses Jahrhunderts ausgeübt haben.

VI. Theoretische Forschung und Historismus zu Beginn des 20. Jahrhunderts

Am Ende der philologischen Periode zwischen dem 19. und dem 20. Jahrhundert steht die Gestalt eines Gelehrten, der besonders zu würdigen ist, der Österreicher Emanuel Loewy, der als erster an der Universität Rom einen Lehrstuhl für klassische Archäologie erhielt. Außer dieser Tatsache, die für die italienische Kultur dieser Zeit wichtig ist, war auch sein Werk von großer Bedeutung, denn er ist vielleicht der erste Archäologe, der weiterzuführen suchte, worin Winckelmanns wirkliche Größe gelegen hatte: die Erforschung des Wesens der Kunst, das heißt der grundsätzlichen Fragen, die sich angesichts der Entwicklung der Kunst im allgemeinen und der griechischen Kunst im besonderen erheben. Loewy versuchte, die Erforschung der antiken Kunst auf eine allgemeine theoretische Grundlage zu stellen. Hierzu hat er zwei fundamentale Studien verfaßt, ‚Die Naturwiedergabe in der älteren griechischen Kunst‘ und eine Abhandlung mit einem ikonographischen Thema, ‚Typenwanderungen‘.[141] Diese beiden Studien sind von so großer Bedeutung, weil sie die beiden wesentlichen Punkte in der Geschichte der Erforschung der antiken griechischen Kunst berühren, einmal die Beziehung zwischen der griechischen Kunst und der Wirklichkeit der Natur und dann die Beständigkeit der Ikonographie.

Diesen Bereich der Ikonographie beachten die Archäologen oft nicht genügend, wenn sie sich mit der Kunstgeschichte befassen. Dabei muß man sich vielmehr gerade bei der antiken Kunst darüber im klaren sein, daß die Grundlage für diese Leistung rein handwerklicher Art ist. Wir haben es nicht, wie das die Romantik behauptet hat, mit der isolierten Künstlergestalt zu tun, die aus sich selbst heraus fähig ist, „kraft ihrer eigenen Persönlichkeit" ein Kunstwerk zu schaffen, das von jeglicher Verbindung zur Gesellschaft, in welcher der Künstler lebt, abgeschnitten ist.[142] Diese Betonung der Persönlichkeit des Künstlers ist eine moderne Erfindung. In der Antike ist der Künstler ein Handwerker, und auch die antiken Quellen sehen ihn als solchen an.[143] Wie bei allen Handwerkszweigen bildete sich auch hier ein Bestand an technischer und ikonographischer Tradition, der es dem Handwerker ermöglichte, ein hohes Niveau zu erreichen. Im Prinzip arbeitet man so, wie man es in der Werkstatt gelernt hat, aber jeder talentierte Handwerker fügt dem kleine Veränderungen hinzu, die der Ausdruck seiner persönlichen Erfindungskraft sind und die schließlich von seinen Nachfolgern aufgegriffen werden. Im Laufe der Zeit gelangt man auf diese Weise auch zu tiefgehenden Erneuerungen. So besteht etwa in der archaischen Kunst der Typus des *Kuros* als männliche, unbekleidete Gestalt in gerader Haltung ohne eine bestimmte Aktion von der Mitte des 7. bis zum Ende des 6. Jahrhunderts v. Chr., vom ikonographischen Gesichtspunkt gesehen, ohne jede Veränderung. Aber trotz dieser typologischen Uniformität gleicht kein *Kuros* dem anderen, und die Frage der statuarischen Gestaltung reift im Verlauf von zwei Jahrhunderten bis zur Krise heran, die bei dem attischen Bildhauer Kritios manifest wird, mit dem die Phase des ‚strengen Stils', von 480 bis 460 v. Chr., beginnt, die dann zur polykletischen Lösung in den Jahren 450 bis 440 v. Chr. führt. Auch in der christlichen Kunst gibt es bekannte Beispiele für die ikonographische

Dauerhaftigkeit einer Darstellung. So wird zum Beispiel die Szene der Geburt Christi von der byzantinischen Zeit bis zur Gotik im selben Schema dargestellt: die liegende Muttergottes, daneben das Kind in der Wiege, die parallel zur Mutter steht. Erst durch Giovanni Pisano wird eine Veränderung eingeführt, die scheinbar sehr geringfügig ist, aber für den Inhalt große Bedeutung hat: die Wiege mit dem Kind wird andersherum aufgestellt, so daß Mutter und Kind sich ansehen. Auf diese Weise wird ein psychologisches, emotionales und menschliches Element in die Darstellung gebracht, welches das hieratische byzantinische Schema durchbricht und ein Anzeichen für eine neuartige menschliche Beziehung jenseits der religiösen und theologischen Bedeutung ist. Nicht zufällig beginnt zur selben Zeit die humanitäre Bewegung der Franziskaner.

Wo in der Kunst eine starke handwerkliche Tradition besteht wie bei der antiken Kunst, da ist auch die Beständigkeit ikonographischer Schemata besonders stark. Dies sollte man beachten, will man zu einer zutreffenden Beurteilung gelangen und nicht ikonographische Traditionen mit stilistischer Verwandtschaft verwechseln. Bei der Untersuchung einer bestimmten Darstellung muß man die Herkunft des ikonographischen Schemas prüfen und die Vorläufer suchen, denn erst nach dieser Untersuchung kann man die historische Position des Werkes bestimmen und den persönlichen Beitrag des Künstlers richtig bewerten. Das war auch das Thema von Loewys Untersuchungen, der als erster die Beständigkeit der Darstellungsschemen darlegte und außerdem zeigte, wie zahlreiche Motive der griechischen archaischen Kunst mit der Kunst des Vorderen Orients zusammenhängen. Gleichzeitig muß man sich vergegenwärtigen – was Loewy nicht getan hat –, daß es etwas anderes ist, ob man von ikonographischen Schemata spricht oder von der Form, von einem neuen künstlerischen Inhalt. Viele Mißverständnisse beruhen darauf, daß man diese beiden Phänomene nicht auseinandergehalten hat. Das muß man sich etwa beim Studium der etruskischen Kunst im besonderen Maße vergegenwärtigen, in der eine ununterbrochene ikonographische Tradition von Griechenland her besteht, die zuweilen in einen ganz anderen formalen Ausdruck gekleidet ist. Beide Elemente müssen also getrennt beurteilt werden.

Diese Beobachtungen bilden einen der grundlegenden Faktoren, durch die sich die archäologische Wissenschaft von ihrer traditionellen Basis entfernte, auf der sie mit der philologischen Schule gestanden hatte. Letztere hatte am Ende die Geschichte der Kunst zu einer Art Geschichte der Natur oder der Botanik reduziert, in der die verschiedenen Strömungen, die mechanisch in ‚Stile‘ eingeteilt wurden, gleichsam eine aus der anderen erwuchsen, wie die Blätter aus dem Stiel, wodurch man den historischen Prozeß der Kunst, der sich in ständigem Wandel und immer dialektisch vollzieht, aus den Augen verlor. Mit Gewinn könnte man noch heute Loewys ‚Die griechische Plastik‘[144], eine zusammenfassende didaktische Behandlung des im Titel genannten Themas, lesen, obwohl dieses Buch auf einem wesentlich weniger reichen Material beruht, als es uns heute zur Verfügung steht.

Das zweite grundlegende Problem, mit dem sich Loewy beschäftigt, ist die Wiedergabe der realen Wirklichkeit der Natur, und das heißt, daß die natürliche Erscheinung der Welt auf ein künstlerisches Bild übertragen wird. Winckelmann hatte geglaubt, er könne das Wesen der griechischen Kunst definieren, indem er sein Konzept von der Idealisierung der realen Form entwickelte, das heißt von der Auswahl des Schönsten und des Besten, um damit eine ‚ideale Form‘ zu schaffen, die über der zufälligen Erscheinung der Natur steht und sich zur Natur etwa so verhält wie die platonischen Ideen zur Wirklichkeit. Es entstand so die Unterscheidung einer Reihe von ‚Idealtypen‘, die wir heute nur noch als ikonographische Klassifizierungen ansehen, wogegen sich inzwischen mit Mühe die Erkenntnis durchgesetzt hat, daß die griechische Kunst unter allen Künsten der antiken Kultur die am meisten naturalistische und zutiefst realistische ist. Wenn man heute den Realismus in der griechischen Kunst als ein grundlegendes Element ihrer Struktur dem Konzept der Idealisierung entgegenhält, das man früher für adäquat hielt, so steht das zum Teil mit den präziseren historischen Positionen in Zusammenhang, die man heute erreicht hat und die den Vergleich zwischen der griechischen Kunst und den gleichzeitigen und früheren künstlerischen Äußerungen der anderen Völker berücksichtigen. Andererseits liegt es auch an einem tieferen Verständnis für das Wesen des künstlerischen Ausdrucks, was teils durch ästhetische und kritische Untersuchungen erreicht wurde, teils auch durch die Erfahrungen der zeitgenössischen Kunst selbst, in welcher sich der künstlerische Ausdruck völlig von den Gegebenheiten der Natur gelöst hat. Auf keinen Fall macht diese Erkenntnis den Wert von Bemühungen zunichte, die auf die Erforschung der Art und Weise gerichtet sind, wie von Fall zu Fall bildnerische Schemata entstanden, die es der antiken Kunst ermöglichten, eine klare Verständigung zwischen Kunstwerk und Publikum zu erreichen. Diese Beziehung kann nur auf einer allgemein akzeptierten Basis von Darstellungsschemata entstehen, die wir auch als Zeichen oder Symbole bezeichnen könnten, welche eine grundlegende Sprache darstellen, die von allen zu einer bestimmten Zeit und an einem bestimmten Ort verstanden wird. Und aus diesem Grunde rufen die Schöpfer neuer Zeichen oder Symbole, durch welche die zuvor angenommenen ersetzt werden, nicht so sehr ästhetische Ablehnung hervor als vielmehr moralische Entrüstung.

Am Ende des 19. Jahrhunderts erfährt die Winckelmannsche Formel eine erste Revision auf Grund der positivistischen Tendenzen, die auch in der Archäologie ihren Widerhall finden. Der Däne Julius Lange hat sich als erster mit der Frage nach der Beziehung zwischen der griechischen Kunst und den Formen der Natur beschäftigt. Dieses Thema wurde dann in Italien von Alessandro della Seta, einem Schüler Loewys, aufgegriffen. Mit einer frühen Arbeit über die ‚Entstehung der perspektivischen Verkürzung in der griechischen Kunst‘,[145] nahm della Seta jene Untersuchungen auf und versuchte sie weiter voranzubringen. J. Lange war der erste gewesen, der einige ‚Gesetze‘ in der künstlerischen Vorstellung der älteren Periode griechischer Kunst beobachtet und definiert hatte. Das erste und bedeutendste dieser Gesetze ist das der ‚Frontalität‘, das in der Tatsache zum Ausdruck kommt, daß jedes vom Künstler wiedergegebene Bild eine Art Abflachung erfährt, gleichsam wie eine gepreßte Blume. Es verliert das Volumen, jegliche Perspektive wird vermieden; die Gestalt hat keinerlei Tiefe, sie bewegt sich wie zwischen zwei Glasscheiben, deren eine die Rückseite bildet und die andere eine dazu parallele Fläche, an die alle vorstehenden Partien der Gestalt angedrückt sind. Es ist eine lineare und symmetrische Vorstellung, nach der eine Linie den Körper vom Scheitel bis zum Nabel senkrecht halbiert und ihn so in zwei gleiche, symmetrische Hälften teilt.

Aus diesen ‚Gesetzen‘ leitet Lange die Eigenarten ab, die den archaischen Stil charakterisieren. So werden zum Beispiel die Beine einer Figur im Profil, der Oberkörper aber von vorn gesehen. Diese Drehung des Oberkörpers, durch welche die ganze Gestalt in die gleiche Ebene wie die Beine gebracht wird, ist eine Darstellungsweise mit einer eigenen Harmonie, auch wenn sie von der Realität sehr weit entfernt ist. Aus dem gleichen Grund ist in einem Gesicht, das im Profil dargestellt wird, das Auge nicht ebenfalls im Profil, sondern in Vorderansicht wiedergegeben. Diese Regeln sind in der ägyptischen Kunst besonders deutlich zu erkennen, wo sie über Jahrtausende hinweg angewandt wurden. Die Griechen übernahmen sie anfangs von Ägypten. Diese Tatsache rief früher jedoch das Mißverständnis hervor, daß man den archaischen Stil, besonders bei der etruskischen Kunst, als ‚ägyptischen Stil‘ bezeichnete. Und auch heute noch bewirkt dies, daß man irrtümlicherweise aus solchen Eigenarten eine Verbindung zwischen Ägypten und der präkolumbianischen Kunst Mittelamerikas erschließt. Lange hatte jedoch festgestellt, daß dieses ‚Gesetz der Frontalität‘ jede primitive Kunst beherrscht und bei allen antiken Kulturen anzutreffen ist; in der ägyptischen Kunst bleibt es bis zum Augenblick der Berührung mit der griechischen Kunst in Kraft, die als einzige dieses Schema durch die Entdeckung der perspektivischen Gesetze überwunden hatte. Andererseits teilte auch Lange das allgemeine Mißverständnis, daß die höchste Kunst in der besten Wiedergabe der Natur liegt (zur Aufklärung dieses Irrtums trug dann auch die Verbreitung der photographischen Wiedergabe bei). Er hielt die Frontalität für eine direkte Folge der ‚Unfähigkeit‘, die Wirklichkeit zu sehen und all die verschiedenen Erscheinungsformen auszudrücken, welche die Wirklichkeit in sich birgt. Von daher, so meinte man, komme der Zwang zur Typisierung der Erscheinungen, damit dem Künstler ein Leitfaden gegeben ist und dem Handwerker ein Formenschatz für seine Arbeit zur Verfügung steht. Diese Gedankengänge von Lange, mit denen zum ersten Male seit Winckelmann wieder allgemeine Kategorien des künstlerischen Schaffens gesucht werden, waren eng mit den positivistischen und empiristischen Tendenzen der zweiten Hälfte des vorigen Jahrhunderts verbunden. Die Kunst wurde als eine von der Person des Künstlers völlig unabhängige Sache gesehen, was ein ebenso großer Irrtum war wie der, alles nur auf die einzelne Persönlichkeit zurückzuführen, wie es später auf den Spuren der Romantik von der idealistischen Ästhetik propagiert wurde. Lange hat sich vor allem eine wichtige Tatsache nicht bewußt gemacht, daß nämlich diese Frontalität und Symmetrie, die allen kindlichen oder primitiven künstlerischen Ausdrucksweisen gemeinsam ist, in der griechischen Kunst zu einem Stil von höchster Vollendung wurde. Gewiß findet man diese Frontalität auch in dem Gekritzel eines Kindes; man muß jedoch einen Unterschied machen können zwischen einer solchen spontanen und automatischen Äußerung und dem, wozu dieses ‚Gesetz‘ in der Hand sensibler Künstler werden kann, die daraus einen bewußten und konsequenten Stil schaffen und es als wichtigstes Element des Ausdrucks verwenden. Indem man die Frontalität bloß als ein Element des Primitiven und Unfähigen beurteilte, bestätigte man die Vorstellung von der sogenannten Vorläufigkeit der archaischen Kunst, von ihrem Stadium der ‚Vorbereitung‘ auf die klassische Kunst, eine Vorstellung, die durch Winckelmann aufgekommen war und die jetzt durch evolutionistische Gedanken bereichert wurde, die man aus der Biologie irrtümlich auf die Geschichte übertrug. Auf diese Weise verhinderte man eine historische Wertung und Beurteilung dieser archaischen Periode, in der man zumeist hervorragende künstlerische Schöpfungen findet.

Es war notwendig, dieses evolutionistische Konzept zu überwinden. Einen wichtigen Schritt vorwärts zu einer adäquateren

Deutung machte Loewy; es war ein Schritt, der vielleicht nicht sogleich in seiner Bedeutung erkannt wurde. In seinem Buch über die ‚Naturwiedergabe'[146] löste er sich von der Vorstellung Langes. Er begriff, daß die archaische Frontalität nicht auf Unfähigkeit beruht, sondern auf einem bestimmten Konzept des künstlerischen Schaffens. An einer Reihe von Vergleichen und Beispielen zeigt er, daß der primitive Künstler nicht einen bestimmten Gegenstand in seiner natürlichen Erscheinung imitiert, sondern daß sich der schöpferische Prozeß nach der Erinnerung vollzieht, nach einem geistigen Bild, das dem Künstler den Gegenstand unter seinem einfachsten und am deutlichsten erkennbaren Aspekt bietet. Aus diesem Grunde stellt sich der Gegenstand in seiner größten Ausdehnung und in seiner charakteristischsten Form dar. Deshalb wird der primitive Künstler niemals einen Fuß von vorn, sondern immer in der Seitenansicht darstellen, und er wird das Auge von vorn, das heißt in der elliptischen Form zeigen, die klarer als die Profilansicht ist, weil man im Profil nur einen Teil davon sieht. Ebenso wird der primitive Künstler, wenn er ein Weinblatt zeichnen will, dieses nach dem Gedächtnis zeichnen, und das Ergebnis wird ein Blatt mit den deutlichen Charakteristiken seiner Spezies sein, aber nicht die Kopie nach einem wirklichen zufälligen Blatt. Auf solche Weise entsteht das archaische Kunstwerk; das ist auch der Grund, weshalb flächige Bilder entstehen, die deutlich durch Umrißlinien bestimmt sind. Die perspektivische Verkürzung ist dagegen bereits das Ergebnis einer rationalen Überlegung und eines rationalen Willens, die sich auf eine augenblickliche Erscheinung richten. Die Kopie nach der Wirklichkeit setzt ein Interesse an dem Reichtum der Erscheinungsweisen der Natur voraus, wie es nur in einer intellektualisierten Umgebung entstehen kann, welche die Natur als etwas Wunderbares ‚wiederentdeckt', da sie nicht mehr ständig in ihr verhaftet ist. Diese psychologische Sehweise brachte Loewy dazu, sich von der Vorstellung der ‚Unfähigkeit' des Künstlers zu lösen und zu verstehen, daß die Konzeption der archaischen Kunst auf der besonderen Ausdrucksweise des Künstlers beruhte und einer bestimmten Welt und Zeit verbunden war, so daß nur die Veränderung der Voraussetzungen die Kunst selbst ändern konnte. Damit begann man von jener Vorstellung einer deterministischen Evolution abzurücken, mit der man die archaische Kunst als Vorbereitung auf die klassische Kunst angesehen hatte, so als ob diese Künstler die Aufgabe gehabt hätten, etwas zu lehren und vorzubereiten, das irgendwann geschehen würde. Das wäre das gleiche, als wenn man behauptete – und dies wurde tatsächlich getan –, daß die Kunst Giottos Raffael den Weg bahnte und sie nur deswegen von Bedeutung ist. Jeder dieser archaischen Künstler wird dagegen nach dem bewertet, was er geschaffen hat, sowie nach den Maßstäben seiner eigenen Zeit. Es war jedoch äußerst schwierig, die evolutionäre Mentalität zu überwinden, viel schwieriger, als wir uns das heute vorstellen können, da wir in einem ganz anderen geistigen Klima aufgewachsen sind.

Della Seta hat sich mit der Frage der Überwindung des Frontalitätsgesetzes in der griechischen Kunst beschäftigt, ein Phänomen, mit dem wir den Übergang von der archaischen zur klassischen Kunst fixieren. Er sah, daß die Frontalität durch die erweiterte Kenntnis der Anatomie überwunden wurde, und schrieb die gesamte Entwicklung der griechischen Kunst den Kenntnissen der Anatomie zu. Er verfiel somit auf die irrige Ansicht, die uns heute als undifferenziert erscheint, die Entwicklung der griechischen Kunst unter dem Vorzeichen anatomischer Forschung zu sehen, als ob eine solche Kenntnis das einzige Ziel der Kunst gewesen sei und als ob die detaillierte anatomische Beobachtung der Endzweck und nicht nur ein Mittel des künstlerischen Ausdrucks sei. Zweifellos gibt es am Übergang von der Archaik zur klassischen Periode eine Zunahme anatomischer Einzelheiten, doch diente diese Beachtung der Anatomie vornehmlich zur Differenzierung einzelner Körperpartien in ihrer Helldunkel-Wirkung. Gerade mit der Einführung von Licht und Schatten in die Plastik wird die archaische Frontalität durchbrochen. Man will die volle Körperlichkeit einer Gestalt erreichen, die sich in einem unbegrenzten Raum bewegen soll.

Della Seta wandte viele Jahre lang seine ganze Kraft auf sein Werk über ‚Das Nackte in der Kunst‘,[147] in dem er die gesamte griechische Skulptur unter dem Gesichtspunkt des anatomischen Interesses untersucht. Häufig zeigt er beim Verständnis des Kunstwerkes eine feine, intuitive Empfindsamkeit, aber sein historisches Urteil bleibt wegen der falschen Prämissen zweifelhaft. In den letzten Jahren seines Lebens zweifelte della Seta vermutlich selbst an der Wahrheit seiner These, da er sein Werk nie, wie geplant, unter Einbeziehung der modernen Kunst zu Ende führte. Als er den vielfältigen Problemen der europäischen Kunst der Renaissance und des Barock gegenüberstand, bemerkte er wahrscheinlich, daß seine Vorstellung von einem Anatomielehrsaal sich nicht als Leitidee für eine Geschichte der Kunst eignete.

Es mag vielleicht unnütz erscheinen, an solche Untersuchungen zu erinnern, da ihr Ausgangspunkt überwunden und von den heutigen Problemen weit entfernt ist. Doch glauben wir, daß dies von Bedeutung ist, nicht nur weil man dabei den Weg der theoretischen Intentionen der antiken Kunstgeschichte verfolgt, sondern weil man dabei auch versteht, wie die Gelehrtengeneration herangewachsen ist, die im ersten Viertel unseres Jahrhunderts bestimmend war.

Mit den drei Gelehrten Lange, Loewy und della Seta sind wir in ein Stadium gelangt, in dem die enge deutsche philologische Richtung teilweise überwunden ist. Es läßt sich bei ihnen feststellen, daß sie die Archäologie auf Probleme hinlenkten, die nicht mehr rein philologischer Art sind, sondern von der Interpretation der künstlerischen Tatsachen bestimmt werden.

Winckelmann war, wenn auch nicht explizit, ein Anhänger der Aufklärung. Er nahm an dieser Strömung teil, obwohl er dabei nicht im Vordergrund stand, und sein Kampf gegen die Welt der Antiquare war der Kampf der Aufklärung gegen das Aufgehen der Kultur in der reinen Gelehrsamkeit, wie es im Verlauf des 17. Jahrhunderts in der feudalistischen Gesellschaft geschehen war. Von dieser Seite her gesehen, bedeutete die Philologie einen Rückschritt im Vergleich zu Winckelmann: sie hatte auf das Postulat, eine lebendige Beziehung zur griechischen Welt zu finden, verzichtet. Die ganze Philologie der ‚Altertumswissenschaft‘ ist von einer gewissen Vorsicht durchzogen, so als ob man Angst davor hätte, nicht immer völlig unter objektiven Voraussetzungen zu forschen. Einer agnostischen Haltung ist es von vornherein verwehrt, einen Standpunkt zu beziehen. Gerade jene Mentalität war dann für die Sterilität der europäischen Kultur verantwortlich, was zur Folge hatte, daß diese Kultur schließlich zu den verschiedensten Formen des Irrationalen gelangte. Es herrscht darin das Prinzip, daß man sich selbst so betrachten soll, wie die Arbeiter, die dazu angehalten sind, die Steine für einen Bau herbeizuschaffen, der irgendwann errichtet werden soll; dieses ‚Sammeln von Steinen‘ ohne eine Vorstellung von dem Ziel, das damit erreicht werden soll, von dem Gebäude, das zu errichten ist, erscheint als sehr bezeichnend.

Doch es gibt auch bei Goethe, Schiller, Hölderlin und Nietzsche, der später darin der Beste sein sollte, eine Art Vorsicht und Angst vor jenen Grundelementen des griechischen Denkens und der griechischen Kultur, die besonders starke Impulse des Rationalismus und einen so lebendigen Sinn für Freiheit und Gerechtigkeit enthalten. Die klassische Philologie war von konservativem, wenn nicht gar reaktionärem Geist durchdrungen und gewiß vom Agnostizismus. Mit der Wiederaufnahme der Tradition des späten und verfälschten Humanismus wird die Philologie zu einer reinen Technik; die Diskussion ging nicht um die Substanz der Dinge, sondern nur um Probleme, die aus akademischen Debatten entstanden.

Am Anfang des 20. Jahrhunderts beginnt eine neue Phase für die Archäologie, deren Entwicklung sich nach dem Ersten Weltkrieg beschleunigt, nachdem auch diesem Fach gezwungenermaßen ein Stillstand auferlegt war. Die Grabungen waren unterbrochen, die Museen geschlossen. Es war eine Phase, die dazu anregte, über das vorhandene Material nachzudenken, um jenes Gebäude zu errichten, für das bisher schon so vieles zusammengetragen worden war. Eine Reihe von Arbeiten, die in den ersten Jahren nach dem Krieg erschien, hat eine bewußt historische Sicht ihres Materials zur Voraussetzung und zieht zugleich die Originale stärker heran als die Kopien. Wenn Winckelmanns Geschichte lediglich auf Grund der Kenntnis von Kopien konzipiert war, so kam man jetzt zu Studien, die einzig das Original in Betracht zogen, in der Absicht, sich eher mit einem bestimmten Problem der Form zu beschäftigen als damit, eine Geschichte der gesamten griechischen Kunst zu verfassen. Typisch dafür war die im Jahre 1927 publizierte Arbeit von Ernst Langlotz, ‚Frühgriechische Bildhauerschulen‘, die nicht von Kopien der neuattischen und römischen Zeit ausging, sondern von kleinen, weniger bedeutenden originalen Bronzen. Es war hierbei weniger die Absicht, die großen Persönlichkeiten der in den Quellen gefeierten Meister wiederzufinden, deren originale Werke verloren sind, als vielmehr die verschiedenen Schulen, die ‚Werkstätten‘, aus denen die großen Künstler hervorgegangen waren und die selbst wiederum von den Meistern beeinflußt sind. In einer anderen feinfühligen Analyse gelang es ihm, für die archaische Zeit eine Chronologie mit sehr eng gesetzten Daten, die nur um fünf bis zehn Jahre schwankten, aufzustellen, indem er Skulpturen und Vasenmalerei miteinander verglich, wobei er von einigen sicheren Datierungen ausging, wie etwa den Scherben aus dem Grabhügel von Marathon, 490 v. Chr., dem ‚Perserschutt‘ von 480 v. Chr. und Figurenschmuck von Gebäuden, deren Bauzeit mit bestimmten historischen Ereignissen zusammenfiel, sowie von Inschriften auf Vasenmalereien, die bestimmte historische Persönlichkeiten erwähnen.[148]

Mit dem Ende des 19. Jahrhunderts beginnt jedoch auch eine ganz neue Phase theoretischer Untersuchungen in bezug auf die bildende Kunst. Diese Theorien hatten freilich zumindest für eine gewisse Zeit noch keinen starken Einfluß auf die Geschichte der antiken Kunst. So schrieb etwa Furtwängler, der bedeutendste Archäologe seiner Zeit, in einem Brief, er hätte die ‚Stilfragen‘ von Riegl[149] bereits zweimal gelesen, ohne etwas verstanden zu haben.

Direkten Einfluß auf die archäologische Forschung übten besonders die Gedanken aus, die von der sogenannten ‚Wiener Schule‘ formuliert wurden. In Wien traten um 1895 zwei Gelehrte besonders hervor, Wickhoff und Riegl, beide Historiker der mittelalterlichen und neueren Kunst. Riegl war theoretisch besser fundiert, das feinere Empfinden für die künstlerischen Phänomene hatte Wickhoff. Diese beiden Wiener Gelehrten haben sich mit antiker Kunstgeschichte befaßt, um Probleme der mittelalterlichen Kunst zu lösen und die Bezüge der mittelalterlichen zur römischen Kunst zu klären, die dieser vorausgegangen war. Riegl hatte, um im Wiener Museum das ‚römisch-barbarische‘ archäologische Material der Donauregion ordnen zu können, das Kunsthandwerk der späten Kaiserzeit untersucht. Sein diesbezügliches Werk ‚Spätrömische Kunstindustrie‘ wurde 1901 im Großformat vom Österreichischen Archäologischen Institut publiziert und im Normalformat 1927 nachgedruckt, jener Ausgabe, die im allgemeinen benützt und zitiert wird.[150] Bei seinen Studien überprüfte er die gesamte römische Architektur, Skulptur und Malerei seit dem 2. Jahrhundert n. Chr. und gelangte dadurch zu einer neuen Bewertung der römischen Kunst, besonders der Zeit des späten Kaiserreiches, des 3. bis 5. Jahrhunderts n. Chr., damals als Jahrhunderte der Dekadenz bezeichnet.

Dieses Werk Riegls ist bis heute grundlegend geblieben, auch wenn man seinen Leitgedanken nicht teilt, und es steht eindeutig über dem im allgemeinen bekannteren, aber oberflächlicheren Werk von Wickhoff. Als Vorläufer dazu hatte Riegl eine theoretische Abhandlung mit dem Titel ‚Stilfragen‘ verfaßt, in der er versuchte, die allgemeinen Gesetze, welche der Entstehung ornamentaler Motive zugrunde liegen, aufzuklären. Riegl formulierte eine Theorie, die bis heute großen Erfolg gehabt hat und ein unverkennbar fortschrittlicher Beitrag gewesen ist, denn sie hat die Kunstgeschichte von der biologischen Dekadenzvorstellung befreit. Er war sich einerseits der Mangelhaftigkeit der mechanisch-positivistischen Vorstellung bewußt, die in den Untersuchungen Sempers über den Ursprung der ornamentalen Verzierungen zum Ausdruck kam,[151] und andererseits auch der Unmöglichkeit, so viele Jahrhunderte der Kunst nur unter dem vereinfachenden Begriff der Dekadenz zu erfassen. Riegl überwand diese Vorstellung von der Dekadenz, indem er die Idee vom ‚Kunstwollen‘ oder auch ‚Geschmack‘ einführte. Nach dieser Theorie herrscht in jeder Epoche der Geschichte ein bestimmter Geschmack, der sich in ganz bestimmten künstlerischen Ausdrucksformen niederschlägt; es ist daher nicht legitim, den Geschmack einer Epoche dem einer anderen gegenüberzustellen und ihn nach einer Epoche zu beurteilen, die von vornherein als exemplarisch oder ‚klassisch' festgelegt ist. Man muß vielmehr versuchen, die Fragestellungen der Künstler in den einzelnen Epochen zu rekonstruieren und zu erkennen, wieweit sie das, was sie sich vorgestellt hatten, verwirklichen konnten. Damit endete eine Bewertung der antiken Kunst, wie sie von Winckelmann verbreitet worden war. Indem er die Bedingtheit des Stils durch Material, Technik und praktische Funktion des Kunstwerkes ablehnte, bereitete Riegl den Weg für die idealistische Kunstvorstellung. Gleichwohl blieb er noch einer ahistorischen Konzeption verhaftet, welche die Geschichte der Kunst in eine vorherbestimmte Entwicklungslinie einfügt, die er von den Naturwissenschaften übernahm, womit er der Richtung jenes Österreichischen Institutes für historische Forschungen folgte, durch die seine eigene Entwicklung bestimmt gewesen war. So glaubte er, die gesamte Kunst der Antike in drei Perioden ausdrücken zu können, deren erste er als ‚haptisch-nahsichtig' definierte und die in der ägyptischen Kunst zum Ausdruck kommt; die zweite ist die ‚haptisch-normalsichtige', die die Formen in einen angemessenen Abstand zur Umgebung setzt, was sich an der klassischen griechischen Kunst zeigen läßt, und die dritte, die ‚optisch-fernsichtige', die in der spätrömischen Kunst vertreten ist.

Wenn die Bildhauerei am Übergang von der klassisch-hellenistischen Tradition zur constantinischen Epoche in gewisser Hinsicht als ein Verfall ins Rohe und Grobschlächtige erscheint, so muß man andererseits bedenken, daß etwa die constantinischen Reliefs bereits die notwendigen Elemente für die glänzende Blütezeit der byzantinischen Kunst enthalten. In ihnen ist eine Raumvorstellung vorhanden, die viel freier als die klassische ist, und zwar in einem so bedeutenden Ausmaß, daß man sie als die volle Verwirklichung einer säkularen Tendenz ansehen kann, womit sie als Fortschritt und nicht als Niedergang zu charakterisieren ist.

Die Kritik, die gegen diese Konzeption vorgebracht worden ist, bezieht sich darauf, daß hier jedes Qualitätsurteil aufgehoben ist;

wenn man ein Kunstwerk nicht bewerten kann, weil es eben nur dem Geschmack seiner Zeit entspricht, so kann man auch leicht zu der Annahme kommen, daß jedes Kunstwerk allein nach dem Geschmack seines Herstellers zu beurteilen ist. Von daher gesehen, übergeht Riegls Ansatz die Unterscheidung in Kunst und Nicht-Kunst und entspricht damit in gewisser Weise den jüngsten Tendenzen unserer zeitgenössischen Kunst. Riegl selbst wäre jedoch über eine solche Ausweitung seiner Gedanken äußerst verwundert gewesen.

Wenn überhaupt, dann wiegt ein anderer Einwand dagegen schwerer: falls die Vorstellung richtig ist, daß jede Epoche eine andere Kunst hervorbringt, die ihre Begründung im Wandel der Gesellschaft findet und die wir, um sie historisch zu beurteilen, weniger auf ein von uns selbst bevorzugtes Modell beziehen können, als daß wir uns selbst zu ‚Zeitgenossen‘ des Augenblicks ihrer Entstehung machen müssen, dann müssen wir feststellen, daß Riegl den engen Bezug zwischen Kunst und Gesellschaft völlig übergangen hat und das ‚Kunstwollen‘ als einen *deus ex machina* hinstellt, der alles lenkt. Er fragt sich auch nicht, wie dieses ‚Kunstwollen‘ entstanden ist, noch, worin es besteht. Nimmt man einen konkreten Fall, so läßt sich seit der traianischen Zeit die Suche nach neuen Formen feststellen, die zwar noch in der Tradition verankert bleiben, sich aber vom Klassizismus befreien wollen. Gerade darin besteht die Größe des ‚Meisters der Traianswerkstatt‘. Doch in den folgenden Generationen der Antoninen und bereits mit Hadrian finden die führenden Schichten und damit die Auftraggeber von Kunstwerken immer größere Genugtuung und Rechtfertigung durch ihr Abgleiten auf mystifizierende Weltvorstellungen. Dieses Aufgehen des Rationalismus in den lebensbeherrschenden Ideologien führt immer auch zu einer Auflösung der plastischen Form und ihrer organischen Gestalt.[152] Deshalb bedarf das von Riegl beobachtete Phänomen einer viel tiefer greifenden Erklärung als jene ‚optische‘, die er vorgeschlagen hat und derer sich ein Kunsthandwerker gar nicht bewußt war. Das wirkliche Problem besteht vielmehr darin zu verstehen, weshalb die Künstler in einer bestimmten Periode auf diese und keine andere Weise arbeiten wollten und worin die Notwendigkeit zum Aufkommen des neuen Geschmacks bestand. Jedenfalls waren Riegls Theorien sehr verdienstvoll, da sie das erste Mal mit den mechanistischen Vorstellungen der Archäologen brachen. Sie stellten einen Aspekt des Historismus dar, der in den Bereich der antiken Kunstgeschichte eindrang. Die Archäologen, die nicht mit theoretischen Gedankengängen vertraut waren, hatten etwas Mühe, die neue Theorie zu begreifen; aus demselben Grund haben sie sich aber dann mit ihr zu sehr angefreundet und sich daran gewöhnt, sie mechanisch zu wiederholen. Andererseits meinte man, in diesen Überlegungen bereits Vorläufer des Existenzialismus und des Strukturalismus erkennen zu können. Heute stellt uns dieser reine Formalismus nicht mehr zufrieden, obwohl in ihm Elemente einer Beurteilung enthalten sind, die ihren eigenen Wert haben.

Wickhoff, der in engem Kontakt zu den Ideen Riegls stand, aber selbst weniger für theoretische Erörterungen gerüstet war, sah sich vor die Aufgabe gestellt, eine berühmte Purpurhandschrift des ersten Buches der Bibel, der ,Genesis', zu publizieren. Sie war mit Miniaturen verziert, die man ins 4. Jahrhundert n. Chr. datierte und für campanisch hielt, weil angeblich eine Verwandtschaft zur pompeianischen Malerei bestand.[153]

In diesem Zusammenhang beschäftigte sich Wickhoff mit der Frage, wie der Stil der zahlreichen Illustrationen dieses Codex entstanden sei. In ihnen zeigte sich einerseits eine Beziehung zur hellenistischen Tradition, wie sie aus der pompeianischen Malerei bekannt war, andererseits aber eine substantielle Abweichung von dieser Richtung. Dieser Unterschied mußte noch überraschender erscheinen, wenn man den Codex in die erste Zeit des offiziellen Christentums datierte und ihn in besonderer Verbindung zur byzantinischen Kunst sah; man schien hier den Ursprung für die gesamte Entwicklung der Malerei in der europäischen Kunst entdeckt zu haben. Gestützt auf die Ideen Riegls und in heftiger Reaktion auf die Mißachtung, mit der die Archäologen die römische Kunst behandelten, entwarf Wickhoff, der kein Archäologe war, als Einleitung zu seiner Untersuchung eine Synthese der Entwicklung der römischen Kunst wie aus einem Guß. Es war eine Synthese, die über ein Jahrzehnt lang von den Archäologen ignoriert, später aber allzu sklavisch und ohne erneute Prüfung befolgt wurde.[154]

Als Schüler des Kunsthistorikers Moritz Thausing und des Archäologen Alexander Conze gewann Wickhoff seine strenge philologische Schulung bei Theodor von Sickel. Er brachte jedoch als eigene Begabung ein lebendiges Gespür für die Interpretation der formalen Elemente eines Kunstwerks mit. Als erster erkannte er auch den autonomen Rang der römischen Kunst an. Nach seiner Vorstellung sind die Römer zwar eindeutig die Erben der künstlerischen Hinterlassenschaft des Hellenismus gewesen, sie haben aber selbst neue und eigenständige künstlerische Elemente hervorgebracht. Darunter glaubte Wickhoff in erster Linie das koloristische Element der Malerei erkennen zu können, das er besonders ausgiebig untersuchte, geleitet von seinem Interesse für den französischen Impressionismus des 19. Jahrhunderts. Gerade wegen dieses lebendigen Bezugs, den er selbst nur als äußerlich empfand, wurde er dazu verführt, bei der Betonung der impressionistischen Technik römischer Kunst im Gegensatz zum griechischen Klassizismus zu übertreiben. Mit dieser Frage hat er die nach der Raumdarstellung in den perspektivischen Ansichten und der Landschaft eng verknüpft. Diese Elemente hob Wickhoff vor allem in der pompeianischen Malerei und in der Bildhauerei hervor, insbesondere beim historischen Relief seit der Zeit der Flavier und seit Traian. Da er feststellte, daß sich diese Elemente mit wachsender zeitlicher Entfernung von der Epoche des augusteischen Klassizismus verstärken, sah sich Wickhoff in der Meinung bestätigt, daß dieses räumliche und malerische Element rein römisch sei. Dieses ‚römische‘ Element wird dann zum wichtigsten Faktor für den Übergang von der antiken zur mittelalterlichen Kunst, den Riegl bereits als den Übergang von der plastischen zur optischen Sehweise bezeichnet hatte. Die Originalität der römischen Kunst wird eindeutig betont und in drei Punkten hervorgehoben: dem realistischen Porträt, der räumlichen und perspektivischen Konzeption und der ‚continuierenden Erzählweise‘. Letztere besteht darin, daß verschiedene Episoden einer Erzählung, sei diese nun historisch oder mythisch, eine neben die andere vor demselben Landschaftshintergrund ohne einen Abschnitt und ohne irgendein darstellerisches Element der Trennung aufgereiht werden. Der Fries der Traianssäule und die mythologischen Szenen auf den Sarkophagen der antoninischen Zeit bieten hierzu die besten Beispiele, wogegen man für Griechenland die Unterteilung in getrennte Episoden als typisch ansieht, wie zum Beispiel bei den Taten des Herakles auf den zwölf Metopen des Zeustempels von Olympia. Auch in der fortlaufenden Erzählweise nimmt angeblich die römische Kunst die europäisch-mittelalterliche vorweg, in der etwa verschiedene Szenen der Passion vom Ölberg bis zur Kreuzigung auf demselben Bild dargestellt werden. Gerade diese Beobachtung brachte Wickhoff, den Historiker der Renaissancekunst, dazu, sich mit der römischen Kunst zu beschäftigen. Wir erkennen heute Wickhoff das Verdienst zu, einen entscheidenden Bruch mit der Tradition herbeigeführt zu haben; von seinen kritischen Thesen über die römische Kunst erscheint uns jedoch keine einzige mehr als gültig. Das ist unabhängig von der Tatsache, daß die Miniaturen der ‚Wiener Genesis‘ inzwischen als ein Werk orientalischer Künstler, vermutlich aus Antiochia, erkannt wurden und aus der ersten Hälfte des 6. Jahrhunderts n. Chr. stammen.[155]

Wie wir bereits erwähnten, haben die Archäologen zunächst die ‚revolutionären‘ Thesen von Wickhoff nicht angenommen, um so weniger, als seine Untersuchung ein nicht eigentlich archäologisches Objekt betraf. Die ersten, die von ihm beeinflußt wurden, waren Eugénie Strong bei ihrer Geschichte der römischen Bildhauerei und Gerhard Rodenwaldt bei einer aus seiner Dissertation hervorgegangenen Studie über die pompeianische Malerei.[156] Leider verfaßte dieser damit ein Werk, das heute vielleicht als einzige seiner Arbeiten völlig überholt ist, gerade weil er einen der Punkte aus den von Wickhoff aufgestellten Thesen verfolgt hat, nämlich den, daß die perspektivischen Elemente der pompeianischen Malerei zur römischen Eigenart gehören und nicht in der hellenistischen Tradition stehen.[157] Gerade weil die Archäologen auf Wickhoff erst spät aufmerksam wurden, hat man, als er einmal entdeckt war, seine Prinzipien und Thesen keiner Überprüfung mehr unterzogen und weniger die kritischen als eher die oberflächlichen Elemente übernommen. Man hat sie in der Folgezeit so oft wiederholt, daß sie zur Richtlinie für die übliche Darstellung der römischen Kunst geworden sind. Doch hat dieses Schema heute nach profunderen Untersuchungen und vor allem angesichts einer weniger oberflächlichen theoretischen Betrachtungsweise keine Bedeutung mehr. Natürlich hatte die Verteidigung der Originalität römischer Kunst Anklang gefunden als Reaktion auf jene Kritik, die Winckelmann veranlaßte, in seinem Werk das Kapitel über die römische Kunst ‚Von der griechischen Kunst unter den Römern‘ zu nennen. In der These Wickhoffs erkennt man bereits ein ausgeprägtes historisches Verständnis, denn man kann tatsächlich nicht von einer sklavischen Nachahmung der griechischen Kunst sprechen, die sich über mindestens vier Jahrhunderte erstreckt haben soll. Die andersartigen Elemente in der römischen Kunst wurden allzu offensichtlich, nachdem einmal die Prinzipien der Eigenständigkeit des Geschmacks akzeptiert waren. Es ist jedoch auch absurd, die Frage nach der Originalität zu stellen, denn in der Geschichte wiederholt sich nichts auf völlig gleiche Weise. Andererseits wurde diese ‚Originalität‘ aber auch unter dem Einfluß bestimmter nationalistischer politischer Theorien sinnlos verherrlicht.[158]

In Wirklichkeit ging Wickhoff von falschen Voraussetzungen aus, weil er noch an die Vorstellung des Plinius – und Winckelmanns – von der griechischen Kunst gebunden war, das heißt an eine klassizistische Sicht, die den Beitrag des Hellenismus ignorierte. Im Gegensatz zum attischen Klassizismus vom Ende der hellenistischen Zeit erschienen die Elemente der Räumlichkeit in der pompeianischen Malerei und beim traianischen Relief als etwas Neues. Tatsächlich aber waren sie in der Malerei nichts anderes als direkte Nachahmungen hellenistischer Vorbilder, und beim Relief war es eine Wiederaufnahme der Beziehung zur ersten und zweiten Phase des Hellenismus. Ich glaube, daß ich selbst einen Beitrag zur Modifizierung dieser Vorstellung von der römischen Kunst geliefert habe; dabei bin jedoch auch ich unter dem Einfluß der Wiener Schule davon ausgegangen, daß Vorläufer der Raumdarstellung in der etruskischen als einer vorrömischen Kunst anzunehmen sind.[159] Heute habe ich mich davon überzeugt, daß der Kunst des alten Italien jede Suche nach einer räumlichen Malerei abgeht, insofern sie nicht in Kontakt mit der hellenistischen Kunst gekommen ist. Dagegen finden wir in der griechischen Kunst das Problem des Raumes in der Malerei seit der protoattischen Keramik am Ende des 7. Jahrhunderts v. Chr. vertreten. Dies ist gewiß das hauptsächliche Unterscheidungsmerkmal der griechischen Kunst im Vergleich zu allen anderen Kunstformen der Mittelmeerkulturen. Es ist das, was die griechische Kunst zur Entdeckung der Verkürzung und der Perspektive sowie zum organischen Naturalismus der hellenistischen Zeit führt.

Das römische Porträt beruht auf sozialen und folglich auch politisch-religiösen Voraussetzungen, die von den Ursachen für die späte Entstehung des Porträts in der griechischen Kunst völlig verschieden sind. Es konnte nicht ohne weiteres eine Imitation von jenem sein, doch ist es wahrscheinlich, daß griechische Künstler im Dienste des römischen Patriziats die von uns als typisch römisch angesehene Tradition der republikanischen Porträtkunst begründet haben. Sie beginnt mit der sullanischen Zeit und entwickelt sich neben dem hellenistischen Porträttypus, der in Rom ebenfalls hergestellt wird. Man hat darüber diskutiert, ob sich im griechischen Bereich ein Hinweis auf eine ‚kontinuierende Erzählweise‘ findet. Tatsächlich gibt es dafür einige Anhaltspunkte im oberen Fries des Pergamonaltars, wo eine Reihe von Reliefplatten den Opferaltar umrahmen und den Mythos von Telephos darstellen. Sicher hat es jedoch in der griechischen Welt eine so großartige und vollständige fortlaufende Darstellung wie bei den römischen Spiralsäulen nicht gegeben. Wickhoff hat in ihnen alle Implikationen stilistischer Neuerungen gesehen, wie zum Beispiel bei der Darstellung der Landschaft, die nicht mehr symbolisch verstanden wird. In der klassischen Kunst zeigte man einen Baum oder eine Säule, um damit anzudeuten, daß sich die Szene im

Freien oder in einem geschlossenen Raum abspielte. Nie stellt man jedoch eine Szene in der Landschaft so dar, als wäre es eine wirkliche Szenerie, die von Figuren bevölkert ist. Am Ende der klassischen Zeit gibt es jedoch bereits einige naturalistische Anklänge, wie etwa der verdorrte Baum in der Alexanderschlacht, einem Mosaik aus Pompei, das nach einem Gemälde des Philoxenos vom Ende des 4. Jahrhunderts v. Chr. gearbeitet ist; und in hellenistischer Zeit stellen sich dann zahlreiche Beispiele für ‚bukolische Landschaften‘ ein. Man muß daher zugeben, daß die fortlaufende Darstellungsweise ihre Wurzeln in der hellenistischen Kunst hat, daß sie aber während der römischen Zeit weiterentwickelt wurde und ihre geläufige Kompositionsweise dort erhielt, wo sie in hervorragender Weise für die erzählerische und verherrlichende Thematik der militärischen und zivilen Unternehmungen angewandt wurde. Wickhoff dagegen sieht darin ein völlig neues, römisches Element, das eng mit der für den Betrachter andersartigen Sehweise zusammenhängt. In Griechenland hält er sich außerhalb der Szene auf und sieht die Gestalten, die sich parallel zum flachen Reliefgrund bewegen, von einem entfernten Punkt aus; dagegen befindet sich der Betrachter bei Reliefs, wie etwa denen der Traianssäule, im selben Raum wie die Figuren, denn einige von ihnen kommen auf uns zu, andere treten zurück, und so entsteht der Eindruck, daß sie näher oder weiter entfernt sind, auch wenn das Relief nur eine Stärke von wenigen Zentimetern hat (Abb. 15).

Dieser Aspekt wird von Wickhoff, der darin Riegl folgt, als ‚optische Illusion‘ bezeichnet. Wie kam es dazu? Wickhoff suchte nach Vorläufern: im Fries der *Ara Pacis* gibt es diese Illusion nicht; dabei hat er jedoch übersehen, daß die *Ara Pacis* ein typisches Werk des klassizistischen Eklektizismus ist und daß dagegen bereits in der hellenistischen Kunst einige Darstellungen in illusionistischer Sehweise gearbeitet wurden. Übrigens kommen auch an der *Ara Pacis* in den Reliefs der Schmalseiten bei den Eingängen räumliche Darstellungen vor, wie bei der Roma auf den Waffen, und der auf dem Felsen sitzenden Tellus sowie dem Opfer des Äneas an die Penaten. Folglich gibt es im augusteischen Rom zwei Arten von Reliefdarstellung, eine klassische und eine illusionistische. Zum letzteren Typus gehören auch die Grimanireliefs, die früher zur Sammlung dieser venezianischen Familie gehörten und sich heute im Kunsthistorischen Museum in Wien befinden. Diese Reliefs mit bukolischen Landschaften wurden von Wickhoff in die Zeit des Augustus datiert[160] und an den Beginn dieser fernansichtigen Richtung gesetzt, die dann in flavischer Zeit in den Reliefs von einem Grab der Haterier – im Museo Gregoriano Profano – wiederkehren, wo sich Zweige und Rosen locker um eine Säule winden. Dann folgt der Titusbogen mit den Reliefs vom Festzug des Imperators auf dem Triumphwagen, der in einer Kurve am Betrachter vorbeizufahren scheint (Abb. 16). Die Figuren sind in der Mitte stärker herausgearbeitet als an den Seiten, um auch auf diese Weise eine optische Illusion zu erzeugen. Als technisches Mittel zur Erlangung dieser Wirkung nimmt Wickhoff eine Sehweise an, die er als ‚impressionistisch' bezeichnet. Im Jahre 1874 hatte die erste Ausstellung der französischen Impressionisten stattgefunden; Wickhoff vertiefte sich jedoch nicht in das Phänomen des Impressionismus, den er anscheinend durch Bernard Berenson kennengelernt hatte, sondern er beschränkte sich auf dessen äußere Erscheinung in der Malerei, die nicht durch feste Umrißlinien begrenzt und definiert war. Während die griechische Kunst eine plastische und zeichnerische Tendenz aufweist, hat nach Wickhoff die römische Kunst starke illusionistische und impressionistische Tendenzen.

Wickhoff bemerkte nicht, daß sich die räumliche Darstellungsweise in der pompeianischen Malerei bis auf die lebendigen Kontakte zum Hellenismus zurückführen ließ, sei es nun in der Nachahmung von früheren Werken oder auch als Weiterentwicklung der hellenistischen Kunst, die in Pompei – und auch in Rom – durch die Tätigkeit griechischer Künstler fortlebt. Und er sah auch nicht, daß sich in der römischen Malerei nach dem Abbruch dieser Beziehungen zwei Tendenzen zeigen: einerseits der Verzicht auf die Darstellung der Gestalten vor einem objektivierten und räumlich definierten Hintergrund und andererseits die verstärkte Anwendung einer Malweise in ‚Flecken', die die Gestalten nicht mehr optisch-naturalistisch – also impressionistisch – erfaßt, sondern eine Zerstörung der plastischen Bildform auf dem Wege zur Abstraktion und zur Zeichensymbolik darstellt.

Jedenfalls beginnt man nach Wickhoff auch im Bereich der Archäologie von Kunstkategorien zu sprechen, von jenen ‚Kategorien‘, die dann zwanzig Jahre später von dem Schweizer Kunsthistoriker Heinrich Wölfflin durch seine Analyse des Werdegangs der europäischen Kunst in einer Nomenklatur aufgestellt wurden, die für eine ziemlich lange Zeit grundlegend blieb. Es sind die Begriffe der optischen, plastischen, zeichnerischen und malerischen Form sowie der offenen und geschlossenen Form. Man gelangt somit durch die Wiener Schule in eine neue Phase der antiken Kunstgeschichte.

Auch die antike Kunstgeschichte richtet jetzt ihre Aufmerksamkeit auf formale Dinge. Man ist allmählich davon überzeugt, daß man durch die Untersuchung der künstlerischen Form zu einer genaueren Chronologie der einzelnen Werke gelangen kann als durch literarische Dokumente und daß dabei sogar Ergebnisse möglich sind, die im Gegensatz zu denjenigen der antiken literarischen Quellen stehen. Das erscheint heute alles als bedeutungslos, doch machte man sich um 1920 bis 1925 mit solchen Gedanken noch suspekt und wurde sogar mit einer gewissen moralischen Mißbilligung betrachtet. Tatsächlich fand eine klare Trennung von jener Archäologie statt, wie sie früher verstanden wurde, als man sich vor allem die Interpretation der Darstellung und des Mythos sowie die Auslegung einer literarischen Quelle zur Aufgabe machte. Jetzt stellte sich dagegen das autonome formale Problem des Kunstwerkes. Man erweiterte und vertiefte mit der Zeit das, was bereits Morelli in der Geschichte der neueren Kunst entdeckt hatte, als er die Aufmerksamkeit der Kunsthistoriker auf die sogenannten ‚Morellianischen Elemente‘ lenkte, das heißt auf die Tatsache, daß jeder Künstler eine Art eigener Handschrift hat, wenn er in seinen Werken bestimmte Nebensächlichkeiten immer gleich ausführt, wie zum Beispiel einen Pinselstrich mit einer bestimmten Bewegung oder die Darstellung eines Ohrs in einer charakteristischen Weise. Solche technischen und praktischen

Besonderheiten können effektiv dazu beitragen, den Autor eines Kunstwerks wiederzufinden und zu bestimmen, und zwar auch in Fällen, in denen Dokumente für die Bestimmung des Künstlernamens fehlen;[161] doch haben sie lediglich praktischen und keinen kritischen Wert; sie helfen den ‚Experten' und nicht den Historikern.

Jede systematische Forschung bedarf einer eigenen Terminologie. Soweit es zutrifft, daß man jedes wissenschaftliche oder historische Phänomen mit einfachen Worten ausdrücken kann, wenn man eine klare Vorstellung davon hat – und ich halte es für eine Pflicht des Forschers, die Dinge einer größtmöglichen Anzahl von Personen begreiflich zu machen –, ist es einleuchtend, daß man zur sicheren und raschen Verständigung unter Spezialisten eine spezielle Terminologie braucht. Die Bestimmung der künstlerischen Kategorien durch Wölfflin gab den Gelehrten ein Verständigungsmittel in die Hand, einen Begriffsapparat, der sogleich verstanden wird, ohne daß man bei jeder Benützung die einzelnen Begriffe in ihrer genauen Bedeutung wieder erklären muß. Doch taucht hierbei die Gefahr auf, und das hat sich in der deutschen Schule oft bewahrheitet, daß diesen Kategorien ein zu strenger systematischer Wert beigemessen wird, so daß man schließlich die Geschichte der Kunst nur noch darin bestehen läßt, daß man die Werke in bestimmte Kategorien einordnet, als ob diese nicht nur ein für uns bequemes Mittel, sondern eine historische Realität seien. Damit fängt auch eine eigene Sprache der Kunstkritik an, die sich immer mehr gleichsam mit Koketterie und Selbstgefälligkeit verkompliziert und die Forschung im Kreise der ‚Kompetenten' zum Nachteil ihrer kulturellen Wirksamkeit isoliert. Als man dann bei der ‚Geistesgeschichte' angelangt war – bei der Konzeption der Kunstgeschichte als Geschichte des Geistes –, da wurden diese Kategorien zu streng angewandt, ohne daß man noch nach der Verbindung zur historischen Realität der Gesellschaft gesucht hätte. Und man wiederholte den gleichen Fehler, der den Gelehrten schon früher mit der philologischen Methode unterlaufen ist. Wenn einst das Ideal eines Gelehrten ein wenig das des Briefmarkensammlers war und er, ohne die historische Verbindung der Kunstwerke zu sehen, katalogisierte und in Schachteln einordnete, so glaubte der Kunsthistoriker jetzt, er könne seine eigene Tätigkeit darauf beschränken, die künstlerischen Kategorien zu bestimmen. Wenn die Klassifizierung als Ausgangspunkt für die historische Rekonstruktion der Kunstwerke nützlich und sogar unerläßlich ist, so ist sie doch lediglich als vorläufige und vorbereitende Arbeit anzusehen. Die wirklichen historischen Probleme beginnen erst danach.

Jedenfalls bedeutet der Einfluß der Wiener Schule und der nachfolgenden Forschungen trotz der Gefahr, in abstrakte, metaphysische und formalistische Gedankengänge zu verfallen, eine Annäherung an die Forderungen, die der Historismus in die europäische Kultur eingebracht hat, und auch eine Erweiterung des ausschließlich klassizistischen Horizontes der Archäologen, insofern sie jetzt Historiker der antiken Kunst waren.

Wir sagten, daß das wirklich historische und kritische Problem erst jenseits der Kasuistik von Kategorien beginnt. Wir müssen hinzufügen, daß man sich darüber im klaren sein muß, was man erreichen will: entweder eine wirkliche Geschichte der Kunst, das bedeutet eine Geschichte der künstlerischen Form in ihrer Zusammensetzung und Variation, oder eine Geschichte der Produktion von Kunstwerken als Beitrag zur Geschichte der Gesellschaft einer Zeit, die sich in ihren Ideen, in ihren ökonomischen Möglichkeiten und in ihren sozialen Bezügen ausdrückt. Dies sind zwei verschiedene Aufgaben, die nicht miteinander vermischt werden dürfen, sonst beeinträchtigen sie sich gegenseitig. Heute hat unter den jüngeren Archäologen das Interesse für die zweite dieser beiden Forschungsrichtungen den Vorrang. Das ist leicht verständlich, wenn man die historische Situation sieht, in der wir leben, mit dem Auftreten schwerwiegender sozio-ökonomischer Probleme und deren politischen Implikationen, die für einen immer größeren Teil der Menschheit eine Existenzfrage darstellen.

VII. Methodische Fragen, die Kunstgeschichte als historische Interpretation der Form

Wir haben diese Skizze der Geschichte der Archäologie im Sinne einer Geschichte der antiken Kunst mit Winckelmann begonnen, und wir haben ihn als den Begründer der Kunstgeschichte im kulturellen Bereich der antifeudalistischen Aufklärung dargestellt. Wir haben gesehen, daß seine Grenzen dort liegen, wo er eine bestimmte Periode, die der klassischen Kunst des 5. und 4. Jahrhunderts v. Chr., zu einem absoluten Wert erhebt; das führte zur Isolierung dieser Epoche und zu ihrer Herauslösung aus der Geschichte, indem sie zu einer Art Mythos idealisiert wurde. Diese mythische und unhistorische Vorstellung hat jedoch auch während der philologischen Periode der Archäologie des 19. Jahrhunderts weiterbestanden, in einer Zeit, als sich die Archäologen bewußt wurden, daß die ideologischen Grundlagen Winckelmanns nicht ausreichend waren, und sie deshalb ihren Schlußfolgerungen eine strenge und unpersönliche Untersuchungsmethode zugrunde legen wollten. In jener Periode hat die Archäologie' mit der philologischen Methode nicht nur die literarischen Quellen, sondern auch die Denkmäler untersucht, indem sie die verschiedenen Kopien römischer Zeit studierte, um dadurch zum Original zu gelangen. Sie ging hierbei mit der gleichen Methode vor, mit der man versucht, einen Text aus den verschiedenen Lesarten mehrerer Codices wiederzugewinnen. Zur selben Zeit werden die materiellen Überreste der griechischen Welt durch große Ausgrabungen freigelegt. Diese Periode schließt mit Adolf Furtwängler ab. Es ist jene Phase der Forschung, der wir die Erweiterung und die Systematisierung unserer Kenntnisse der Dokumente zur Geschichte der antiken Kunst verdanken. Wir wissen heute über die archaische attische Skulptur viel mehr, als Plinius darüber gewußt hat. Philologische Forschung und Ausgrabungen haben bewirkt, daß sich unsere objektive Kenntnis der griechischen Kunst in 150 Jahren tatsächlich ganz außergewöhnlich erweitert hat. Wenn man sich vorstellt, daß Winckelmann nicht bewußt war, daß fast alle von ihm behandelten Statuen Kopien aus römischer Zeit waren, daß wir andererseits aber heute allein schon auf Grund stilistischer Kriterien die Reihe der archaischen Skulpturen auf fünf Jahre genau datieren können, dann muß man tatsächlich einen entscheidenden Fortschritt feststellen. Dieser wurde erreicht, weil sich die Stilforschung infolge der theoretischen Behandlung künstlerischer Phänomene, die mit Riegl und Wickhoff begann und von Wölfflin weitergeführt wurde, wesentlich verfeinert hat. Bei dieser Untersuchungsmethode wird die chronologische oder historische Position des Kunstwerkes außer acht gelassen, das Objekt wird von seiner künstlerischen Qualität her beurteilt, und es werden seine formalen Charakteristiken bestimmt. Bei einer Serie von ähnlichen Werken, zu denen sonstige Belege fehlen, kann man somit immer feststellen, welche früher und welche später zu datieren sind. Zum ‚Lesen‘ der künstlerischen Form ist jedoch ein geübtes Auge nötig und ebenso ein geschultes Empfinden, damit die Bedeutung oder die ‚Sprache‘ der formalen Variationen interpretiert werden kann und die Qualität abgewogen wird.

Bei jedem Künstler läßt sich ein Entwicklungsprozeß erkennen, der in seinen verschiedenen Werken nachvollziehbar ist, und ebenso gibt es eine Entwicklung von einer Generation zur nächsten. Die Entwicklung der künstlerischen Form folgt einer inneren Logik. Es gibt dabei keine Sprünge, weshalb es zum Beispiel dem Genie Leonardos gelungen ist, zur Licht-Schatten-Malerei zu gelangen, er aber trotz seiner besonderen Originalität niemals die impressionistische Malerei hätte konzipieren können, denn es besteht hier ein Abstand, der nur hätte überbrückt werden können, wenn auch die dazwischenliegenden Stadien durchlaufen worden wären.

So tauchen im Werk eines einzelnen Künstlers gewisse Fragestellungen auf, aus denen sich dann wieder neue ergeben. Bei Tizian etwa kann man die Veränderungen von seinem Jugend- zum Altersstil nachvollziehen. Es zeigt sich deutlich, wie mit der Zeit die Farbe immer pastoser wird und stärkere Tiefe erhält. Dagegen ist man bei der griechischen Kunst heute nicht in der Lage – und wird es wahrscheinlich auch nie sein –, selbst bei den bedeutenderen Gestalten die ganze Entwicklung des einzelnen Künstlers aufzuzeigen. Doch auch wenn wir die formale Entwicklung einzelner Künstler nicht untersuchen können, sind wir doch fähig, den formalen Entwicklungsprozeß einer bestimmten Periode zu bestimmen. So kann man allein schon die literarischen Quellen bei richtigem Verständnis in Zusammenhang mit dem allgemeinen künstlerischen Schaffen bringen und durch Vergleiche mit den wenigen erhaltenen monumentalen Belegen die Fragestellungen der antiken Malerei bestimmen.[162] Dies ist weitaus wichtiger als der Versuch der ikonographischen Rekonstruktion verlorener Werke. Durch die formale Untersuchung stilistischer Eigenheiten hat die Geschichte der antiken Kunst sehr große Fortschritte gemacht, die nicht zuletzt auch eine Wiederannäherung an die Erfahrungswelt unserer modernen Kultur bewirkt haben.

Hier ist es angebracht, auf die Stellung hinzuweisen, die in dieser historischen Entwicklung Benedetto Croces Ästhetik und kritische Methode eingenommen haben, auch wenn diese insgesamt keinen großen Einfluß auf die Archäologie hatten. Die deutsche, englische und französische Archäologie waren vor allem von Wölfflins Untersuchung der künstlerischen Kategorien beeinflußt, die im Grunde keinen Widerspruch zur Ästhetik Croces darstellt, wenn auch diese die Grenzen der Wölfflinschen Untersuchung bestimmt hat.[163] Auf jeden Fall hat Italien im Bereich der europäischen Kultur der ersten Hälfte des 20. Jahrhunderts mit der Ästhetik Croces seinen eigenen Beitrag zur Kunstgeschichte geliefert; die Beiträge anderer Nationen zu diesem Thema haben etwas andere Tendenzen, sind jedoch gemeinsam vom Idealismus Hegelscher Prägung bestimmt.

Es ist hier nicht der Ort, die Prinzipien von Croces Ästhetik darzulegen. Eher meine ich, hier meine eigene Position im Bereich unserer Wissenschaft erläutern zu sollen, obgleich ich mich ungern selbst zitiere. Im Anhang zur ‚Enciclopedia Italiana‘ von 1938 bis 1948 hatte man es für nötig empfunden, folgende Definition meiner Gedanken zu geben: „Ausgehend von den Gedanken Croces hat er im ästhetischen und historischen Bereich seine eigene theoretische Konzeption entwickelt und damit eine grundlegende Erneuerung im Bereich der klassischen Kunst bestimmt, indem er mit seiner kritischen Beurteilung der Entstehung eines Kunstwerkes und der Person des schöpferischen Künstlers die philologische und archäologische Phase überwunden hat."

Nun glaube ich allerdings nicht, daß meine Studien einen so umwälzenden Einfluß gehabt haben, und ich muß vor allem sagen, daß ich sie lediglich für eine Etappe auf dem Weg zu einer besseren Methodik halte, die ich allmählich zu erreichen versuchte, und das weniger theoretisch als experimentell, indem ich mich mit konkreten Problemen der Kunstgeschichte befaßte. Der Beitrag zu dieser ersten Phase meiner Forschungen ist in einer Reihe von Arbeiten niedergelegt, die zwischen 1930 und 1942 entstanden und in dem Band ,Storicità dell'arte classica‘[164] zusammengefaßt sind. In Italien hatte die Archäologie nur sehr wenig von der Wirkung der Wiener Schule mitbekommen und vom Einfluß Wölfflins überhaupt nichts. Sie war in der philologischen Phase und bei Furtwängler stehengeblieben. Ein typisches Beispiel für diesen Zustand war Pericle Ducati, der jedoch wie ein bescheidener Epigone Furtwänglers wirkt. Das gleiche gilt auch für Giulio Emanuele Rizzo, der jedoch mehr philologische Voraussetzungen mitbrachte und weniger Naivität besaß. Erster war Professor in Bologna, letzter in Neapel, dann in Rom; beide waren sie Lehrer, die im Bereich der Archäologie in den Jahren 1920 bis 1940 bedeutenden Einfluß hatten. Man muß vielleicht auch noch Biagio Pace nennen, der, zwar intelligent, doch weniger gebildet, in erster Linie immer ein Improvisator und Aktivist blieb. Das letzte ist übrigens ein typisches Merkmal vieler unserer Archäologen.

Ich hatte es mir zur Aufgabe gemacht, die theoretische Position der Wissenschaft der antiken Kunstgeschichte auf einen zeitgemäßen Stand zu bringen, indem ich sie mit Croces Art der Geschichtsschreibung verband – über ihn sprachen in meiner Studienzeit die Professoren nur mit vorgehaltener Hand, wie über einen gefährlichen Erneuerer – und indem ich mich bemühte, zu einem Verständnis der konkreten Vorbedingungen der Kunstgeschichte und der Persönlichkeiten, aus denen sie sich zusammensetzt, zu gelangen. Die Definition der künstlerischen Persönlichkeit war bisher besonders vernachlässigt worden. Tatsächlich sprach man, gebunden an eine evolutionäre Vorstellung nach Art der Biologie, immer von ‚Kunst' und nicht von ‚Künstlern'. Um die Überreste der Ästhetik Winckelmanns zu beseitigen, mußte man mit der Erforschung der einzelnen Persönlichkeiten beginnen, indem man den autonomen Charakter einiger Aspekte der Kunst hervorhob.

Wenn wir uns etwa mit Giotto oder Andrea del Sarto beschäftigen, so versuchen wir heute, zu einem eigenen kritischen Urteil zu gelangen, und wiederholen nicht einfach die Meinung Vasaris, die uns bestenfalls als ein Beitrag zur Geschichte des Geschmacks interessiert. Dagegen werden aber bei der antiken Kunstgeschichte gewöhnlich die Ansichten Winckelmanns wiederholt, die ihrerseits von Plinius stammen.[165] Ich habe vor allem zu zeigen versucht, daß man solche Ansichten nicht mehr unkritisch übernehmen darf, sondern eine Geschichte der antiken Kunst auf dem eigenen Urteil aufbauen muß, allerdings mit dem Bewußtsein, daß es sich dabei nicht um unveränderliche und ewig gültige Ansichten handelt, sondern daß sie nur für unsere eigene Zeit einen Wert haben können. Ich habe mich tatsächlich immer gedrängt gefühlt, so vorzugehen, daß diese Untersuchungen lebendiger Bestandteil unserer Kultur sind. Die Popularisierung auf der Grundlage gesicherter wissenschaftlicher Erkenntnis ist mir immer als ein Ziel erschienen, das man im Bereich der Geisteswissenschaften anstreben sollte, nicht zuletzt auch um ihren Fortbestand zu sichern. Dies Ziel war in verschiedener Hinsicht ein Vorteil: ich strebte eine Geschichte der antiken Kunst an, die sich auf kritische Gedanken gründet, die im Einklang mit der modernen historischen Bewegung stehen, und ich wollte das Urteil der Quellen durch unsere eigenen Ansichten ersetzen, in der Absicht, den Kontakt mit der griechischen Kunst wiederzugewinnen, der verlorengegangen war, seit man vollauf mit philologischen Untersuchungen und praktischen Ausgrabungsarbeiten beschäftigt war. Der Versuch, die Geschichte der antiken Kunst in die Methodik und Ästhetik Croces einzureihen, ist zumindest für mich selbst eine unabdingbare Etappe gewesen; ich glaube aber, daß das für die italienische Kultur auch auf anderen Gebieten so war. Die italienische Kultur war zwischen 1920 und 1940, also zwischen den beiden Weltkriegen, zwei Arten von Diktaturen unterworfen, die miteinander nicht vergleichbar sind und doch beide eine auf den europäischen Gesichtskreis sich beschränkende Wirkung hatten: der Diktatur des Faschismus und der des Crocianismus. Letzte fand Unterstützung in ihrer Stärkung und Expansion gerade wegen ihrer Opposition gegen die erste. Die Voraussetzung für einen weiteren Schritt vorwärts war, daß man sich von beiden völlig befreien konnte. Ich für meine Person, der ich mich auf den von Croce gewiesenen Weg begeben hatte, bemerkte bald, daß sich Croces Weg nicht bis zum Ende verfolgen ließ. Daß durch das kritische Urteil allein bereits Geschichte geschrieben werden kann, wie das vom Crocianismus proklamiert wurde, erweist sich gegenüber dem künstlerischen Schaffen der Antike sogleich als unhaltbar, denn auch ein großer Künstler bewegt sich in dem kulturellen Rahmen der handwerklichen Möglichkeiten, wodurch bereits viele Aspekte seines Werkes determiniert sind. Wenn das Ziel unserer kunsthistorischen Forschungen darin gesehen wird, den Anteil des Schöpferischen an einem Kunstwerk durch die Analyse seines formalen Inhalts zu ermitteln, so erweist sich das bald als ungenügend, bedenkt man die äußerst enge Verbindung zwischen dem Kunstwerk und den politischen wie sozialen Voraussetzungen, die den schöpferischen Prozeß bestimmen und leiten. Das ist bei der antiken Kunst besonders deutlich feststellbar, speziell in der Kunst der römischen Zeit. Es wird daraus sogleich klar, daß hier der Begriff ‚Produktion' angemessener ist als ‚Schöpfung', wohingegen die crocianische Vorstellung anscheinend ein künstlerisches Arbeiten voraussetzt, dessen schöpferischer Intuition keine Grenzen gesetzt sind. Künstler, die völlig frei schaffen, die von allen materiellen Bedingungen unabhängig sind und abgeschnitten von den alltäglichen Erfahrungen des Lebens, hat es nie gegeben, weder unter der Protektion von Mäzenen der Renaissance, noch wenn sie in das Räderwerk des modernen Kunsthandels und des Ausstellungswesens geraten sind.

Aus der kritischen Forschung, durch die das Studium der antiken Kunst in den letzten dreißig Jahren geprägt wurde, ist eine unleugbare Verfeinerung unserer Erkenntnisfähigkeit erwachsen, doch sind dabei auch neue Möglichkeiten, zu irren, entstanden, die wir begreifen müssen, um sie zu umgehen. Auf jeden Fall glaube ich auch heute noch, daß die historische Methodik Croces unter denen, die uns zur Verfügung standen, nicht nur die am wenigsten schädliche, sondern auch im positiven Sinn die für unseren Bereich nützlichste war, denn durch sie haben wir gelernt, einige Vorurteile zu überwinden und manche Mißverständnisse zu vermeiden. Vor allem wurde dadurch verhindert, daß wir auf gewisse ‚mythologische‘, irrationale und antihistorische Interpretationen verfallen sind. Hier möchte ich auf das hinweisen, was in der deutschen Archäologie geschehen ist, die doch im vorigen Jahrhundert in bezug auf Methodik die Avantgarde bildete und darin tatsächlich führend war.

Nach jener glanzvollen Periode der Blütezeit der philologischen Schule war die deutsche Archäologie beim Übergang von der Phase des Sammelns und Katalogisierens von Fakten zur Interpretation des Kunstwerkes nicht mehr von einer Methodik gesichert, die es ihr ermöglicht hätte, die historischen Umstände besser zu begreifen. Statt dessen flüchtete sie sich ins Irrationale, ins Mythologische, wovon die ganze deutsche Kultur befallen war, was auch in unserem eigenen Bereich seinen Niederschlag gefunden hat.

Dieser besondere Charakter der deutschen Kunstarchäologie wurde von mir bereits in einem Artikel über ein Werk von Ernst Buschor geschildert.[166] Buschor, der Professor an der Münchner Universität war, ist unter den Gelehrten einer mit den besten fachlichen Voraussetzungen und einer hervorragenden Sensibilität für die künstlerische Form gewesen; seine Grabungen auf Samos haben ihn bekannt gemacht. In dem genannten Werk stellte er die These auf, daß der Entwicklungsgang der Kunst in sechs Zyklen eingeteilt ist, die in einer vorgegebenen Ordnung aufeinanderfolgen, wobei jeder Zyklus in sich selbst geschlossen ist; in diesem Fall bedeutet historisches Verständnis, daß man das Kunstwerk in denjenigen Zyklus einordnet, in den es gehört und aus dem heraus seine Form und sein Inhalt entstanden sind.

Er stellt folgende sechs Stufen auf, deren Einteilung auf die klassische Welt bezogen ist:

1. Die ‚Ahnungswelt‘: bis zum Ende des 8. Jahrhunderts v. Chr.
2. Die ‚Wirklichkeitswelt‘: 7. und 6. Jahrhundert v. Chr.
3. Die ‚hohe Schicksalswelt‘: 5. und 4. Jahrhundert v. Chr. bis zu Alexander.
4. Die ‚Bild- und Scheinwelt‘: Ende 4. bis 1. Jahrhundert v. Chr.
5. Die ‚Kunstwelt‘: 1. Jahrhundert v. Chr. bis 3. Jahrhundert n. Chr.
6. Die ‚Zeichenwelt‘: 3. bis 5. Jahrhundert n. Chr.

Nach dieser pseudohistorischen Konstruktion durchläuft jede Kultur zwangsläufig diese sechs Zyklen, und in einem von ihnen findet sie ihren vollendetsten Ausdruck. Nach der sechsten Stufe beginnt das Ganze wieder von vorne. Beim ersten Durchlauf wird der vollendetste Ausdruck in der ersten Stufe erreicht, beim zweiten dann in der zweiten Stufe, und so weiter.[167] Es erscheint als undenkbar, wie sich ein gebildeter und vernünftiger Mensch im 20. Jahrhundert vorstellen kann, daß die Welt und ihre Geschichte durch ein derart systematisches und sich immer wiederholendes Schema bestimmt werden. Diese irrationale Vorstellung, die von einer rationalen Logik getragen wird, gehört zu einer der zahlreichen fatalistischen Geschichtsauffassungen, auf die die deutsche Kultur so häufig und oft auf so tragische Weise verfallen ist. Buschors Versuch weist in die Richtung der ‚kulturmorphologischen‘ Schule, nach deren Lehre jede Kultur eine vorherbestimmte Erscheinungsform der Welt darstellt und der Mensch von bestimmten Aspekten der Existenz erfaßt wird, denen er dann eine Gestalt gibt. Dieser historische Fatalismus wurde in der Ethnologie besonders von Leo Frobenius praktiziert, und sein gefährlichster Exponent war im Bereich der Universalgeschichte Oswald Spengler, dessen ‚Untergang des Abendlandes‘ das herausragendste Beispiel für den genialischen Dilettantismus war, der das wesentliche Merkmal der deutschen Geschichte der dreißiger Jahre darstellte.[168]

Doch fehlt es bei aller Mythisierung der Geschichte in Buschors Schriften nicht an einzelnen interessanten Beobachtungen, die sich eines profunden Kenners der griechischen Kunst, wie er einer war, als würdig erweisen: doch gerade das läßt seinen Mangel an geschichtlichen Voraussetzungen noch deutlicher hervortreten. So wird bei den Kunstwerken der ersten Gruppe, der ‚Ahnungswelt‘ bis zum Ende des 8. Jahrhunderts v. Chr., zu Recht eine besondere Fähigkeit zur spontanen künstlerischen Intuition erkannt, die nichts mit dem bewußten Vorhaben, Kunst zu machen, gemeinsam hat, auch wenn dabei die handwerkliche Ausführung hervorragend ist. Für die Phase der ‚Wirklichkeitswelt‘ räumt Buschor ein partiell intellektuelles Bewußtsein des Künstlers ein, da die Werke nicht mehr anonym sind und der Künstler eine religiöse Vorstellung von der Kunst gewonnen hat. Auch gibt es geglückte Beobachtungen zum Problem des griechischen Porträts: Buschor erkennt, daß sich in der dritten Periode (5. und 4. Jahrhundert v. Chr.) die Voraussetzungen für das Porträt herausbilden, und er bemerkt als Charakteristikum der vierten Periode (von Alexander bis zum 1. Jahrhundert v. Chr.), daß die eindrucksvollsten Porträts jene sind, die aus der Phantasie ohne das Modell geschaffen wurden und in diesem Sinn rekonstruierende Bildnisse sind. Es werden dann zutreffend einige Gründe dargelegt, warum erst in hellenistischer Zeit die Gestalten unvollständig dargestellt werden, etwa in Hermen, Büsten und anderem, weil nämlich die ganze Statue nicht mehr als etwas Lebendiges angesehen wird, sondern als Kunstgegenstand. Und sehr glücklich ist auch der Sinn der spätantiken Statuen getroffen, die, wie Buschor sagt, wieder zu statischen Monumenten werden, weil in ihnen nicht mehr die äußere Lebendigkeit ausgedrückt ist, auch nicht mehr das vielfältige geistige Leben, sondern nur noch die soziale Stellung und die Herrscherwürde. Besonders interessant ist die Beobachtung, daß die griechische Kunst zu einem bestimmten Zeitpunkt, als sie in erster Linie zur Kunst im Dienst der Höfe hellenistischer Reiche wird und damit ihren religiösen

Ansatz verliert, zu einer Kunst wird, die sich ihrer selbst bewußt ist: von jetzt an werden Kunstwerke hergestellt, die zur Ausschmückung der Häuser dienen und dem Vergnügen, einen schönen Gegenstand in Händen zu halten. Die Kunst ist jetzt das Resultat von Reflexionen und nicht mehr spontan. Zur selben Zeit ergibt sich auch noch ein anderer Unterschied: während es in der archaischen Kunst keinen qualitativen Unterschied zwischen großen künstlerischen Aufgaben und Erzeugnissen des Kunsthandwerks gibt, entstehen in hellenistischer Zeit handwerkliche Erzeugnisse, die sich deutlich von der großen Kunst abheben, deren Motive sie reizlos wiederholen. Diese Beobachtung ist an sich richtig. Aber die Gründe, warum zu jener Zeit die Kunst der Mittelschicht, wie sie allgemein produziert und verwendet wird, von der offiziellen und monumentalen Hofkunst abweicht, liegen im sozialen und ökonomischen Bereich und sind eng mit jenen Eigenarten verbunden, durch die sich die Gesellschaftsform der hellenistischen Reiche von jener der griechischen *Polis* unterscheidet.[169] All diese treffenden Beobachtungen Buschors, die seinem unmittelbaren Verständnis für das Kunstwerk zu verdanken sind, werden zunichte und historisch wirkungslos, wenn man als ihre Voraussetzung und ihren Grund den Umstand betrachtet, daß sie in einen vorherbestimmten Zyklus gehören. Und diese sechs Zyklen wiederholen sich endlos, und jede folgende Kultur – wobei Buschors Welt auf den Mittelmeerraum und Europa beschränkt ist – findet ihren eigenen vollendeten künstlerischen Ausdruck im nächsten Zyklus. Man muß sich fragen, was geschieht, wenn alle sechs Zyklen durchlaufen sind. Vielleicht soll dies das Ende der Welt sein, oder es beginnt alles ewig wieder von vorne.

Ich habe mich bei diesem Beispiel aufgehalten, weil man an ihm besonders gut zeigen kann, wie ein außergewöhnlicher Gelehrter, dem jedoch eine klare Konzeption historischer Methodik fehlt, sich in mythischen Vorstellungen verlieren kann, die selbst von den Gedanken eines Vico noch nicht berührt sind.[170] Sie sind eine Verzichterklärung auf einen entscheidenden Bestandteil europäischer Kultur, nämlich das rationale Prinzip, das den Sauerteig des Humanismus bildete und das wertvollste Vermächtnis der Antike darstellt.[171]

Das höchste Verdienst der deutschen Archäologie bleibt außer den großen systematischen Ausgrabungen an antiken Plätzen von hervorragender Bedeutung die Tatsache, daß sie das Material, auf das sich unsere Studien stützen, systematisch geordnet hat. Corpora und Enzyklopädien, in denen die Wissenschaft von der Antike als eine Einheit, als die allgemeine Altertumswissenschaft aufgefaßt ist, waren auf unserem Gebiet die geglücktesten Leistungen der deutschen Wissenschaft. In Italien wurden zwischen dem Ende des 18. und der Mitte des 19. Jahrhunderts die ersten Materialsammlungen veröffentlicht, von denen einige in ihrem Umfang unübertroffen sind, wie etwa die ,Antichità cristiane' von Garrucci; aber leider waren sie von Texten begleitet, in denen die Überbleibsel der akademischen ,antiquarischen' Studien noch tonangebend waren.[172]

Nach der glanzvollen Zeit der philologischen Schule versuchte man auch in Deutschland die Grenzen dieser Methode zu überwinden. Dabei fehlte jedoch den deutschen Gelehrten die Unterstützung durch fundierte Gedanken zur Methodik der Geschichte sowie durch eine von der akademischen Tradition freie Ästhetik. Als sie sich so an die Geistesgeschichte heranwagten, kamen sie deshalb auch zu verwirrenden empirischen Ergebnissen. Der grundsätzliche Fehler an diesen Bestrebungen war, daß man die fundamentalen Fakten der Geschichte in feste Systeme und vorherbestimmte Entwicklungsbahnen einfügen wollte und daß man folglich all denen, die solche Schemata nicht akzeptierten, unsystematisches Vorgehen vorwarf. Es ist richtig, daß es in Italien an einer systematischen Forschung im Rahmen eines organisierten Forschungsplans gefehlt hat; das liegt an der Unfähigkeit, die sich bis heute in bezug auf jegliche Art von Planung gezeigt hat, und es liegt ebenso an den partikularistischen Tendenzen der wechselnden ,geistigen Größen'. Doch hat sich bei uns allmählich die Grundlage zu einem kritischen und historischen Denken herausgebildet, das man als ziemlich einheitlich und auch als entwickelt bezeichnen kann.

In Deutschland hatten die Gedanken Croces wenig Einfluß auf die Kunstgeschichte, was nicht daran lag, daß man deren Grenzen erkannt hätte, sondern daran, daß sie wegen ihrer ausführlichen Behandlung der Persönlichkeit des Gelehrten als ‚wenig systematisch‘ erschienen sind. Von jenen Gedanken war Hans Sedlmayer – der bei den Säuberungen nach 1945 den Lehrstuhl in Wien verlassen mußte und dann den Münchner Lehrstuhl erhielt – beeinflußt. Er kommt aus der sogenannten Wiener Schule, in die Julius von Schlosser den Einfluß Croces eingebracht hatte. In der Abhandlung ‚Zu einer strengen Kunstwissenschaft‘[173] griff Sedlmayer auf den Gedanken der ‚Struktur‘ zurück; damit versuchte er im Prinzip hinter der Vielfältigkeit der Kunstwerke das Element zu finden, das sie verbindet und allen gemeinsam ist. Wenn man das Ziel der Kunstgeschichte allein in dieser Sache sieht, verliert sich die Vielfalt der Geschichte vor unseren Augen, und man verfällt schließlich auf einen rassistischen, ethnischen oder geographischen Determinismus oder auf metaphysische Ideen.

Diese ‚Strukturforschungen‘ sind im Bereich der antiken Kunst vor allem von Guido von Kaschnitz-Weinberg weitergeführt worden, einem besonders feinsinnigen und gebildeten Gelehrten, der sich damit beschäftigte, die Struktur der ägyptischen, der etruskischen und der mittelmeerischen Kunst im allgemeinen zu definieren.[174] Theoretisch kommt diese Richtung auch bei Friedrich Matz in seiner Einleitung zur ‚Geschichte der griechischen Kunst‘ zum Ausdruck, deren erster Band, der bis zum Beginn des 6. Jahrhunderts v. Chr. reicht, 1950 erschien. Es ist dies eine hervorragende und zeitgemäße Darstellung des Materials, die Erforschung der ‚Struktur‘ bleibt hier jedoch lediglich ein Wunsch, die historische Essenz der künstlerischen Entwicklung wird dabei nicht deutlich.

Wirkliche Kunstgeschichte besteht jedoch darin, daß man die einzelnen Werke in ihrer individuellen historischen Bedingtheit erklärt und sie zur Kulturgeschichte in Bezug setzt, indem man die Abhängigkeit des Kunstwerks von seiner vorgegebenen ‚Umwelt‘ definiert. Bei jedem antiken Kunstwerk muß man angesichts seiner starken Bindung an die handwerkliche Tradition der einzelnen Werkstätten oder Schulen zweierlei Untersuchungen durchführen, wenn man sich nur auf die formal-künstlerischen Fragen beschränkt: einmal die Frage, von welchen vorhandenen ikonographischen Schemata ein bestimmtes Kunstwerk herkommt und wie diese Schemata verändert werden oder auch nicht, und dann die Frage, von welchen ideologischen und programmatischen Voraussetzungen der Inhalt geprägt wird, oder inwiefern er davon frei ist. Um auf diese zweite Fragestellung eingehen zu können, müssen wir unser Interesse auf die kulturelle Lage im weitesten Sinn ausdehnen, auf die philosophischen und religiösen Strömungen, auf die juristischen Einrichtungen und auf die bestehenden sozialen und ökonomischen Faktoren. Zur Bestimmung der einzelnen künstlerischen Persönlichkeit benötigt man einen allgemein gültigen Qualitätsmaßstab, den man nur durch die Analyse des Kunstwerkes in Bezug auf ästhetische Kategorien gewinnen kann. Man muß dann jedoch das gewonnene Urteil in die historische Dimension setzen und es in die Reihe der anderen zeitgenössischen Werke einordnen sowie auch in die Reihe der vorhergehenden und der nachfolgenden. Um ein maßgebliches Urteil über die Qualität eines Werkes abgeben zu können, bedarf es der Fähigkeit kritischer Analyse, die gleichsam die einzelnen Entstehungsphasen des Werkes nachvollzieht und seine Sprache, das heißt die expressive Bedeutung der Formen, versteht. Wir müssen uns darüber im klaren sein, daß diese Fähigkeit zur richtigen Beurteilung teils angeboren ist, wie ja auch die Musikalität, und durch keine noch so strenge wissenschaftliche Methode ersetzt werden kann, daß sie sich allerdings durch methodisch richtig angeleitetes Studium verfeinern läßt. Auf jeden Fall muß man in diesem Bereich die Suche nach einer ‚wissenschaftlichen' Methode als illusorisch betrachten, die von jedermann auch ohne den Beitrag seiner persönlichen Fähigkeiten angewandt werden könnte, und man muß sich davon überzeugen, daß die Kunst von ihren eigenen Bedingungen her nicht mit den Mitteln der exakten Wissenschaften zu erfassen ist, wovon jedoch noch weiter unten die Rede sein wird.

In Deutschland blieben im Bereich der Kunstgeschichte noch

lange Zeit die Kategorien und Schemata Wölfflins gültig. Sie wurden von archäologischer Seite durch Rodenwaldt überprüft,[175] der nicht ihren absoluten Wert messen wollte, sondern ihre Anwendbarkeit auf die antike Kunst. Rodenwaldts Folgerung war, daß die moderne ‚klassische‘ Periode genau mit der antiken übereinstimmte, wogegen aber grundsätzliche Verschiedenheiten in bezug auf die ‚barocke‘ Periode bestünden. Es ist offensichtlich, daß man auch hier auf einen Schematismus von ‚Kategorien‘ verfiel, der die wirkliche Geschichte zunichte macht, indem er nicht berücksichtigt, daß die klassischen Bildhauer der Renaissance, wenn man etwa an Michelangelos David denkt, ihre Parallele nicht in der klassischen griechischen Bildhauerkunst haben, sondern bestenfalls in der hellenistischen Skulptur. Und selbst diese hatte, ehe sie von der Renaissance rezipiert wurde, noch die Veränderungen der römischen Zeit erfahren.

Im gleichen Sinne folgerte Hans Rose,[176] daß man zwar keine absolute Identität des Ausdrucks zwischen Antike und Moderne finden kann, dennoch aber im Verlauf der historischen Entwicklung übereinstimmende Haltungen anzutreffen sind, wobei Rose natürlich von vornherein die Wölfflinschen Kategorien akzeptiert. Mit solchen Definitionen umkreist man jedoch nur die zentralen Fragen. Diese richten sich auf die konkrete Kenntnis der künstlerischen Persönlichkeit sowie auf die Erforschung der Bedingungen, unter denen das Kunstwerk entsteht. Für die historisch besser erschlossenen Epochen ist es einfach, die einzelnen Künstlerpersönlichkeiten zu identifizieren, wie man es an der Geschichte der italienischen Kunst sehen kann, in der die hervorragendsten Künstler immer detaillierter bekannt werden. Je mehr sich unsere Kenntnis einer bestimmten Periode verfeinert hat, desto besser konnte man manche Werke den Schulen und Nachfolgern zuschreiben, während man sie einst für die Werke eines einzigen Meisters gehalten hatte. Und man konnte auch die Anfänge eines Meisters bestimmen, indem man Werke als die seinen erkannte, die ihm vorher nicht zugewiesen waren. Im Gegensatz dazu hatte man für die ganze archaische Periode der griechischen Bildhauerkunst, die man gemäß dem Schema Winckelmanns nur als Vor-

stufe zur Klassik angesehen und damit zutiefst mißverstanden
hatte, die Suche nach der künstlerischen Persönlichkeit beiseite
gelassen und sich mit der Einteilung in drei Schulen begnügt, die
dorische, die ionische und die attische. Man hat dann gesehen, in
welch großem Maß diese Schemata irreführend waren. So wurden etwa Stücke wie die *Kore* von Lyon, die man wegen der typischen Bekleidung und wegen ihres Fundortes als ionisch bezeichnet hatte, durch stilistische Analyse als attisch erkannt, wie Payne
nach dem Fund des Unterteils dieser Figur im ,Perserschutt' der
Akropolis gezeigt hat. Das gleiche ist, wie wir bereits erwähnten,
mit dem Kopf Rampin geschehen. In der Tat war Payne einer der
ganz wenigen Archäologen, die die Geschichte der antiken Kunst
einen entscheidenden Schritt vorangebracht haben. Als sich diese
Einteilung in große Gruppen als zu ungenau erwiesen hatte, begann man nach den einzelnen künstlerischen Individuen zu suchen, um die Zuschreibung eines bislang kollektiven Werkes an
eine Schule durch die an einen Meister zu ersetzen. In der Tat
besteht die Unpersönlichkeit des klassischen Kunstwerkes bestenfalls in unserer ungenügenden Kenntnis, denn wir sind nicht fähig, die Vielheit in der Einheit zu erkennen.

In einer zweiten Phase hat dann jedoch auch die Suche nach der
Bestimmung von ,Meistern' an Wert verloren, sie ist zu einem
simplen Schematismus verflacht, der jedes kritischen Wertes ent-
behrte, wenn nur noch irgendein gefälliger Name jedem einzelnen Werk beigegeben wurde, ohne einen Unterschied der Qualität und vor allem ohne daß es möglich wäre, um dieses einzelne
Werk einige weitere ähnliche zu gruppieren. Die Bezeichnung
,Meister' hat nur dann wirkliche Berechtigung, wenn man es mit
einem Werk, und sei es auch nur einem einzelnen, von außergewöhnlicher Qualität zu tun hat, von dem man andere Werke, darunter wohl auch weniger bedeutende, ableiten kann. Das gilt
auch dann, wenn man eine Gruppe von Werken zusammenstellen
kann, die genügend Charakteristika aufweisen, daß man sie alle
derselben Hand oder wenigstens derselben Werkstatt zuweisen
kann. Ansonsten aber dient es allein dazu, Bezeichnungen für eine
einfache Klassifizierung zu schaffen.[177]

Ehe ich nun versuche Schlußfolgerungen zu ziehen, möchte ich in der Absicht, die einzelnen Stufen unserer Erörterung aufzuzeigen, noch einmal zusammenfassen, was bis vor wenigen Jahren als das besondere Ziel kunsthistorischer Forschung im Bereich der Antike gelten konnte, wo sich die Probleme aus praktischen Gesichtspunkten anders stellen als bei der modernen Kunstgeschichte. Denn wir haben zum Beispiel eine literarische Überlieferung, die rein zufällig ist und sich von ihrer Intention her auf die klassizistische Periode beschränkt. Die Kenntnis dieser Literatur ist trotzdem unentbehrlich, doch muß man sie in den richtigen kulturellen Rahmen stellen, um sie mit Nutzen interpretieren zu können. Ferner ist uns von den Originalwerken der großen Meister so gut wie nichts erhalten, während der größte Teil der überkommenen Werke aus dem Bereich des Handwerks stammt, auch wenn er von höchster Qualität ist.

Was können nun unter solchen Voraussetzungen, die unüberschreitbare Grenzen setzen – es sei denn, man wolle sich auf phantastische Hypothesen einlassen –, die Grundzüge einer kunsthistorischen Forschung sein? Unsere Bestrebungen erstrecken sich auf mehrere Stufen:

1. Klassifizierung und chronologische Einordnung des Kunstwerkes. Dies ist zu erreichen mit Hilfe philologischer Methoden, unter Heranziehung literarischer und epigraphischer Texte sowie des vielfältigen archäologischen Materials, wozu als Bestätigung die Erkennung der äußeren und der ‚morellianischen‘ stilistischen Qualitäten des Kunstwerkes tritt.

2. Die eigentlich historische Forschung, bei der man auf der Grundlage des klassifizierten Materials zur Rekonstruktion der Entwicklung künstlerischen Schaffens zu gelangen versucht und nach den treibenden Kräften forscht, die diese Entwicklung bestimmen.

Bei diesem Versuch dient uns die formale Untersuchung des Kunstwerks zur Umschreibung der wichtigen Tendenzen und zur Erkenntnis der führenden Persönlichkeiten; aber um zur historischen Wertung der beobachteten und beschriebenen Phänomene zu gelangen, muß man die Entwicklung der künstlerischen Fakten in Beziehung setzen zur Entwicklung der Realität der Gesellschaft, zu der sie gehören. Tatsächlich ist Kunst immer ein Ausdruck der zu ihrer Zeit gesellschaftlich aktiven Gruppen. Ich spreche bewußt von gesellschaftlich aktiven Gruppen und nicht von den herrschenden Schichten, denn zuweilen trifft man zur selben Zeit, zum Beispiel während der römischen Kaiserzeit, mehrere Kunstströmungen mit verschiedenen Richtungen und verschiedenem Stil, die gewiß nicht zufällig bestehen, sondern jeweils eine soziale Schicht kennzeichnen. Diese Schicht bewegt sich im Gefüge der Gesellschaft ihrer Zeit und hat dennoch ihre eigenen Prämissen und kulturellen Bedürfnisse. Wenn nun die eine oder andere dieser Gruppierungen die politische Führung übernimmt, wird damit eine künstlerische Einheit zurückgewonnen, wie etwa in der augusteischen Zeit oder der Zeit Constantins.

Mit dem hier formulierten Anspruch wird die Geschichte der Kunst nicht einfach auf einen begrenzten Raum im Rahmen einer umfassenden soziologischen Forschung, sozusagen auf ein Kapitel in einer Sozialgeschichte reduziert. Dies ist ein Punkt, den man im Auge behalten sollte. Es besteht heute unleugbar auf dem Gebiet der Archäologie ein größeres Interesse an einer Sozialgeschichte der Antike als an einer autonomen Geschichte der Kunst. Man muß dabei klarstellen, daß es sich hier um zwei verschiedene Bereiche handelt, die gleichermaßen ihre Berechtigung haben und auseinanderzuhalten sind, auch wenn die Ergebnisse des einen für den anderen von Nutzen sein können. Die Kunstgeschichte muß ihre Eigenständigkeit bewahren, insofern sie sich weiterhin vor allem mit der formalen Untersuchung des Kunstwerks zu befassen hat. Nur so läßt sich bei richtiger Durchführung die innere Dialektik zwischen dem Künstler und seinem Werk aufzeigen. Dieser Dialektik verdankt es unter den gegebenen Produktionsbedingungen seine endgültige Form und damit seinen endgültigen Inhalt. Nur die Kunstgeschichte kann etwas über die Stellung eines bestimmten Werkes in der historischen Entwicklung der in einer Epoche führenden bildnerischen Tendenzen – des ‚Geschmacks‘, wenn man so will – aussagen. Doch bleibt alles, was man aus einer adäquaten formalen Untersuchung des Kunstwerkes gewinnen kann, bloße Feststellung, wenn man es nicht in enge Verbindung zur menschlichen Gesellschaft jener Zeit setzt und deren vielfältige Komponenten sieht.

Im Vorwort zur zweiten Auflage (1950) meiner ‚Storicità dell'arte classica' hatte ich bereits die Passage aus einem Brief des Malers van Gogh vom 9. 9. 1888 zitiert, die uns ein Beispiel für die Vielfalt jener Elemente bietet, die zur Gestaltung eines Kunstwerkes beitragen, das eine Summe der gesamten Welt ist, in der der Künstler gelebt hat und auf die seine spezielle Persönlichkeit reagiert. In dem Brief (Nr. 534) an seinen Bruder schreibt Vincent van Gogh:

„In meinem Bild vom Nachtcafé habe ich auszudrücken versucht, daß das Café ein Ort ist, wo man sich ruinieren, wo man verrückt werden und Verbrechen begehen kann. Durch die Gegensätze von zartem Rosa und Blutrot und Dunkelrot, von mildem Louis XV. und Veroneser Grün gegen die gelbgrünen und harten blaugrünen Töne – das alles in einer Atmosphäre von höllischer Backofenglut und blassem Schwefelgelb – habe ich die finstere Macht einer Kneipe ausdrücken wollen. Und zwar unter dem Deckmantel japanischer Heiterkeit und der Biederkeit eines Tartarin."[178]

Wir bemerken, wie in diesen wenigen Zeilen sehr verschiedene Gedanken vorherrschen: das instinktive und physische Gefallen an der Farbe und mit Hilfe der Farbe die Suche nach einer menschlichen Bedeutung, nach persönlicher Interpretation, die über das rein Formale hinausgeht und eng mit den humanitären Ideen des Künstlers verknüpft ist, der ja als Prediger bei den Bergarbeitern des Borinage gelebt hatte. Ebenso steht sie in Verbindung mit der zeitgenössischen Kultur, denn damals ‚entdeckte' man die japanischen Drucke, die für die Künstler dieser Zeit von wesentlicher Bedeutung waren, sahen sie hier doch gewisse Ausdrucksformen der unmittelbaren Wirklichkeit realisiert und ebenso gewisse seelische Eindrücke vermittelt, nach denen die impressionistische Malerei suchte. Dann findet man hier auch einen Hinweis auf Tartarin, der sozusagen zum Nationalhelden Südfrankreichs geworden ist, wo ja auch der Künstler lebte, und schließlich hat man das deutliche Gefühl, daß er an den ‚Assomoir', den berühmten Roman von Émile Zola aus dem Jahre 1877, denkt, wo der Schlachthof tatsächlich ein Nachtcafé ist. Hierbei sieht man, wie viele Verweise auf die Kultur in der Konzeption eines Kunstwerkes auftauchen können. Es bleibt zu überprüfen, ob der Künstler diesen von ihm gesuchten Inhalt mit ebenbürtigen Mitteln in sein Werk übertragen konnte, und es bleibt auch zu prüfen, ob das solchermaßen verwirklichte Werk einen künstlerischen Wert hat, was schon von vornherein durch die formale Untersuchung des Werkes selbst geklärt werden muß. Wir könnten jedoch dieses Bild sicherlich nicht in seine historische Umgebung einfügen, ohne alle diese kulturellen und sozialen Elemente zu berücksichtigen. Das Beispiel hat jedenfalls in bezug auf die griechische und römische Antike seinen Wert, allein schon um die Komplexität des künstlerischen Schaffens im allgemeinen aufzuzeigen und die Schwierigkeit – und zuweilen Unmöglichkeit –, den schöpferischen Vorgang im einzelnen zu rekonstruieren. Man kann jedoch speziell für die Antike sagen, daß die uns erhaltenen Kunstwerke weit weniger individuell und weitaus weniger intellektuell bestimmt sind, sei es, weil der ausgeprägte Individualismus eine moderne Erscheinung ist, die sich mit der Französischen Revolution durchgesetzt hatte, oder sei es auch, weil die großen Originalwerke fast vollständig verloren sind, besonders die Tafelbilder, deren Schöpfungen die persönlichen Werke großer Meister waren. Uns ist nur der handwerkliche Nachklang der bedeutendsten Werke erhalten, und diese Tatsache stellt eine Beschränkung der kunsthistorischen Forschung im archäologischen Bereich dar.

Wir haben bereits weiter oben festgestellt, daß es etwas anderes ist, ob man Kunstgeschichte betreiben will und dabei die sozialen Umstände berücksichtigt, auf denen die Entstehung eines Kunstwerkes beruht, oder ob man die Kunstwerke als Belege für die Rekonstruktion der Sozialgeschichte einer Epoche verwenden will. Im einen Fall betreibt man Kunstgeschichte und im anderen Geschichte oder Soziologie. Trotz dieser Unterscheidung fehlt es auch heute noch nicht an Leuten, die der Meinung sind, daß wirtschaftshistorische Erwägungen und die Erforschung der ideologischen Grundlagen künstlerischer Produktion nichts mit der Kunstgeschichte gemeinsam hätten, ja daß sie für diese eher eine Bedrohung darstellten. Bei dieser Abneigung müssen wir zwei verschiedene Motive unterscheiden: mancher bekämpft diese Methodik, wenn man es einmal freimütig aussprechen will, weil er in ihr mehr oder weniger bewußt das Gespenst des Marxismus erblickt, der bei vielen Gelehrten, die von bürgerlichen Vorstellungen geprägt sind, immer noch eine irrationale Abneigung hervorruft. Und es gibt auch solche, die aus einer mehr historischen Sicht in Anlehnung an die Vorstellungen des Idealismus noch bei der Konzeption absoluter Autonomie und Individualität des künstlerischen Schaffens geblieben sind und jegliche ‚Entweihung' von seiten des ökonomischen und politischen Bereiches zurückweisen. Die weiterhin gültige Notwendigkeit formaler Kritik des Kunstwerkes haben wir bereits betont. Aber darüber hinaus bedeutet die Ansicht, daß die Produktionsweise des materiellen Lebens den Prozeß des sozialen und geistigen Lebens bestimmt, in Wirklichkeit nicht die Reduzierung der gesamten Geschichte auf rein ökonomische Faktoren. Das ist ein Irrtum, auf den man verschiedentlich verfallen ist; ihm erlagen Historiker, die, vom methodischen Gesichtspunkt aus nicht genügend gerüstet, sich dieser Ansicht gegenübergestellt sahen, aber ebenso auch hervorragende Historiker und Kenner der Methodologie, die um jeden Preis den Folgen entgehen wollten, die ein Ansatz der Geschichtsschreibung, wie wir ihn hier zu definieren versuchen, unweigerlich mit sich bringt. Das bedeutet für uns, daß gewisse rein ideologische oder metaphysische Konstruktionen als ungültig erkannt werden, die das menschliche Individuum von der Realität entfernen und es doppelt steril halten, einmal im Sinn einer Reinigung und Befreiung von infizierenden Einflüssen, dann aber auch im Sinn der keimfreien Unfruchtbarkeit. Bezeichnend dafür ist, was mir vor einigen Jahren (1949) Benedetto Croce selbst schrieb, der mich in Anspielung auf meine linke politische Einstellung fragte, wie in aller Welt ich es fertig brächte, „die sonderbare Theorie vom Kunstwerk als einem Produkt der ökonomischen Verhältnisse mit meinem seriösen Verständnis der Kunstgeschichte in

Einklang zu bringen". Nun existiert eine solche Theorie lediglich in den falschen Auslegungen eines Prinzips, das in der Tat die ökonomischen Tatsachen zur Grundlage der menschlichen Entwicklungsgeschichte macht, wobei man sich aber völlig darüber klar ist, wie komplex dann diese Entwicklungen sind und wie bedeutend die ideologischen und geistigen Strukturen sind, die sich daraus ergeben.

Ist dies nun eine auf falschen Voraussetzungen beruhende Kritik einer noch im Idealismus verankerten Kultur, so wird uns von marxistischer Seite vorgeworfen, wir seien im Formalismus befangen. Wir sehen jedoch keine Gefahr, daß historische Forschung, wie wir sie verstehen, in reinen Formalismus verfällt und somit jeden Kontakt zur realen Geschichte verliert, indem sie diese bloß zum intellektuellen Spiel macht, denn wir haben die Betonung deutlich auf die Notwendigkeit einer Verankerung der künstlerischen Fakten in der konkreten Entwicklung der Geschichte gelegt.

Als rein intellektuelles Spiel erscheinen uns eher andere Wege, die in den letzten Jahren von den Kunstwissenschaftlern eingeschlagen wurden. Darunter hat die phänomenologische Forschung größere Bedeutung. Wir wollen dieser Art von Forschung nicht ihren Wert abstreiten, wenn ihr Bereich deutlich begrenzt bleibt, der weniger im Historischen als vielmehr in der Nähe der psychologischen Wissenschaften liegt. In degenerierter literarischer und intellektueller Form kann das, wie etwa bei Malraux, damit enden, daß man nur noch die emotionalen Reaktionen registriert, die weniger das Kunstwerk selbst als dessen graphische Reproduktion, auch wenn sich diese auf ein aus dem Zusammenhang gerissenes Detail beschränkt, in uns hervorruft. Die rigorosesten unter den Gelehrten unterscheiden zwischen ‚Kunstgeschichte‘ und ‚Kunstwissenschaft‘. Letzte hat in Wirklichkeit die alte Ästhetik abgelöst und beschäftigt sich mit den Kunstwerken sowohl moderner als auch vergangener Zeiten, um aus ihnen immer neue ‚Lesarten‘ zu gewinnen; aus ihnen lassen sich im absoluten und universalen Sinne neue Interpretationen ableiten, die gleichwohl dem Horizont des Künstlers, der diese Werke schuf, ganz fremd sind und die deshalb auch als autonome ästhetische und nicht als historische Forschungen anzusehen sind.

Wir Archäologen überlassen diese Kulturforschungen anderen, die nach universalen Werten suchen, und beschäftigen uns besser mit historischer Forschung, durch die uns der Herstellungs- und Schaffensprozeß bei einem bestimmten Werk zu seiner bestimmten Zeit klar wird.[179]

Wenn wir, wie es unsere Absicht ist, ein künstlerisches Problem wirklich historisch formulieren wollen, dann dürfen wir uns nicht mit der formalen Untersuchung von Kunstwerken hoher Qualität zufrieden geben, wie es die idealistische Anschauung von Riegl bis Croce gefordert hatte. Wir müssen vielmehr das einzelne Werk konkret in den Rahmen des allgemeinen Produktionsprozesses stellen. Diese Produktion muß in ihrem Umfang so bedeutend gewesen sein, daß in ihr eine hohe Qualität erreicht werden konnte, was sich in zwei Faktoren äußert: einmal in der Herausbildung derart großer Meisterschaft, daß aus dieser Umgebung der bedeutende, schöpferische und verändernde Künstler erwachsen konnte, und zum anderen in der Herausbildung eines ökonomisch derart bedeutenden Handwerks, das eine anspruchsvollere und damit auch teurere Produktion tragen konnte.[180] Aus diesem Ansatz des Problems leitet sich auch die Folgerung ab, daß die entschiedene Trennung in einen ,praktischen' und einen ,künstlerischen' Bereich, die ja ehemals ein grundlegendes Postulat der idealistischen Ästhetik war, abzulehnen ist. In Wirklichkeit können wir bei der Kunst der klassischen Antike das unter historischen und kritischen Gesichtspunkten Unzulängliche einer solchen Trennung mit Händen greifen, denn wir sehen unablässig, wie die Werke von höchster Qualität eng mit den Erfahrungen der handwerklichen Produktion verbunden sind, und zwar auch der allereinfachsten. In diesem Handwerk ist aber auf jene Art immer ein gewisser Anspruch und eine Suche nach formalem Ausdruck enthalten, der über die rein praktischen und nützlichen Bedürfnisse hinausgeht.

Den Archäologen möchten wir sagen, daß sie lernen müssen, zwei verschiedene Ebenen der Forschung zu unterscheiden, von denen die eine mehr auf ihrem eigenen Gebiet liegt, während die andere universalerer Art ist, aber sicher nicht weniger legitim noch kulturell weniger fruchtbar. Die Arbeit des Archäologen bezieht sich im allgemeinen auf die formale Untersuchung des künstlerischen Produktes, wie etwa die Unterscheidung zwischen den verschiedenen Werkstätten, die bemalte Vasen herstellen. Das dient dazu, eine relative oder auch absolute Chronologie aufzustellen und den Bereich der Handelsbeziehungen zu rekonstruieren, woraus man Schlüsse auf die ökonomische und politische Geschichte ziehen kann. Diese Art von Forschung bleibt im spezifischen Bereich der Archäologie, sie befaßt sich mit der Rekonstruktion der Geschichte mittels der materiellen Hinterlassenschaften einer Zivilisation im allgemeinen, oder, im engeren Rahmen gesehen, einer Kultur. Ihre Ergebnisse werden dann gleichwertig oder sogar mit größerem Gewicht neben die historischen Angaben gestellt, die von den literarischen Quellen geliefert werden. Wenn man diese Art der Forschung betreibt, dann wendet man auch Elemente formaler und künstlerischer Beurteilung an. Das besondere Ziel der Kunstgeschichte ist jedoch ein anderes: es ist die Geschichte der Verwirklichung künstlerischer Form, die Erhellung, wie diese aus der Erfahrung mit der Realität entstanden ist, ebenso aber auch die Geschichte ihres Weiterlebens, das heißt also aller ihrer Zusammenhänge. Jedes Kunstwerk zeigt auch diese Fragen seiner formalen Konstituierung, die in dem Augenblick stattfindet, in dem der Künstler eine Form oder ein Motiv entdeckt und es realisiert. Doch ist eine solche Realisierung an die bildnerische Tradition gebunden, in deren Umgebung sie steht.

Damit entsteht ein Problem, das man als das der ‚Sprache‘ bezeichnen kann, mit dem sich zugleich das Problem der Bedeutung ihres Ausdrucks stellt. Und das eben ist eine Frage nach dem Inhalt, der in enger Verbindung zur Umgebung des Kunstwerkes steht. Ferner ist jedes Kunstwerk zwar das unwillkürliche Produkt eines besonderen Empfindens, einer besonderen Fähigkeit und Bildung des Künstlers; es ist aber ebensogut möglich, daß das Kunstwerk eine Bedeutung enthalten soll, die aus einer bewußten Vorstellung von dem, was Kunst sein will und soll, entstanden ist. Das sind zwei verschiedene Aspekte, die, historisch gesehen, jeder für sich zu betrachten sind, die sich aber zu einer einheitlichen Rekonstruktion des bildnerischen Vorganges zusammenfügen lassen.

Diese Duplizität und dieser komplexe und problematische Aspekt der Kunstgeschichte liegen in der Natur des künstlerischen Phänomens selbst, das einerseits das historische Produkt einer Zivilisation ist, andererseits aber im Grunde auch immer der Ausdruck eines unklaren, instinktiven und im gewissen Sinn biologischen Bedürfnisses der menschlichen Natur. Man könnte dieses Phänomen als einen Instinkt bezeichnen, der von der jeweiligen Kultur geprägt ist (besonders deutlich ist das in Werken primitiver und weniger differenzierter Kulturen). Eine fortschreitende Entwicklung im Sinne der Technik und der Zivilisation kennt die Kunst nicht, und gerade darin liegt die zeitlose Gültigkeit ihrer Sprache. Um sie wirklich von Fall zu Fall in ihren Äußerungen zu verstehen und unserer Zeit zugänglich zu machen, können ästhetische Theoretisierungen nicht helfen. Der einzige Weg, die Kunst zu begreifen, ist, sie historisch zu sehen – und das war auch die Bedeutung des Titels ‚Storicità dell'arte classica', der beim Erscheinen des Buches im Jahre 1943 den Archäologie-Kollegen unverständlich war, so daß dieses Werk zuweilen als ‚Storia dell'arte classica' bezeichnet wurde. Diese Historisierung bedeutet nun aber, daß man die Kunst einem Werturteil unterwirft und aus ihren Erscheinungsformen eine Geschichte ihrer Erfahrungswelt folgert, was jedoch nur durch logisches und rationales Vorgehen möglich ist, das den Leser von den durchgeführten Untersuchungen und den dabei gewonnenen Erfahrungen überzeugen kann. Solcher Verfahrensweise wurde vorgeworfen, sie bestehe aus rhetorischen Diskursen von Leuten, die hier Formulierungen einbringen wollen, die zumeist der Erforschung des Unterbewußtseins oder der Ethnologie entstammen, immer jedoch technisch-wissenschaftlichen Charakters sind. Dieser Charakter würde jedoch dazu führen, daß die historische Ausdrucksweise, auf der die Autonomie des Geistes begründet ist, aus unserer Kultur verschwindet. Dem stellen wir uns entschieden entgegen. Leider ist nämlich die Neigung, das autonome, verantwortungsvolle und kritische Denken zu eliminieren, weit verbreitet. Wenn dieses Denken durch eine Formel oder durch dogmatische Lösungen ersetzt wird, dann wird auch die Verantwortung für jegliche Entscheidung aufgehoben. Diese Tendenz kommt der Bequemlichkeit all derer entgegen, die eine Entscheidung zu treffen haben. Und wer die sozialen Beziehungen durch autoritäre Bestimmungen festgelegt sehen will, wird solche fördern. Wir glauben jedoch, daß fruchtbare und dauerhafte Beziehungen zwischen den Menschen nur auf Überzeugungen beruhen können, die auf eigenem Urteil und eigener Entscheidung basieren.

Hierbei erinnere ich mich an eine Episode, die ich um 1950 erlebte: unter den Hörern meiner Universitätsvorlesungen befand sich auch ein amerikanisches Mädchen; sie war intelligent und beherrschte die italienische Sprache ziemlich gut. Da sie einen viel freieren und vertrauensvolleren Umgang mit den Dozenten gewohnt war, als in den italienischen Schulen üblich, hielt sie mich nach jeder Stunde fest, um mir in wenigen Worten den Inhalt der Vorlesung zu referieren und mich zu fragen, ob sie es richtig verstanden hätte. Einmal hatte ich die Details eines Problems nach den literarischen Quellen und den archäologischen Dokumenten dargelegt und anschließend gesagt, daß auf dieser Grundlage drei verschiedene Hypothesen aufgestellt wurden. Für jede gab es begründete Motive, wenn auch für mich persönlich einer von ihnen der Vorzug zu geben war, wofür ich die Gründe ausführte. Am Ende des Unterrichts kam die Amerikanerin wieder zum Pult, hob ermahnend den Zeigefinger und sagte, daß sie mit dieser Stunde nicht zufrieden sei, denn ich hätte drei Hypothesen dargelegt, die sich gegenseitig ausschlössen, während es meine Aufgabe gewesen wäre, den Studenten zu sagen, was sie für richtig zu halten hätten. Ich hielt mich mit ihr länger als gewöhnlich auf, um ihr zu erklären, daß ich doch über die jeweilige Problemstellung hinaus die Methode zu lehren hätte, wie man dabei zu einem eigenen Urteil gelangen kann; und ich sagte ihr, daß dies das wichtigste sei, was sie von der europäischen Kultur lernen könne.

Zum Abschluß ist noch folgendes zu bemerken: eine Geschichte der antiken Kunst hat zu erforschen, wie sich die konstituierenden Bestandteile der künstlerischen Form zu den verschiedenen Zeiten ihres historischen Verlaufs ausgeprägt haben. Sie soll die künstlerischen Ausdruckswerte deuten und kritisch definieren, die soziale und damit auch kulturelle Bedeutung bewerten. Mittels der Geschichte künstlerischer Form gelangt man zu einem besonders profunden Verständnis der kulturellen, geistigen und materiellen Geschehnisse einer bestimmten Zeit oder Region. Die damit gewonnenen Einsichten stehen völlig legitim neben den Interpretationen, die aus dieser Zeit oder Region von der politischen Geschichte, der Literaturgeschichte und der Geschichte der Philosophie und der Religion geboten werden. Die Kunstgeschichte stellt eine kulturelle Bereicherung eigener Art dar, die auf Grund der Anschaulichkeit ihrer Objekte besonders intensiv ist. Mit ihr bemächtigt man sich der Vergangenheit durch deren unmittelbaren und ureigensten Ausdruck, die Kunst. Und dies hat seinen Wert, denn Kultur bedeutet unserer Meinung nach ja auch, daß man die Gegenwart auf der Grundlage des kritischen Verständnisses der Vergangenheit begreift.

Anmerkungen

(Kursiv gedruckte Stellen sind Veränderungen oder Zusätze der Herausgeber)

[1] *Der Text dieser Einführung wurde als Vortrag bei der Accademia Nazionale dei Lincei gehalten und zuerst in den ‚Rendinconti delle Adunanze solenni‘, VII, 9, 1973, S. 717ff., veröffentlicht.*

[2] Ulrich von Wilamowitz-Moellendorf, ‚Geschichte der klassischen Philologie‘, S. 1, Leipzig 1921.

[3] Johann Joachim Winckelmann, ‚Briefe‘, *Bd. I, Nr. 194, S. 312ff., hrsg. von W. Rehm, Berlin 1952.*

[4] *Erschienen in Dresden. Neudruck dieser Ausgabe Wien 1934 und Darmstadt 1972. Im folgenden wird auch die Ausgabe Dresden 1808ff., hrsg. von Fernow, herangezogen, deren Kapiteleinteilung die von Bianchi Bandinelli benützte italienische Ausgabe folgt. Diese Einteilung entspricht jedoch nicht in allen Teilen der Erstausgabe von 1764.*

[5] Gian Pietro Bellori, ‚L’idea del pittore, dello scultore e dell’architetto …, discorso detto nell’Accademia Romana di San Luca la Terza Domenica di maggio 1664‘, gedruckt in: ‚Le Vite de’pittori …‘, Rom 1672.

[6] Stendhal, ‚Römische Spaziergänge‘.

[7] Brief Adolf Furtwänglers an Georg Treu vom 11. Februar 1880 über die Ausgrabungen in Olympia. Siehe Gerald Heres in: ‚Forschungen und Berichte‘, Staatliche Museen zu Berlin, Nr. 14, 1972, S. 197 mit Anm. 23.

[8] Alois Riegl, ‚Die Spätrömische Kunstindustrie nach den Funden in Österreich-Ungarn‘ I. Teil, Wien 1901. *Der maßgebliche Text ist die Einleitung zu diesem Werk. Neudruck unter dem Titel ‚Spätrömische Kunstindustrie‘, Wien 1927 und Darmstadt 1964.* Über Riegl siehe: ‚Enciclopedia dell’arte antica ed orientale‘, Rom 1958ff. (im folgenden abgekürzt ‚EAA‘) s. v. Riegl; *Guido von Kaschnitz-Weinberg, ‚Rezension zu A. Riegl, ‚Spätrömische Kunstindustrie‘, in: Gnomon V, 1929, Sp. 1959ff. Neudruck: Hefte des Kunsthistorischen Seminars der Universität München, S. 25ff., 2. Aufl. München 1963.*

[9] Ludwig Curtius, ‚Adolf Furtwängler‘, Badische Biographien, Bd. VI, Heidelberg 1933; *(=ders., ‚Torso, verstreute und nachgelassene Schriften‘, S. 213ff., Stuttgart 1957).*

[10] Max Weber, ‚Wissenschaft als Beruf‘, München 1919; ders., ‚Die Objektivität sozialwissenschaftlicher und sozialpolitischer Erkenntnis‘, in: ‚Gesammelte Aufsätze zur Wissenschaftslehre‘, S. 576 ff. und S. 166 ff., Tübingen 1922. Siehe auch Pietro Rossi, ‚Lo storicismo contemporaneo‘, S. 91 ff., Turin 1968.

[11] *Siehe dazu R. Bianchi Bandinelli, ‚Rom. Das Zentrum der Macht‘, deutsche Ausgabe München 1970; ders., ‚Rom. Das Ende der Antike‘, deutsche Ausgabe München 1971; ders. zusammen mit A. Giuliano, ‚Etrusker und Italiker vor der römischen Herrschaft‘, deutsche Ausgabe München 1974.*

[12] R. Bianchi Bandinelli, ‚Naissance et dissociation de la koiné hellénistico-romaine‘, in: ‚Huitième Congrès International d’Archéologie Classique, Paris 1963‘, ‚Le rayonnement des Civilisations Grecque et Romaine sur les cultures périphériques‘, S. 441 ff., Paris 1965.

[13] M. Mazza, ʻLotte sociali e restaurazione autoritaria nel III secolo d. C.‘, Università di Catania 1970; *jetzt Rom und Bari 1973.*

[14] *Als Pollenanalyse bekannt, mit deren Hilfe sich die Vegetation zu bestimmten Zeiten feststellen läßt, ebenso wie das Alter der Pollen durch die C-14-Methode. Dadurch läßt sich zum Beispiel die Vegetation zur Zeit des prähistorischen Menschen ermitteln.*

[15] *Durch magnetische Prospektion lassen sich unter dem Erdboden verschüttete Mauerzüge feststellen, wodurch eine spätere Ausgrabung wesentlich vereinfacht wird.*

[16] James Mellaart, ‚Excavations at Hacilar‘, Preliminary Reports 1–4, in: Anatolian Studies VIII, 1958 – XI, 1961; ders., ‚Excavations at Çatal Hüyük: a Neolithic City in Anatolia‘, London 1967. Einen zusammenfassenden Überblick gibt Mellaart in den Kapiteln VII a und VII b der Cambridge Ancient History, Bd. I, 1, London 1970.

[17] Ferdinando Castagnoli, ‚Lavinium‘, Bd. I, Rom 1972.

[18] Fausto Zevi und Alessandro Bedini, ‚La necropoli arcaica di Castel di Decima‘, in: Studi etruschi XLI, 1973, S. 27 ff., Taf. 1 ff.

[19] Massimo Pallottino, Giovanni Colonna u. a., ‚Pyrgi. Scavi nel santuario etrusco (1959–1967)‘, in: Notizie degli scavi, Suppl. zu Bd. XXIV, 1970, Rom 1973.

[20] Andrea Carandini u. a., ‚Ostia‘, Bd. I, in: Studi miscellanei, Nr. 13, Rom 1968.

[21] *Zu dieser interdisziplinären Zusammenarbeit zwischen Geschichte und Archäologie siehe auch M. I. Finley, ‚Archaeology and History‘, in: Daedalus C, 1, 1971, S. 168 ff.; jetzt in: ‚The Use and Abuse of History‘, S. 87 ff., London 1975.*

[22] Johann Gustav Droysen, ‚Historik, Vorlesungen über Enzyklopädie und Methodologie der Geschichte‘, S. 327, 2. Aufl., München 1943.

[23] Eine erste Formulierung dieses Themas habe ich in der einleitenden Vorlesung von 1944 gegeben, die unter dem Titel ‚A che serve la storia dell'arte antica?‘ in der Zeitschrift Società I, 1945, S. 8ff., publiziert ist. Weitere Argumente wurden in meinem Vortrag ‚Situazione dell'arte greca nella cultura contemporanea‘, in: Accademia Nazionale dei Lincei, 1950, Heft 19, hinzugefügt. Zu Winckelmann, Brunn und Loewy siehe auch meine ‚Letture di archeologia‘, in der Zeitschrift La critica d'arte, 1938–1942. Die traditionelle Position findet ihre beispielhafte Formulierung in einem Vortrag von Bernhard Schweitzer, ‚Die griechische Kunst und die Gegenwart‘, in: Die Antike XIII, 1938, S. 97ff. Für die italienische Archäologie der letzten fünfzig Jahre siehe Giovanni Becatti in: ‚Cinquant'anni di vita intellettuale italiana‘, Bd. II, S. 181ff., Neapel 1950. Zum Thema insgesamt vgl. auch G. E. Rizzo, ‚Storia dell'arte greca‘, Einleitung, Turin 1913. *Zur Archäologie, der Ausgrabungsgeschichte und den methodischen Problemen siehe außerdem Max Wegner, ‚Altertumskunde‘, Freiburg und München 1951. G. E. Daniel, ‚A Hundred Years of Archaeology‘, London 1952; J. S. Ackermann und R. Carpenter, ‚Art and Archaeology‘, New York 1963; U. Kultermann, ‚Geschichte der Kunstgeschichte. Der Weg einer Wissenschaft‘, Wien und Düsseldorf 1966; C. Anti, ‚Propedeutica archeologica‘, Padua 1966; G. E. Daniel, ‚The Origins and Growth of Archaeology‘, London 1967.*

[24] *Für einen umfassenden Überblick über die Geschichte der Forschungen und Entdeckungen zur Antike in der Mitte unseres Jahrhunderts ist das Büchlein von Andreas Rumpf sehr nützlich, ‚Archäologie I. Einleitung. Historischer Überblick‘, Berlin 1953, zu dem noch ein zweiter Teil gehört, der mehr technischer Art ist und die archäologische Terminologie sowie das Problem der Kopien behandelt: ders., ‚Archäologie II. Die Archäologensprache. Die antiken Reproduktionen‘, Berlin 1956. Siehe neuerdings auch: Hans Georg Niemeyer, ‚Einführung in die Archäologie‘, Darmstadt 1968; und im Handbuch der Altertumswissenschaften: ‚Handbuch der Archäologie I. Allgemeine Grundlagen der Archäologie‘, S. 11ff. (W. Schiering), München 1969.*

[25] *Das Hauptwerk des Dionysios von Halikarnass ist unter dem Titel* Ῥωμαικὴ ἀρχαιολογία *bekannt.*

[26] *Herodot, II, besonders 35 – 98; siehe auch Herodot, I, 92 (Die Säulen des Kroisos in Ephesos); III, 57 (Das Schatzhaus der Siphnier in Delphi); V, 62 (Der Tempel der Alkmaioniden in Delphi).*

[27] *Pausanias, ‚Ἑλλάδος περιήγησις‘, deutsche Ausgabe in der Übersetzung von Ernst Meyer, Zürich 1954.*

[28] N. Dacos, ‚Per la storia delle grottesche‘, Bollettino d'arte I–II, 1966, S. 43ff.

[29] Antonio Minto, ‚Il sarcofago romano del duomo di Cortona‘, in: Rivista d'arte XXVI, 1950, S. 1ff.

[30] Vgl. R. Bianchi Bandinelli, ‚Storicità dell'arte classica‘, S. 213, 2. Aufl. Florenz 1950 (3. Aufl. Bari 1973, S. 352). Zur Traianssäule siehe die Renaissancezeichnungen in ‚EAA, Atlante dei complessi figurati‘, Taf. 75ff.

[31] Als ‚antiquari‘ bezeichnete man zu Winckelmanns Zeit wie auch später in der Altertumskunde jene Forscher, die in erster Linie die Überreste der antiken Kultur sammelten und ordneten, dabei jedoch keinerlei theoretisch reflektierten Bezug zum Altertum entwickelten.

[32] Goethe an Eckermann am 29. Januar 1826. Vgl. ‚Gespräche mit Eckermann‘, hrsg. von F. von Biedermann, S. 215f., Leipzig 1949–1950.

[33] Goethe an Eckermann am 1. April 1827. Vgl. ‚Gespräche mit Eckermann‘ a. a. O. S. 297. Siehe auch J. Waldapfel in: Das Altertum 1967, 4, S. 241. ,,Allein ein edler Mensch . . . wird durch die Bekanntschaft und den vertraulichen Umgang mit den erhabenen Naturen griechischer und römischer Vorzeit sich auf das herrlichste entwickeln und mit jedem Tage zusehends zu ähnlicher Größe heranwachsen.“

[34] Zu Goethe siehe Georg Lukács, ‚Goethe und seine Zeit‘, Berlin, 2. Aufl. 1953.

[35] Zu Schiller siehe Georg Lukács, ‚Beiträge zur Geschichte der Ästhetik‘, S. 11ff., Berlin 1956 (=G. Lukács, Werke, Bd. X, S. 17ff., Berlin 1969).

[36] Vgl. R. Bianchi Bandinelli, ‚Le crisi dell'umanesimo‘ (1947), in: ‚Archeologia e cultura‘, S. 66ff., Mailand und Neapel 1961.

[37] Winckelmann wurde in Stendal am 9. Dezember 1717 geboren, am 8. Juni 1768 in Triest ermordet. Hauptwerke: ‚Gedanken über die Nachahmung der griechischen Werke in der Malerei und Bildhauerkunst‘, Dresden 1755; ‚Description des pierres gravées du feu Baron de Stosch‘, Florenz 1760, deutsch: Donaueschingen 1825; ‚Geschichte der Kunst des Alterthums‘, Dresden 1764; ‚Monumenti antichi inediti spiegati e illustrati‘, 2 Bde., Rom 1767. Über Winckelmann siehe ‚EAA‘ s. v. Winckelmann; Karl Justi, ‚Winckelmann und seine Zeitgenossen‘, Leipzig 1866–1872.

[38] Siehe Wolfgang Helbig, ‚Führer durch die öffentlichen Sammlungen klassischer Altertümer in Rom‘, Bd. II, S. 3ff., 4. Aufl. Tübingen 1966.

[39] Plinius, ‚Naturalis Historia‘, Buch XXXIII – XXXVI. Er setzt zum Beispiel den Höhepunkt des Phidias in die 83. Olympiade, 448 – 445 v. Chr., ‚Nat. Hist.‘ XXXIV, 49.

[40] G. P. Bellori, ‚Admiranda antiquitatum ac veteris sculpturae vestigia‘, Rom

1693; ders., ,Pitture antiche delle grotte di Roma', Rom 1706. Siehe ,EAA' s. v. Bellori.

[41] *Siehe die Werke von Mengs in: ,Des Ritters Anton Raphael Mengs, ersten Malers Karl III. Königs in Spanien, hinterlassne Werke, herausgegeben von M. F. Prange', Halle 1786.*

[42] *F. Milizia, ,Memorie degli architetti antichi e moderni', Bassano 1785.*

[43] *Johann Wolfgang von Goethe, ,Winckelmann und sein Jahrhundert', in: Goethes Werke, Bd. XII, S. 120, München 1973.*

[44] Karl Friederichs und Paul Wolters, ,Königliche Museen zu Berlin. Die Gipsabgüsse antiker Bildwerke. Bausteine zur Geschichte der griechisch-römischen Plastik', Berlin 1885.

[45] *Vgl. dazu auch einige Titel von Zeitschriften wie etwa ,Studi e materiali' u. a.*

[46] *Giorgio Vasari, 'Le vite de'più eccellenti architettori, pittori e scultori italiani da Cimabue insino a'tempi nostri', Florenz 1550; deutsche Ausgabe: Zürich 1974.*

[47] *Lorenzo Ghiberti, ,I Commentari'; deutsche Ausgabe durch Julius von Schlosser, Berlin 1912.*

[48] Siehe auch Friedrich Schlegel, ,Philosophie der Philologie' (1798), hrsg. von Josef Körner. In: Logos, Bd. XVII, 1928, S. 19.

[49] *Zu Phidias siehe Anm. 138 und 140.* Zur Persönlichkeit und zu den Schicksalsschlägen des Lord Elgin siehe Anm. 120.

[50] Zu den Skulpturen von Olympia: Ernst Buschor und Richard Hamann, ,Die Skulpturen des Zeustempels zu Olympia', Marburg 1924; Walter Hege und Gerhard Rodenwaldt, ,Olympia', Berlin 1936; Giovanni Becatti, ,Il maestro di Olimpia', Quaderni di archeologia Nr. 6, Florenz 1942; *siehe auch ,EAA' s. v. Olimpia, Maestro di; Hans-Volkmar Herrmann, ,Olympia, Heiligtum und Wettkampfstätte', S. 128ff., München 1972.*

[51] Zum Beispiel Waldemar Deonna, ,Du miracle grec au miracle chrétien. Classiques et primitives dans l'art', Basel 1946–1948.

[52] *Siehe auch den Brief an G. L. Bianconi, Rom, am 17. September 1757. J. J. Winckelmann, ,Briefe', Bd. 1, S. 302, Berlin 1952: ,,I Professori dell'Arte a Roma non sanno che cosa è il pensare. La Barbarie è giunta all'ultimo segno ..."* – ,,*Die römischen Kunstprofessoren wissen nicht, was das Denken bedeutet. Die Barbarei hat ihren höchsten Punkt erreicht.*"

[53] Über Winckelmann siehe vor allem die große Biographie von Karl Justi. *Vgl. oben Anm. 37.*

[54] Cesare Pagnini, ,Atti del processo', Triest 1964; C. Pagnini und H. A. Stoll, ,Mordakte Winckelmann', Berlin 1965. Für den großen Ein-

druck, den diese Nachricht seinerzeit hinterlassen hat, ist ihr Niederschlag in der romanhaften Autobiographie Goethes, ‚Dichtung und Wahrheit‘ (Kap. VIII in: Goethes Werke, Hamburger Ausgabe, Bd. IX, S. 329, München 1974), bezeichnend. Das Bild eines kleinen Mönches, eines einfachen und schlichten Menschen, überliefert uns der berühmte Abenteurer Casanova, der einen Besuch in der Villa Albani beschreibt. G. Casanova, ‚Storia della mia vita‘, hrsg. von P. Chiara, Bd. IV, S. 243 ff., S. 262 ff., Mailand 1964/1965.

[55] *Kapiteleinteilung nach der Ausgabe von 1808, siehe oben Anm. 4.*

[56] *J. J. Winckelmann, ‚Geschichte der Kunst des Alterthums‘, S. 364 ff., Nachdruck Darmstadt 1972.*

[57] William Hogarth, ‚The Analysis of Beauty‘, London 1753. Siehe auch die entsprechenden Abschnitte bei Schlosser-Mannino, ‚La letteratura artistica‘, 2. Aufl. Florenz 1956; Lino Venturi, ‚Storia della critica d’arte‘, Turin 1964; *deutsche Ausgabe München 1972;* Giulio Carlo Argan, ‚Le idee artistiche di W. Hogarth‘, in: English Miscellany, Bd. I, S. 161 ff., hrsg. von M. Praz, Rom 1950.

[58] J. E. Sandys, ‚A History of Classical Scolarship‘, Bd. III, S. 51, New York 1908, Nachdruck 1958; G. Pasquali, ‚Storia della tradizione e della critica del testo‘, Florenz 1952.

[59] Karl Friederichs, ‚Der Doryphoros des Polyklet‘, 23. Winckelmannsprogramm, Berlin 1863; Friedrichs-Wolters, ‚Bausteine …‘, Anm. 40, *siehe oben Anm. 44.*

[60] Heinrich Brunn, ‚Geschichte der griechischen Künstler‘, Bd. I, Braunschweig 1853, Bd. II, Stuttgart 1859; ders., ‚Griechische Kunstgeschichte‘, 2 Bde., München 1893–1897. Brunn hat berichtet, wie ungewöhnlich noch um die Mitte des vorigen Jahrhunderts sein Anspruch auf einen eigenen Lehrstuhl war, denn bis dahin war die Archäologie in den philologischen Unterricht mit einbezogen. Sein Lehrstuhl war der erste in Deutschland und in Europa. Als man in Italien am Anfang unseres Jahrhunderts zum erstenmal einen eigenen archäologischen Lehrstuhl in Rom einrichten wollte, holte man den Österreicher Emanuel Loewy.

[61] Johannes Overbeck, ‚Die antiken Schriftquellen zur Geschichte der bildenden Künste bei den Griechen‘, Leipzig 1968; reprographischer Nachdruck Hildesheim 1971; ders., ‚Gallerie heroischer Bildwerke der alten Kunst‘, 2 Bde., Braunschweig 1853; ders., ‚Griechische Kunstmythologie‘, 5 Bde., Leipzig 1871–1889.

[62] Die Identifizierung des Apoxyomenos: Bollettino dell’Istituto 1850, S. 108 ff. (Canina); Annali dell’Istituto XXII, 1850, S. 223 ff. (Emil

Braun). Die Statue wurde 1849 in Trastevere unter den Ruinen eines Privathauses aus der Kaiserzeit gefunden. Das Original aus Bronze war nach Rom gebracht und von Agrippa vor seinen Thermen aufgestellt worden, von denen das Pantheon, das in hadrianischer Zeit neu errichtet wurde, einen Rest darstellt; dann hat Tiberius die Figur in seinem Schlafraum aufgestellt und jedes andere Kunstwerk aus ihm entfernt; doch schließlich gab Tiberius sie der Öffentlichkeit zurück, nachdem dies während einer Theatervorstellung mit lauten Rufen gefordert worden war (Plinius, ‚Nat. Hist.‘, XXXIV, 62; Overbeck, a. a. O., Nr. 1502).

[63] Da die Seife noch nicht in Gebrauch gekommen war, sondern erst durch den Kontakt mit den barbarischen Völkern bekannt wurde, schmierte man sich in der Antike zum Säubern mit Öl und feinem Bimssteinpulver ein. Um dann die ölige Creme, die sich so gebildet hatte, wieder vom Körper zu entfernen, bediente man sich der Strigilis, eines langen, schmalen Schabers mit aufgebogener Rinne, und verwendete außerdem reichlich Wasser.

[64] Plinius, ‚Nat. Hist.‘, XXXIV, 55 und 62; Overbeck, a. a. O., Nr. 962 und 1502.

[65] R. Bianchi Bandinelli, ‚Policleto‘, Quaderni per l'archeologia Nr. 1, 1938, Fonti Nr. 21; *jetzt auch Hans von Steuben, ‚Der Kanon des Polyklet‘, Tübingen 1973; Thuri Lorenz, ‚Polyklet‘, Wiesbaden 1972.*

[66] *Die Winckelmannsprogramme wurden von einer Vereinigung Berliner Archäologen herausgegeben, die sich am Geburtstag Winckelmanns versammelten und alljährlich in ihrer Schriftenreihe Arbeiten zu antiken Denkmälern publizierten. Gleiche Gesellschaften wurden auch in Halle und Leipzig gegründet.*

[67] Die ersten guten, aber noch nicht ausreichenden Photographien dieses Torso wurden für meine ‚Storicità dell'arte classica‘, Tafel 28–30, in der 2. Auflage, Florenz 1950, hergestellt. L. A. Mansuelli, ‚Catalogo della Galleria degli Uffizi: Le sculture‘, Bd. I, Nr. 7, Abb. 6a-d, Rom 1958.

[68] Quintilian, ‚De institutione oratoria‘, XII, 10, 7; Overbeck, a. a. O. Nr. 968.

[69] Plinius, ‚Nat. Hist.‘, XXXIV, 55.

[70] Quintilian, ‚De institutione oratoria‘, V, 12, 21; Overbeck, a. a. O., Nr. 955.

[71] *Siehe oben Anm. 60.*

[72] *Antonio Nibby, ‚Osservazioni artistico-antiquarie sopra la statua volgarmente appellata il Gladiator moribondo‘, Rom 1821.*

[73] Ovid, ‚Heroides‘, XII.

[74] Plinius, ‚Nat. Hist.‘, XXXIV, 84.

[75] Pausanias, I, 25, 2.

[76] Andreas Rumpf, ‚Archäologie‘, Bd. II, S. 88 ff., Berlin 1956.

[77] *L. Stephani, in: Comptes Rendus de l'Académie de St. Petersbourg 1859, S. 106.*

[78] *Bernhard Stark, in: Nuove memorie dell'Istituto 1865, S. 256.*

[79] Pausanias, I, 8, 2, und IX, 16,2.

[80] *Heinrich Brunn, ‚Über die sogenannte Leukothea‘, (1867) in: Heinrich Brunn's kleine Schriften, Bd. II, 328 ff., Leipzig und Berlin 1905.*

[81] Plinius, ‚Nat. Hist.‘ XXXIV, 50.

[82] Plinius, ‚Nat. Hist.‘ XXXIV, 51.

[83] Charles Picard, ‚Manuel d'archéologie grecque, la sculpture‘, Bd. 1–4, Paris 1935 ff.

[84] Georg Lippold, ‚Die griechische Plastik‘ (Handbuch der Archäologie Bd. III, 1), München 1950.

[85] Vgl. auch ‚EAA‘ s. v. Kephisodotos. *Zu dieser Figur siehe auch neuerdings Helmut Jung, ‚Zur Eirene des Kephisodot‘, in: Jahrbuch des Deutschen Archäologischen Instituts XCI, 1976, S. 97 ff.*

[86] A. Rumpf, a. a. O., S. 91.

[87] Plutarch, ‚Quaestiones convivales‘, II, 3, 2, 636 C.

[88] *Vgl. ‚EAA‘ s. v. Paesaggio.*

[89] Adolf Furtwängler – Karl Reichold, ‚Griechische Vasenmalerei‘, München 1900 ff.

[90] So etwa R. H. Wilenski, ‚The Meaning of Modern Sculpture‘, London 1932.

[91] Plinius, ‚Nat. Hist.‘, XXXV, 92 und folgende. Dazu auch zwei Stellen bei Plutarch, Overbeck, a. a. O., Nr. 1876, 1877.

[92] Er arbeitete noch 306–301 in Kos, als die Insel kurze Zeit unter der Herrschaft des Antigonos Monophthalmos stand, dessen Porträt Apelles malte. Plinius, ‚Nat. Hist.‘ XXXV, 90, 96, 106; siehe auch ‚EAA‘ s. v. Apelle.

[93] *Siehe oben Anm. 61.*

[94] Plinius, ‚Nat. Hist.‘, Praefatio 14, *in der Übersetzung von R. König, München 1973.*

[95] Plinius, ‚Nat. Hist.‘, Praefatio 18, *deutsch von R. König, München 1973.*

[96] *Fest des Vulcanus am 23. August. An diesem ‚Festtag‘ war es üblich, daß man seiner beruflichen Arbeit zumindest für einige Augenblicke nachging, da man dies für ein gutes Omen hielt.*

[97] Plinius d. J., Briefe, III, 5, *deutsch von H. Kasten, München 1968.*

⁹⁸ Bernhard Schweitzer, ‚Xenokrates von Athen', in: Schriften der Königsberger Gelehrten Gesellschaft 9, 1932, Heft 1 (= in: ders., ‚Zur Kunst der Antike. Ausgewählte Schriften', Bd. I, S. 105ff.).

⁹⁹ ‚Plinio il Vecchio. Storia delle arti antiche', hrsg. von S. Ferri, Rom 1946.

¹⁰⁰ „Ab illis factos quales essent homines, a se quales viderentur esse", Plinius, ‚Nat. Hist.', XXXIV, 65.

¹⁰¹ Platon, ‚Sophist', 235c – 236d. Über den ‚Sophist' und über die allgemeine Haltung Platons zur Kunst siehe F. Adorno, ‚Studi sul pensiero greco', S. 3ff., Florenz 1966.

¹⁰² Dazu die Kontrovesen, die bei A. Letellier, ‚Des Classiques aux Impressionistes', Paris 1920, wiedergegeben sind.

¹⁰³ Plinius, ‚Nat. Hist.', XXXIV, 51, 52.

¹⁰⁴ Plinius, ‚Nat. Hist.', XXXIV, 56: Eigentümlich ist ihm die Erfindung, Bildwerke auf einen Fuß zu stellen; Varro sagt jedoch, daß sie viereckig seien und beinahe alle nach einem Muster" (Übersetzung von Chr. Fr. L. Strack, ‚Plinius', Bd. III, S. 412, Bremen 1855; reprographischer Nachdruck Darmstadt 1968.

¹⁰⁵ Hermogenes, ‚De inventione', III, 3.

¹⁰⁶ Zur Bibliographie und zu den weiteren Schwierigkeiten dieses Textes siehe die Plinius–Ausgabe von S. Ferri, S. 80ff., siehe oben Anm. 99.

¹⁰⁷ Zur Entstehung dieser Literatur siehe die grundlegende Untersuchung von G. Pasquali in: Hermes XLVIII, 1913, S. 161ff.

¹⁰⁸ Textausgabe mit deutscher Übersetzung siehe oben Anm. 27.

¹⁰⁹ Siehe ‚EAA' s. v. Kypselos, Arca di; Wilhelm von Massow, ‚Die Kypseloslade', in: Athenische Mitteilungen XLI, 1916, S. 1ff.

¹¹⁰ Es waren die sogenannten Ζᾶνες, Bronzestatuen des Zeus, die, in einer Reihe aufgestellt, die Nordseite des Weges zum Stadion säumten. Die Figuren waren aus den Strafgeldern solcher Athleten errichtet worden, die sich der Bestechung schuldig gemacht hatten. Siehe ‚Pauly's Realencyclopädie der Classischen Altertumswissenschaft', Supplementband XIV, Spalte 977ff. (H. V. Herrmann).

¹¹¹ Carl Blümel, ‚Griechische Bildhauerarbeit', Berlin 1927.

¹¹² Diese Meinung teilte auch Ludwig Curtius, der damals als der beste Kenner griechischer Kunst galt. L. Curtius, ‚Die klassische Kunst Griechenlands', Bd. I, S. 379, Potsdam 1938.

¹¹³ Carl Blümel, ‚Hermes eines Praxiteles', Baden-Baden 1948; neuerdings dazu auch Sheila Adam, ‚The Technic of Greek Sculpture', S. 124ff., Oxford 1966. Sie datiert die Figur um etwa 100 v. Chr. Als Original des

4. *Jahrhunderts mit Ergänzungen aus dem 2. Jahrhundert bezeichnet die Figur H. J. Étienne, ,The Chisel in Greek Sculpture', Nr. 73, Leiden 1968.*

[114] Emanuel Loewy, ,Inschriften griechischer Bildhauer', Nr. 49 und S. 39ff., Leipzig 1885. Siehe auch Giovanni Becatti, ,Il Maestro d'Olimpia', Quaderni d'archeologia Nr. 6. Fonti Nr. 7, Florenz 1943.

[115] Eine systematische Zusammenfassung der antiken literarischen Quellen zur griechischen und römischen Kunstgeschichte von E. Pernice ist enthalten im ,Handbuch der Archäologie, Allgemeine Grundlagen der Archäologie', S. 365ff., 2. Aufl. München 1969. *Zu den lateinischen Quellen siehe: Giovanni Becatti, ,Arte e gusto negli scrittori latini', Florenz 1951.*

[116] *Lukian, ,Herodotus sive Aetion', 4; Overbeck, a. a. O., Nr. 1938.*

[117] Athenaios, ,Deipnosophistai', V, 206 d ff.

[118] Jean Marcadé, ,Recueil des signatures des sculpteurs grecs', Paris 1953. Ein Versuch, die Sammlung literarischer Quellen auf den heutigen Stand zu bringen, einschließlich einer Zusammenstellung der Bildwerke und der Bibliographie, wurde von uns seit 1938 mit den ,Quaderni per lo studio dell'archeologia' unternommen. Davon ist eine erste Serie erschienen (Polyklet, Myron, Griechische Porträts, Der Olympiameister), herausgegeben von R. Bianchi Bandinelli, P. E. Arias, L. Laurenzi und G. Becatti. Später begann man dann eine neue Serie mit einem Heft über Skopas von P. E. Arias unter Mitarbeit von L. Banti, in das über die Materialsammlung hinaus auch die Übersetzung der Schriftquellen ins Italienische und ins Englische aufgenommen wurde.

[119] Zu diesen Unternehmungen gehört auch die Publikation der ,Antiquities of Athens', Bd. I, London 1761–1762; Bd. II, London 1787. Als dann Tiryns und die Ruinen von Mykene mit dem sogenannten ,Schatzhaus des Atreus' entdeckt wurden sowie die Tempelruinen von Korinth, Ägina und Bassai (Phigalia), erschien der Band von G. P. Gandy und F. Bedford, ,Unedited Antiquities of Attica', London 1817. *Zur Geschichte der Ausgrabungen siehe A. Rumpf, Archäologie I (vgl. oben Anm. 24).*

[120] Eine ausführliche Biographie über Lord Elgin ist noch nicht geschrieben worden, doch wird jetzt eine ausgewogene Darstellung der mit den Figuren zusammenhängenden Ereignisse in dem Buch von William St. Clair geboten, ,Lord Elgin and the Marbles', Oxford 1967.

[121] *Anläßlich eines Vortrags, den er im Jahre 1815 am Französischen Institut gehalten hat: E. Q. Visconti, ,Mémoires sur les ouvrages de sculpture du Parthénon et de quelques édifices de l'Acropole à Athènes ...', Paris 1818.*

[122] Goethes Werke Bd. XII, S. 169ff., ,Relief von Phigalia', München 1973.

[123] *Zur Kontroverse um die ‚Entrestaurierung' der Ägineten siehe Dieter Ohly, ‚Die Neuaufstellung der Ägineten', in: Archäologischer Anzeiger 1966, Sp. 515ff.; Kunstchronik XXV, April 1972, 4, S. 85ff.; a.a.O. September 1972, 9, S. 291; Christiane Grunwald, ‚Zu den Ägineten-Ergänzungen', in: ‚Bertel Thorwaldsen, Untersuchungen zu seinem Werk und zur Kunst seiner Zeit', S. 305ff., Köln 1977.*

[124] *Siehe ‚EAA' s.v. Alessandrina, Arte. Zur perspektivischen Malerei siehe auch R. Bianchi Bandinelli, ‚La pittura', in: ‚Storia e civiltà dei Greci', Bd. V, ‚La cultura ellenistica', Kapitel III, Teil 3, Mailand 1976.*

[125] *Zu diesem Problem siehe auch R. Bianchi Bandinelli, ‚Tradizione ellenistica e gusto romano nella pittura pompeiana', in: Storicità dell'arte classica, S. 157ff., 2. Aufl. Florenz 1950.*

[126] *Die neueste und vollständigste Sammlung des Materials findet sich mit historischen Erläuterungen im Katalog zu der Ausstellung: ‚Roma medio-repubblicano', Rom 1973, herausgegeben von Filippo Coarelli.*

[127] Plinius, ‚Nat. Hist.', XXXVI, 31.

[128] Ernst Buschor, ‚Maussollos und Alexander', München 1950.

[129] *Schliemanns bedeutende Ausgrabungen wurden von ihm selbst beschrieben: Heinrich Schliemann, ‚Mykenä', Leipzig 1878; ders., ‚Orchomenos', Leipzig 1881; ders., ‚Troia', Leipzig 1884; ders., ‚Tiryns', Leipzig 1886.*

[130] Wilhelm Dörpfeld, ‚Alt-Olympia', 2 Bde., Berlin 1935.

[131] Siehe ‚EAA' s.v. Festo; Doro Levi, ‚Festòs: metodo e criteri di uno scavo archeologico', Accademia Nazionale dei Lincei, Quaderno Nr. 120, Rom 1968; ders., ‚Festòs e la civiltà Minoica', Rom 1976. *Zur Frage der Chronologie siehe zuletzt F. Matz in: ‚Cambridge Ancient History', Bd. II, Teil 1, Kapitel IV(b), London 1973.*

[132] Der Versuch, die künstlerische Kontinuität zwischen den beiden Kulturen zu beweisen, ist als methodisch verfehlt zu bezeichnen, da er nur auf zweitrangigen und oberflächlichen Kriterien beruht.

[133] Eine klare, auf einer seriösen wissenschaftlichen Basis aufgebaute Darstellung der Entstehung der ersten städtischen Gemeinschaften in der sumerischen Kultur gibt V. Gordon Childe, *‚Man makes himself', London 1936 (deutsch: ‚Der Mensch schafft sich selbst', Dresden 1959). Alle neueren Forschungen zu den frühen Kulturen des Vorderen Orients sind aufgenommen in einen umfassenden Überblick in der ‚Cambridge Ancient History', Bd. I, London 1970/1971 und Bd. II, London 1973/1974. Dort findet sich auch eine umfangreiche Bibliographie. Siehe dazu die betreffenden Abschnitte bei: Barthel Hrouda, ‚Vorderasien I. Mesopotamien, Babylonien, Iran und Anatolien' (Handbuch der Archäologie), München 1971.*

[134] *Diese Untersuchungen werden nunmehr vom Deutschen Archäologischen Institut seit 1956 weitergeführt. Siehe dazu den Bericht von Dieter Ohly in: Archäologischer Anzeiger 1965, Sp. 277ff. sowie die Publikationsreihe der Kerameikos-Grabung.*

[135] Pap. Oxyrh. XI, Nr. 1364, S. 266ff. (The Oxyrhynchos Papyri, Bd. XI, London 1915). Siehe Herrmann Diels, ,Die Fragmente der Vorsokratiker‘, Bd. II, S. 289, 3. Aufl. Berlin 1900; Nachträge 1922, S. XXXIff.

[136] *Hans Schrader, Ernst Langlotz und Walter H. Schuchhart, ,Die archaischen Marmorbildwerke auf der Akropolis‘, Frankfurt/Main 1939.*

[137] *Humphrey Payne, ,Archaic Marble Sculpture from the Acropolis‘, S. 22ff., Tafel 11 a–c, London 1936. Zur attischen Herkunft der Koren siehe auch den Artikel von R. Bianchi Bandinelli, ,Sculture arcaiche dell’Acropoli: commento ad un catalogo‘, in: La critica d’arte II, 1937, S. 112ff.*

[138] *Nach den drei grundlegenden Untersuchungen von Bernhard Schweitzer, siehe Anm. 140, sind auch in neuerer Zeit zahlreiche Beiträge zu Phidias erschienen. Siehe Giovanni Becatti, ,Problemi fidiaci‘, Florenz 1951; und ,EAA‘ s. v. Fidia; dazu auch Frank Brommer, ,Die Skulpturen der Parthenongiebel‘, Mainz 1963; Alfred Mallwitz und Wolfgang Schiering, ,Die Werkstatt des Pheidias in Olympia‘, Bd. I, Berlin 1964.*

[139] R. Bianchi Bandinelli, ,L’artista nell’antichità classica‘, in: ,Archeologia e cultura‘, S. 46ff., Mailand und Neapel 1961.

[140] *,Prolegomena zur Kunst des Parthenonmeisters‘, in: Jahrbuch des Deutschen Archäologischen Instituts LIII, 1938, S. 1ff.; ,Zur Kunst des Parthenonmeisters‘, a. a. O., LIV, 1939, S. 1ff.; ,Pheidias der Parthenonmeister‘, a. a. O., LV, 1940, S. 170ff.*

[141] *Emanuel Loewy, ,Die Naturwiedergabe in der älteren römischen Kunst‘, Rom 1900; ,Typenwanderungen‘, in: Jahreshefte des Österreichischen Archäologischen Instituts XII, 1909, S. 243ff.*

[142] Bei dieser Gelegenheit will ich an eine kleine Geschichte erinnern: Eine Akademie hatte einmal einen Wettbewerb für eine Abhandlung über das Kamel ausgeschrieben. Gelehrte aus verschiedenen Nationen beteiligten sich an diesem Wettbewerb: der Engländer machte eine Reise nach Arabien und studierte das Leben der Kamele und Kameltreiber; der Franzose verfaßte eine Abhandlung mit dem Titel ,Les amours des chameaux‘; der deutsche Hegelianer setzte sich an den Schreibtisch und erdachte das Kamel ,aus seiner eigenen Phantasie‘. Als Beispiel für eine typisch romantische Haltung gegenüber dem Künstler gelten auch die Worte, die Heinrich Heine an Schlegel richtete: ,,Der Große Irrtum besteht immer darin, daß der Kritiker

die Frage aufwirft: ‚was soll der Künstler?‘ Viel richtiger wäre die Frage: ‚was will der Künstler‘, ... daß aber jedes neue Kunstgenie nach seiner eigenen mitgebrachten Ästhetik beurteilt werden muß.“ Heinrich Heine, ‚Werke und Briefe in zehn Bänden‘, hrsg. von H. Kaufmann, Bd. IV, S. 314, Berlin 1961.

[143] Zur Stellung des Künstlers in der antiken Gesellschaft siehe: Bernhard Schweitzer, ‚Der bildende Künstler und der Begriff des Künstlerischen in der Antike‘, Heidelberg 1925 (= *B. Schweitzer, ‚Zur Kunst der Antike. Ausgewählte Schriften‘, Bd. I, S. 1ff., Tübingen 1963); ders. in: Philologus LXXXIX, 1934, S. 286ff.; und in: Coralla Curtius 1937, S. 35ff. Siehe auch oben Anm. 139.*

[144] Emanuel Loewy, ‚Die griechische Plastik‘, Turin 1911 *(2. Aufl. Leipzig 1916).*

[145] ‚La genesi dello scorcio nell'arte antica‘, in: Memorie dell'Accademia dei Lincei 1906, S. 122ff.

[146] *Siehe oben Anm. 141.*

[147] *Alessandro della Seta, ‚Il nudo nell'arte‘, Bd. I, ‚Arte antica‘, Rom 1930.*

[148] Ernst Langlotz, ‚Zur Zeitbestimmung der strengrotfigurigen Vasenmalerei und der gleichzeitigen Plastik‘, Leipzig 1920.

[149] Alois Riegl, ‚Stilfragen‘, Berlin 1893.

[150] *Siehe oben Anm. 8.*

[151] Dieses Werk des Architekten Gottfried Semper, ‚Der Stil in den technischen und tektonischen Künsten, oder praktische Ästhetik ...‘, 2 Bde., Frankfurt/Main 1860–1863 (2. Aufl. 1878–1879), in dem er versuchte, für die dekorativen und architektonischen Formen eine rein technische Erklärung zu geben, hatte zu seiner Zeit breite Resonanz gefunden. Der erste Band handelt von der Webkunst und der Architektur, der zweite von der Keramik, der Metallbearbeitung und der Tektonik im allgemeinen. Ein dritter Band, der nie erschienen ist, sollte die sozialen und historischen Voraussetzungen der Kunst untersuchen. Semper war einer der größten Exponenten des positivistischen Empirismus im Bereich der antiken Kunstgeschichte, und er war einer der einflußreichsten europäischen Architekten, Schöpfer des ‚eklektischen‘ Stils, in dem die meisten Paläste, Parlamentsgebäude, Museen, Justizgebäude und Bahnhöfe zwischen 1870 und 1914 errichtet wurden. Man muß sich vor Augen halten, daß das Ungenügen des positivistischen Empirismus bei seiner Anwendung auf die Kunstgeschichte vor allem darin bestand, daß die künstlerischen Fakten als Verpflichtung gegenüber einer ‚automatischen‘ Evolution angesehen wurden, vergleichbar einer biologischen Entwicklung.

[152] R. Bianchi Bandinelli, ‚Organicità e astrazione‘, Mailand 1956

(deutsch: ,Wirklichkeit und Abstraktion', Dresden 1962). A. Carandini, ,Vibia Sabina. Funzione politica, iconografica e il problema del classicismo adrianeo', S. 14, Florenz 1969; *P. Duval, ,L'art des monnaies gauloises', in: Comptes rendus de l'Academie des Inscriptions et Belles Lettres, 1972, S. 635.*

[153] Das Werk von Wickhoff erschien 1895 unter dem Titel ,Die Wiener Genesis'. Die Einleitung wurde dann noch einmal getrennt veröffentlicht und später in alle wichtigen Sprachen, auch ins Italienische, übersetzt. Eine neue Publikation der Handschrift in farbigem Faksimile wurde dann 1931 von H. Gerstinger besorgt, und eine endgültige chronologische und stilistische Einordnung erfolgte 1937 durch P. Buberl. *Siehe unten Anm. 155.*

[154] So ist es mir noch im Jahre 1950 widerfahren, daß ich den Dekan der Archäologen einer berühmten Akademie sagen hörte, er habe als ein wackerer Befürworter der Ansicht von der unvergleichlichen Größe griechischer Kunst gleichwohl in den letzten Jahren erkennen müssen, daß an dem Werk Wickhoffs und seinen ,modernen' Ideen über die Eigenständigkeit der römischen Kunst doch etwas Wahres sei.

[155] *Siehe H. Gerstinger, ,Die Wiener Genesis. Farbenlichtdruckfacsimile der griechischen Bilderbibel aus dem 6. Jahrhundert n. Chr.', Cod. Windob. Theol. Graec. XXXI, Wien 1931; P. Buberl, ,Das Problem der Wiener Genesis', in: Jahrbuch der kunsthistorischen Sammlungen in Wien X, 1936, Heft 92.*

[156] *Eugénie Strong, ,Sculpture from Augustus to Constantine', London 1907. Die italienische Übersetzung in veränderter Fassung:* Eugénie Strong, ,La scultura romana', 2 Bde., Florenz 1923. Gerhard Rodenwaldt, ,Zur Komposition der pompejanischen Wandgemälde', Berlin 1909.

[157] Für die gegenteilige These siehe meine Abhandlung: ,Tradizione ellenistica e gusto romano nella pittura pompeiana', *siehe oben Anm. 125.*

[158] Siehe meine Schrift, ,Arte romana, dispiaceri in famiglia', in: Storicità dell'arte classica, 1. Ausgabe, Florenz 1943 (in der 2. Auflage 1950 nicht mehr enthalten).

[159] *R. Bianchi Bandinelli, ,I caratteri della scultura etrusca a Chiusi', in: Dedalo VI, 1925/1926, S. 5ff.*

[160] *Zur Ara Pacis und zu den Grimanireliefs siehe ders., ,Rom. Das Zentrum der Macht', S. 186ff., Abb. 200ff., München 1970.*

[161] Für die Verbreitung der Ideen Morellis muß man sich klarmachen, daß er als Italiener seine Studien in deutscher Sprache unter dem anagrammatischen Pseudonym ,Ivan Lermolieff' herausgab, ,Kunstkritische Studien', Leipzig 1890–1893.

[162] *Zur allgemeinen Übersicht ist die Sammlung aller betreffenden Artikel aus*

*‚EAA‘ unter dem Titel ‚Pittura e pittori nell'antichità‘, Rom 1968, sehr nütz-
lich. Für den Hellenismus bietet das Kapitel über die Malerei bei R. Bianchi
Bandinelli, ‚Storia e civiltà dei Greci‘, siehe oben Anm. 124, eine Zusammenfassung. Siehe auch François Villard in: ‚Das hellenistische Griechenland‘,
S. 97ff., München 1971.*

[163] Benedetto Croce, ‚Nuovi saggi‘, S. 233 ff., 281 ff., 2. Aufl. 1926;
ders., ‚La critica e la storia delle arti figurative‘, S. 52, Bari 1934. *Deutsche
Ausgabe von Croces Schriften: ‚Gesammelte philosophische Schriften in deutscher
Übertragung‘, H. Feist, Tübingen 1927ff.*

[164] *Siehe oben Anm. 157,158.*

[165] Charakteristisch für die Haltung gegenüber Winckelmann ist der
Vortrag von Ludwig Curtius, ‚Winckelmann und seine Nachfolge‘, den er
in Rom 1941 hielt, erschienen Wien 1941. Von Ludwig Curtius erschien
eine interessante Autobiographie, ‚Deutsche und antike Welt‘, Stuttgart
1951. Er war der letzte Vertreter der bedeutenden Tradition des sogenannten ‚dritten Humanismus‘, der in Deutschland auf Goethe und Hum-
boldt zurückgeht und zuweilen ein hervorragendes kulturelles Niveau erreichte. Er erwies sich im Kampf gegen die Ideologen der dreißiger Jahre
jedoch als völlig hilflos.

[166] R. Bianchi Bandinelli, ‚Divergenze di metodo‘, in: La critica d'arte
VII, 1942, Heft 3–4, S. XX ff. Ernst Buschor, ‚Vom Sinn griechischer
Standbilder‘, Berlin 1942.

[167] R. Bianchi Bandinelli, a. a. O., S. XXII; die zitierten Verse stammen
von Heinrich Heine: „Mein Fräulein sein sie munter,

        Das ist ein altes Stück,

        Da vorne geht sie hinunter

        Und kommt von hinten zurück.“

[168] Zur kulturmorphologischen Schule, zu Spengler und Frobenius
siehe mein Vorwort zur italienischen Übersetzung von Leo Frobenius,
‚Kulturgeschichte Afrikas‘, Zürich 1933, italienisch: ‚Storia della civiltà
africana‘, Turin 1950. Ebenso das Vorwort von E. de Martino zu A. E.
Jensen, ‚Come una cultura primitiva ha concepito il mondo‘, Turin 1952.

[169] *Siehe P. Lévêque, ‚Forme politiche e rapporti sociali‘, in: ‚Storia e civiltà
dei Greci‘, Bd. IV, Mailand 1976.*

[170] *Giambattista Vico, 1668–1744, Gelehrter in Neapel, war der Begründer
der neueren italienischen Philosophie. Besonders seine Auseinandersetzung mit
Fragen der Methode in den einzelnen Wissenschaften war von bleibendem Einfluß. Siehe Benedetto Croce, ‚Die Philosophie Giambattista Vicos‘ (deutsch: Tübingen 1927).*

171 Eine neuere Studie von Ernst Buschor, ‚Technisches Sehen', München 1952, bietet unter einem anderen Gesichtspunkt die gleiche Umwandlung der Geschichte in abstrakten Schemen.

172 *Zu Raffaele Garrucci siehe ‚EAA' s. v. Garrucci.*

173 In: Kunstwissenschaftliche Forschungen, Bd. I, S. 7ff., Berlin 1931.

174 *Die Schriften von Kaschnitz sind zusammengefaßt in: ‚Ausgewählte Schriften', Bd. I, ‚Kleine Schriften zur Struktur', Berlin 1965; ‚Ausgewählte Schriften', Bd. II, ‚Römische Bildnisse', Berlin 1965; ‚Mittelmeerische Kunst', Berlin 1965.*

175 Zeitschrift für Ästhetik XI, 1916, S. 432.

176 H. Rose, ‚Klassik als künstlerische Denkform des Abendlandes', München 1937.

177 *R. Bianchi Bandinelli, Rezension zu W. Dorigo, ‚La pittura tardoromana', Mailand 1966, in: Dialoghi di archeologia I, 1967, S. 248.*

178 Vincent van Gogh, Sämtliche Briefe Bd. IV, An seinen Bruder Theo; deutsche Übersetzung von Eva Schumann, Zürich 1968.

179 Im ersten Heft der Zeitschrift Storia dell'arte (Januar – Juni 1969) hat Giulio Carlo Argan einen bedeutenden theoretischen Beitrag zur Definition der Kunstgeschichte und ihrer Methodik geliefert; daraus zitieren wir einen Abschnitt, in dem er klar darlegt, wo wir heute stehen: „In jedem Kunstgegenstand erkennt man den Niederschlag von Wahrnehmungen, die der Künstler mit der Gesellschaft, deren Mitglied er ist, gemeinsam hat. Das ist vergleichbar mit der historischen Sprache und Ausdrucksweise, deren sich etwa ein Dichter bedient. Er bewegt sich immer in einer spezifischen Kulturschicht, die man als die professionelle bezeichnen könnte. Es ist das, was Venturi als den ‚Geschmack' bezeichnet hat, der sowohl die Gedanken über die Kunst enthält wie auch die Vorliebe für eine bestimmte Kunst sowie die technischen Kenntnisse, die üblichen Darstellungsweisen, die ikonographischen Normen und Traditionen und zuletzt auch gewisse stilistische Vorlieben, die gewöhnlich allen Künstlern eines bestimmten Kulturkreises gemeinsam sind. Es gibt schließlich noch die höchste Ebene, deren Zusammensetzung sich der Analyse nach vorgegebenen kulturellen Modellen entzieht. Sie stellt den persönlichen, kreativen Beitrag des Künstlers dar." Dieses letzte Element bleibt unvorhersehbar und ist nicht immer zu analysieren. An diesem konkreten Punkt macht die Kunstgeschichte halt.

180 Dieses Prinzip ist jetzt klar zum Ausdruck gekommen und an einem Beispiel dargestellt worden, das den Bezug zwischen einfacher Keramik, der reliefverzierten Keramik und den Silberarbeiten im Römischen Reich

verdeutlicht. Es sind damit die Grabungen in den ‚Terme del Nuotatore‘ in Ostia gemeint, publiziert in: Studi miscellanei XIII, 1968, S. 127 ff. (A. Carandini).

Verzeichnisse

I. Abbildungen

Folgende Archive stellten Aufnahmen zur Verfügung: Alinari, Rom (6, 16), Staatliche Antikensammlungen München (5a, 5b, 9, 11a, 11b), Hir-

mer Fotoarchiv, München (1 a, 1 b, 2, 3, 4), Laterza, Rom (7), Lichtbild-
werkstätte ‚Alpenland', Wien (12 b), Univers des Formes, Fotothek, Paris
(8, 10, 12 a, 13, 14, 15)

II. Personen

III. Objekte

Walter Andrae
Das wiedererstandene Assur
Herausgegeben von Barthel Hrouda. 1977. 339 Seiten mit 255 Abbildungen. Leinen *(Beck'sche Sonderausgaben)*

Ranuccio Bianchi Bandinelli
Die römische Kunst
Von den Anfängen bis zum Ende der Antike. 1975. 318 Seiten mit 4 Textabbildungen und 63 Abbildungen auf Tafeln. Leinen
(Beck'sche Sonderausgaben)

Leo Deuel
Das Abenteuer Archäologie
Berühmte Ausgrabungsberichte aus dem Nahen Osten. Aus dem Englischen von Gerda Peters. 5. Auflage. 1977. 336 Seiten mit 32 Abbildungen auf Tafeln, 10 Abbildungen im Text und 1 Karte. Leinen
(Beck'sche Sonderausgaben)

Leo Deuel
Flug ins Gestern
Das Abenteuer der Luftarchäologie. 2., durchgesehene und erweiterte Auflage. 1977. Mit einem Nachwort von Irwin Scollar. Aus dem Amerikanischen von Rolf Hellmut Foerster. 303 Seiten mit 35 Abbildungen im Text und 27 Abbildungen auf Tafeln. Leinen
(Beck'sche Sonderausgaben)

Methoden der Archäologie
Eine Einführung in ihre naturwissenschaftlichen Techniken. 1978. Herausgegeben von Barthel Hrouda. Mit 15 Beiträgen. 392 Seiten mit 42 Abbildungen auf Tafeln sowie 147 Abbildungen und 27 Tabellen im Text. Paperback.
(Beck'sche Elementarbücher)

Verlag C. H. Beck München

Beck'sche Schwarze Reihe

Die zuletzt erschienenen Bände

Verlag C. H. Beck München